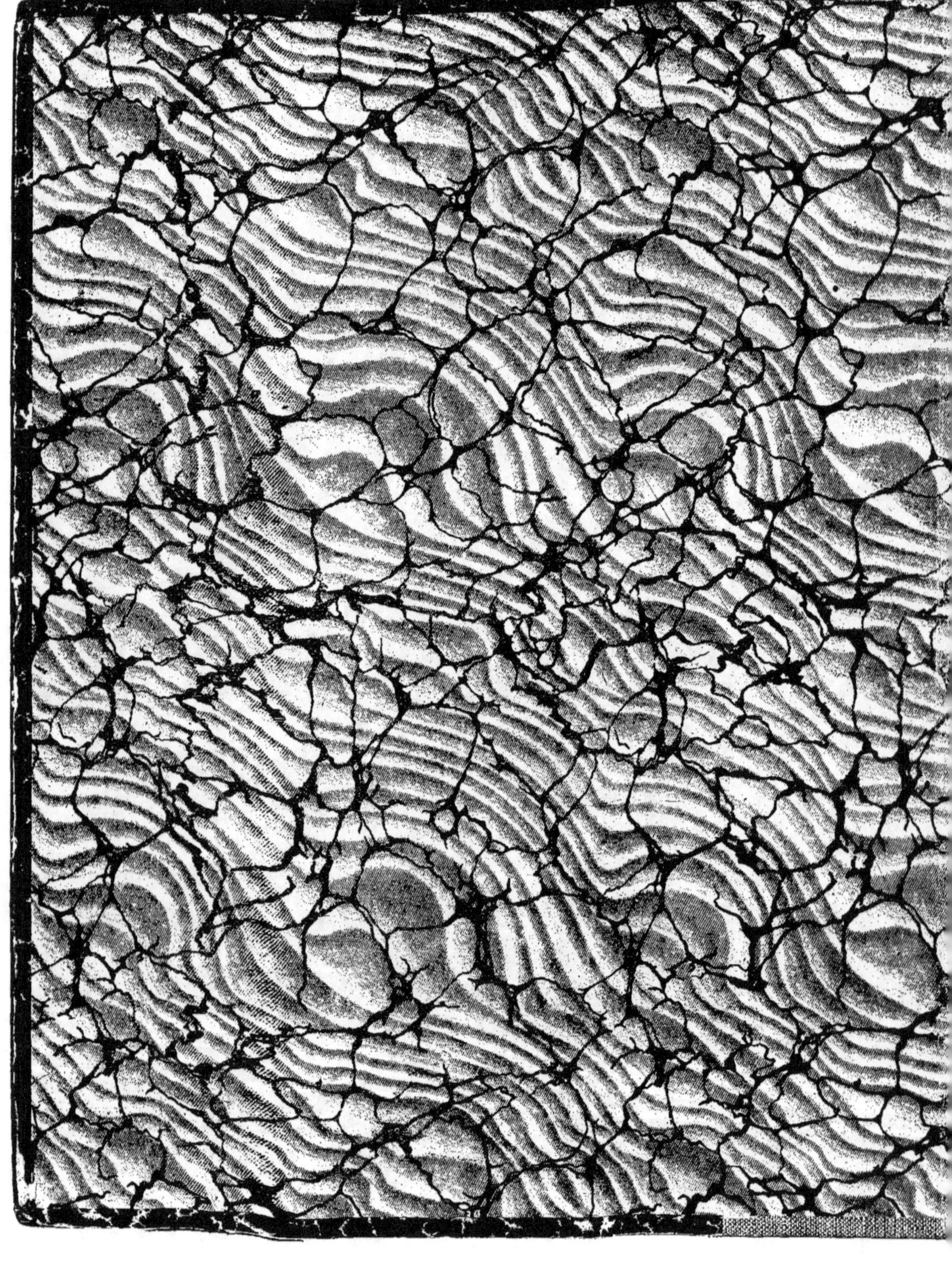

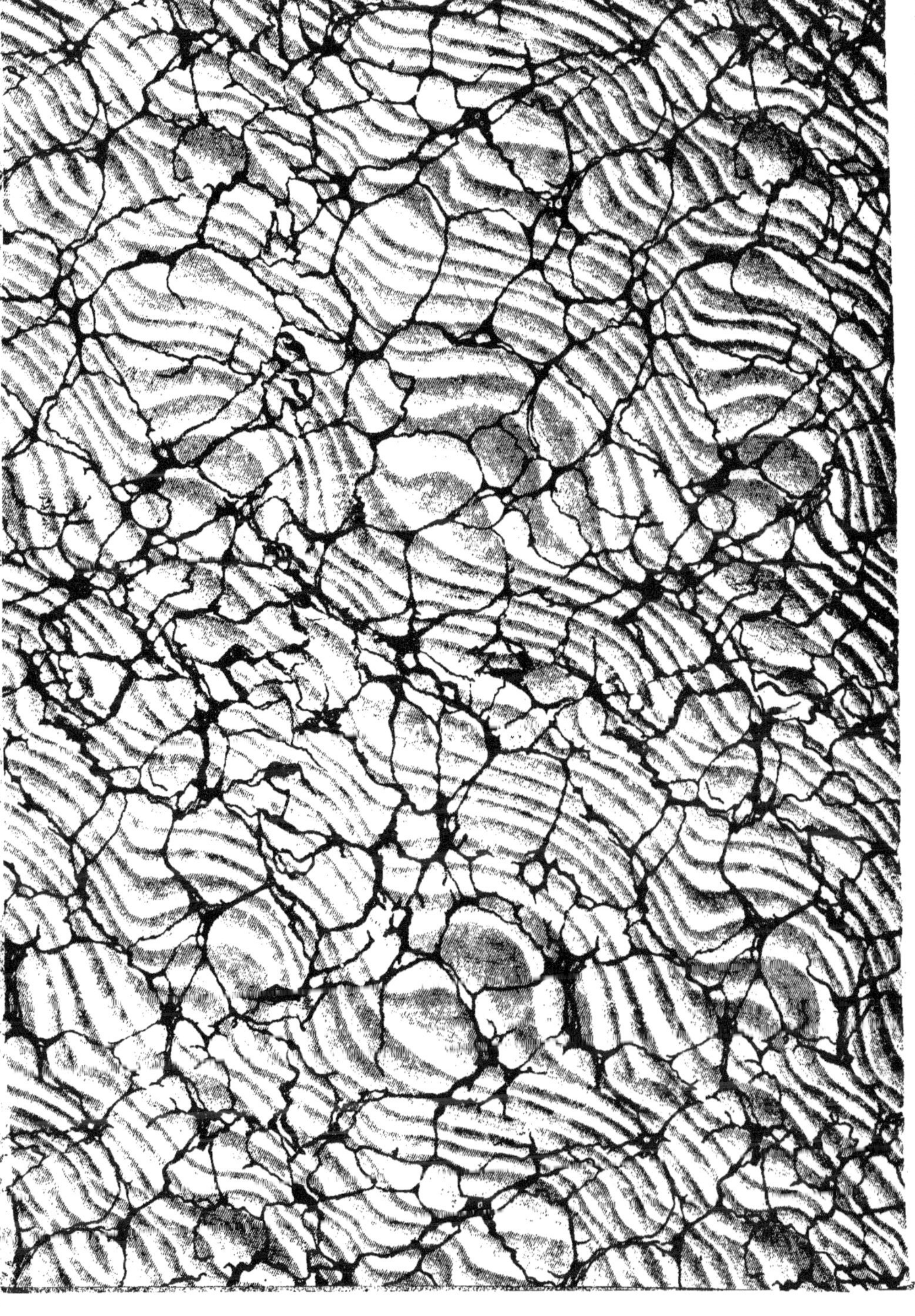

C. PISSARRO

A. SISLEY

A. RENOIR

HOMMAGE

à

Madame Camille PISSARRO

et aux

Enfants de l'Artiste

L. D.

LOYS DELTEIL

LE PEINTRE-GRAVEUR ILLUSTRÉ

(XIX· ET XX· SIÈCLES)

TOME DIX-SEPTIÈME

CAMILLE PISSARRO

ALFRED SISLEY

AUGUSTE RENOIR

PARIS

Chez l'Auteur, 2, rue des Beaux-Arts

1923

AVIS AU LECTEUR

Nous consacrons le dix-septième tome du *Peintre-Graveur Illustré* à trois
des maîtres-peintres de l'impressionnisme ayant également fait appel à la pointe
et au crayon lithographique, en vue de transcrire leurs « impressions » les plus
fortes comme les plus fugitives · Camille Pissarro, Alfred Sisley, Auguste
Renoir.

L'œuvre gravé et lithographié de ces maîtres n'est guère répandu, peu
connu même du grand public, celui de Camille Pissarro notamment, bien que ce
dernier fixe en quelque sorte tant par son importance que par son mérite, les
caractéristiques d'une évolution qui souleva tant de colères et de railleries à
l'origine, mais nous paraît, aujourd'hui, tout-à-fait rationnelle. Les catalogues
illustrés établis ci-après montreront, d'ailleurs, l'indiscutable intérêt émanant
de l'œuvre gravé de ces trois artistes, sans qu'il soit besoin d'insister.

Nous nous en voudrions d'omettre, à cette place, les noms des personnes
ayant contribué à aplanir, par leur complaisance jamais lassée, les difficultés
surgies maintes fois dans la tâche entreprise depuis 1906. Avec quelle gratitude
nous avons reçu et recevrons longtemps encore, si Dieu nous prête vie, les
communications permettant de parachever nos livres commencés avec plaisir et
poursuivis avec tant de joie ! Nous remercierons tout d'abord les fils de Camille
Pissarro, MM. Lucien Pissarro, Manzana Pissarro, Paul-Emile Pissarro, M. et
Mᵐᵉ Bonin, et plus particulièrement M. L.-Rodo Pissarro qui a mis une louable
et rare ténacité à faciliter nos recherches; puis Mᵐᵉ Georges Murat, Mᵐᵉˢ A. Isaacson,
Blanche Marchesi et Verhaeren ; enfin MM. Albert André, F. E. Bliss, Henri
Brunol, A. Clot, Léon Comar, H. E. Delacroix, Campbell Dodgson, Théodore
Duret, C.-B. Eddy, Dʳ J. Elias, Fix-Masseau, E. Frapier, Dʳ Friedlander, E. H.
Furman, Paul Gachet, Gustave Geffroy, O. Gerstenberg, C. Glaser, Mˡˡᵉ Gobin,
Marcel Guérin, W. M. Ivins, A. Joubin, K. Kojima, Mᵐᵉ Le Garrec, M. Luce,
Georges Lecomte, Max Lehrs, P. A. Lemoisne, Charles Masson, Dʳ Norero,
A. Ragault, Pierre Renoir, Georges Rivière, Cl. Roger-Marx, Ern. Rouart, V.-J.
Roux-Champion, Theo van Rysselberghe, P. Signac, Tailliardat, A. Teissier,
G. Teyssier, Ambroise Vollard, G. Viau, F. Weitenkampf et Carl Zignosser.

A toutes et à tous, encore merci !

CAMILLE PISSARRO

CAMILLE PISSARRO

PAR

LUI-MÊME

CAMILLE PISSARRO

Le peintre-graveur Camille Pissarro, né à l'Ile Saint-Thomas (Antilles danoises), de parents français, le 18 juillet 1830, mort à Paris, le 12 novembre 1903, appartient au groupe des maîtres-impressionnistes qui marque — avec Claude Monet, Sisley, Renoir, A. Guillaumin, Berthe Morisot – une importante et décisive évolution dans le domaine de la peinture Le rôle de C. Pissarro, élève de Frits Anton Melbye, de Copenhague, puis de Corot, a donc été particulièrement brillant dans le mouvement moderne, puisqu'il prit part, au tout premier rang, aux manifestations de ce groupe et à leurs expositions du boulevard des Capucines en 1874, chez Durand Ruel en 1876, en 1877 rue Le Peletier. Toutefois, ainsi qu'il en a été pour les maîtres déjà étudiés au cours des précédents volumes du *Peintre-Graveur Illustré*, nous n'avons pas à envisager Camille Pissarro en tant que peintre. Son œuvre de graveur, seul, est à retenir ici. Sous cet angle spécial d'ailleurs, Pissarro s'impose également. Cet œuvre est considérable ; il ne renferme pas moins de 194 pièces, tant eaux-fortes, aqua-tintes que lithographies. Il est attachant par sa science et son caractère, par son esprit de recherche et sa vérité d'observation, comme par les heureux résultats qui découlent logiquement de l'ensemble de ces qualités. Enfin, il fait exception dans le milieu impressionniste. Ces derniers, en effet, ayant été essentiellement épris de la couleur, se sont peu adonnés à la gravure, tel par exemple Claude Monet qui n'a même jamais voulu tenter le moindre essai graphique, en dépit des plus vives sollicitations.

A quelle date Camille Pissarro revenu des Antilles en France, à l'âge de 23 ans, a-t-il commencé à graver ? Nous ne croyons pas qu'il faille remonter au-delà de 1863. Les documents précis manquent sur cette première partie de sa production peinte ou gravée, puisque tout ce que l'artiste possédait chez lui en 1870, à Louveciennes, où il vivait avec sa femme et son fils aîné depuis deux ans, fut pillé et certainement détruit lors de l'avance allemande sur Paris. L'eau-forte que nous considérons comme sa planche de début, en raison de l'incertitude du métier : *Au bord de l'eau* et dont il fit une réplique, est imprégnée du souvenir de Corot, son maître. A cela, rien que de naturel. Cependant cette emprise fut éphémère Avec la *Prairie près d'Asnières*, de 1864, *Une rue à Montmartre*, de 1865, la *Roche-Guyon*, de 1866, la *Négresse*, de 1867, Pissarro se cherche mais ne copie plus Ces pièces sont gravées d'une pointe alerte, sans qualités particulières pourtant. Dans les années qui vont suivre, Pissarro, très en progrès, allia à la pointe l'aqua-tinte, pliée à sa sensibilité d'artiste, et avec une maîtrise et une sagacité rares, a obtenu de cet alliage des effets pleins d'inattendu et de saveur.

En 1873 et en 1874, Camille Pissarro qui habitait alors Pontoise, fit la connaissance de Cézanne et de Guillaumin, hôtes assidus d'un amateur des arts, le

Dr Paul Gachet — alias Van Ryssel — graveur à ses heures perdues et demeurant à Auvers-sur-Oise. De Paul Cézanne, Pissarro grava le beau portrait, désigné sous le n° 13 de notre catalogue, et qu'il fit très probablement mordre chez le Dr Gachet, avec quelques vues de Pontoise du même temps, dont les cuivres ont été retrouvés chez son fils. Ajoutons que l'aqua-tinte n'intervient pas encore dans ces quelques nouvelles eaux-fortes.

A la même époque, Camille Pissarro s'intéressa au papier à report sur pierre lithographique et exécuta par ce procédé une douzaine de pièces, parmi lesquelles le *Portrait de son fils Lucien*, dessinant, les *Femmes portant des foins sur une civière* et la *Femme et enfant dans les champs*.

Aux alentours de 1878, C. Pissarro se lia avec Degas chez lequel il eut bientôt ses petites entrées et travailla à ses côtés à plusieurs planches sans être influencé par lui. C'est alors que Pissarro juxtaposant l'aqua-tinte et la pointe, en tire les effets les plus subtils et les plus vibrants à la fois, dans des œuvres ou à l'instar de Millet, avec moins d'ampleur et de grandeur mais avec plus de tendresse, avec moins de style mais avec plus de réalité, il fixe le rythme des gestes et des attitudes des paysans et des paysannes à leur labeur, les silhouettes des coteaux, les arabesques des arbres, les sinuosités des plaines et des champs, le lointain des horizons. L'on devine dans la moindre de ses planches combien le côté agreste et paisible de la nature l'a fortement touché et avec quel amour, quelle sérénité, il a rendu l'émotion qu'il ressentait en présence des sites et des êtres familiers à ses yeux et à son cœur.

Une des planches exécutées par Pissarro aux débuts de sa liaison avec Degas devait figurer dans une publication que voulait lancer un petit groupe d'artistes sous le titre : Le Jour et la Nuit, mais qui ne parut pas. Nous y avons déjà fait allusion dans une double circonstance : en étudiant l'œuvre de Degas, puis celui de Raffaëlli. Nous n'y reviendrons donc pas. Notons toutefois que cette planche dénommée par l'artiste : *Paysage sous bois, à l'Hermitage (Pontoise)*, est l'une des plus caractéristiques de son œuvre gravé, l'une des plus savoureuses aussi.

Les belles planches abondent dans l'œuvre de Camille Pissarro à dater de l'année 1878. L'artiste qui s'est pris d'une passion de plus en plus vive pour la gravure et a définitivement trouvé sa voie, abandonne rarement la pointe ; il s'exprime alors avec une telle simplicité, une telle souplesse et une gamme si variée de valeurs, qu'on lui prête à tort une habileté de surface qu'il ne possède pas, Dieu merci, au degré du moins qu'on lui suppose. Comme chez Degas, ses estampes semblent obtenues du premier coup, sans aucun effort. En vérité, elles sont au contraire la résultante de recherches très réfléchies, d'additions, de rectifications, d'effaçages réitérés, et l'artiste ne s'est arrêté généralement qu'après des corrections et des modifications l'ayant le plus souvent conduit dans ses planches, à sept (n°ˢ 20, 60, 63, 77, 80, 95), huit (n°ˢ 38, 93, 123), dix (n°ˢ 84, 95, 108), douze (n° 94) et même *seize* états (n° 115) ! Mais Camille Pissarro a su conserver une persistante candeur d'expression qui imprime à ses planches le charme accompagnateur d'un premier jet et, de plus, une parfaite unité.

Toujours épris de la nature, Camille Pissarro vint demeurer à Eragny en 1884, un paisible village situé au-delà de Gisors et qu'il ne devait quitter qu'à des intervalles assez éloignés. Aussi retrouve-t-on la trace de ce village et de celui y attenant, Bazincourt, dans nombre de pièces de son œuvre. De 1883 à 1886, Pissarro séjourne à Rouen à diverses reprises ; il nous a conservé le souvenir de ces séjours dans trente-cinq planches, eaux-fortes ou lithographies, ces dernières exécutées seulement en 1896.

Vers 1894, tout en continuant à graver, Camille Pissarro qui avait abandonné la lithographie, reprit le crayon, et jusqu'en 1899 mit au jour cinquante-deux pièces parmi lesquelles les plus caractéristiques sont les *Chemineaux*, le *Marché à Pontoise* (n° 147 de notre cataogue), les *Porteuses de fagots*, les *Trimardeurs*, la *Paysanne barattant*, les *Faneuses d'Eragny*, la *Gardeuse d'oies nue*, enfin des *Baigneuses*.

Les dernières années de Camille Pissarro se partagèrent entre Eragny et Paris ; en 1903, il venait de s'installer boulevard Morland, lorsqu'il mourut en peu de jours, des suites d'un refroidissement. Il était alors dans sa soixante-quatorzième année.

L'œuvre gravé et lithographié de Camille Pissarro renferme, en dehors des pièces que nous avons déjà citées au cours de notre étude, d'autres œuvres très représentatives de son beau talent, que nous devons rappeler à l'attention des amateurs : *Crépuscule*, *Femmes vidant une brouette*, *Sente des Pouilleux*, la *Récolte des pommes de terre*, la *Gardeuse d'oies* (publiée en 1888, dans la Revue Indépendante, avec la *Bonne faisant son marché*), la *Grand'Mère* (*effet de lumière*), la *Paysanne portant des seaux*, *Camille Pissarro*, par lui-même, effigie très caratéristique, la *Vachère au bord de l'eau* (gravée en 1890 et publiée dans la **Gazette des Beaux-Arts** en 1904), *Eglise et ferme d'Eragny*, le *Marché aux légumes, à Pontoise*, l'une des plus belles pièces de l'œuvre, d'ailleurs signalée comme hors de pair par Théodore Duret et que nous avons l'extrême plaisir de publier dans notre ouvrage ; le *Marché à la volaille, à Gisors*, les *Paysannes à l'herbe*, la *Baigneuse aux oies* [1].

En ce qui concerne le classement chronologique des pièces — en grande partie non datées — la nomenclature des états, les chiffres des tirages, nous avons eu à notre disposition comme moyens de contrôle, les carnets laissés par le maître, les épreuves conservées dans la famille, les renseignements fournis par ses proches et par divers amateurs. Nous n'avons négligé aucune autre source d'information, dans le but d'être aussi précis que possible ; nous avons même dû en plusieurs cas, pour obéir à cette précision, contredire les *annotations manuscrites* de Camille Pissarro lui-même, relatives à l'échelle des états de certaines' pièces.

Enfin nous avons indiqué le sort réservé aux cuivres, zincs ou pierres. N'est-ce pas, en effet, en approchant le plus possible de la vérité qu'on sert le mieux la gloire d'un maître aux yeux des amateurs qui, de plus en plus aiment à pouvoir se reposer dans leurs informations, sur une documentation consciencieusement établie.

---

(1) Le Musée du Luxembourg possède une centaine de pièces de l'œuvre gravé et lithographié de Camille Pissarro, offertes par leur auteur.

EAUX-FORTES & AQUA-TINTES

1. — AU BORD DE L'EAU, 1ʳᵉ planche

(H. 292 millim. L. 220)

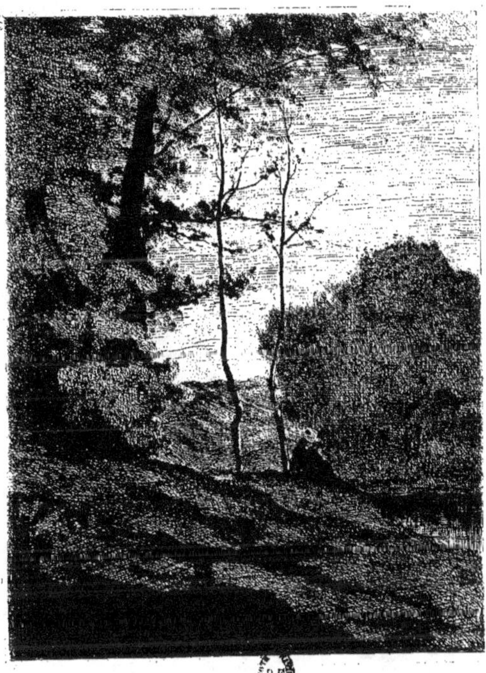

(Vers 1863) *1ᵉʳ État.*

1ᵉʳ État. Avant divers travaux. L'État reproduit. Fort rare.

2ᵉ — La masse d'arbres du second plan, à droite, est en partie effacée, et des travaux y sont rajoutés
qui ne s'harmonisent pas avec les travaux antérieurs. De nombreuses additions ont été faites
dans le fouillé des arbres de gauche, ainsi que sur le terrain du premier plan. Fort rare.
Planche restée inachevée.

Cuivre perdu.

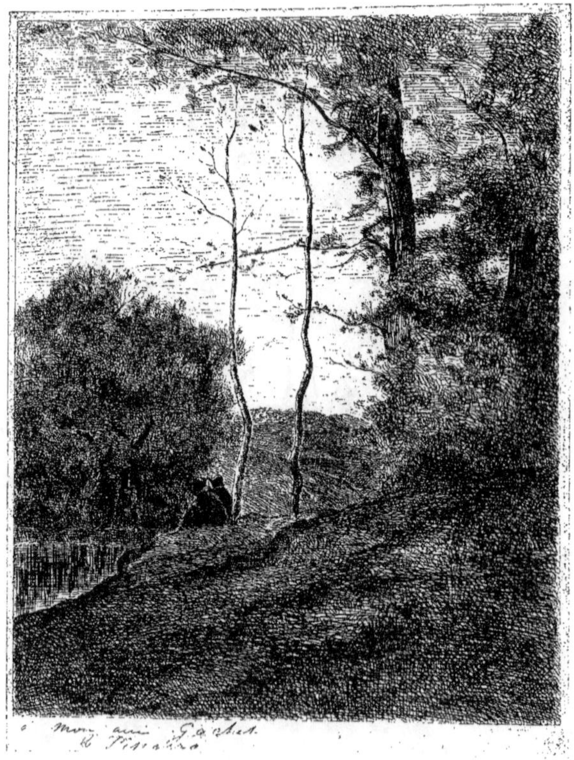

(Vers 1863)

Eau-forte de toute rareté. Variante, en sens inverse, de la pièce précédente.

Collection de M. Paul Gachet (épreuve avec *dédicace* au Dʳ Gachet).

Cuivre perdu.

3. — PRAIRIE PRÈS D'ASNIÈRES

(L. 295 millim. H. 220)

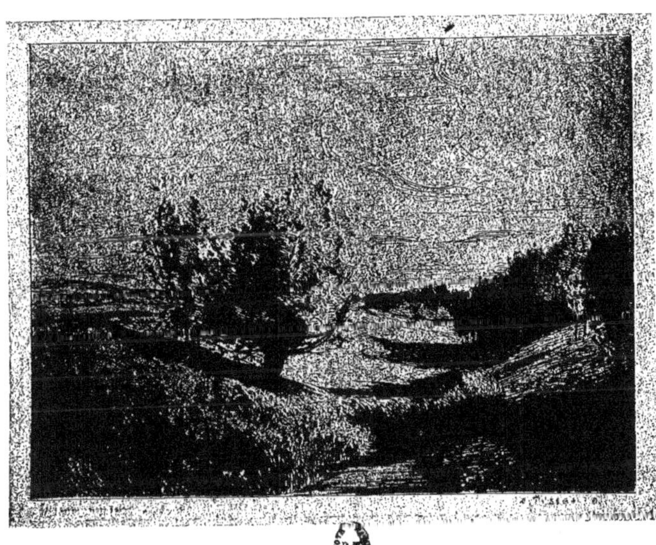

(1864)

Collection de Mme Georges Murat. L'épreuve porte en marge, de la main de l'artiste, les annotations
suivantes : *Épreuve unique. Prairie près d'Asnières 1864. C. Pissarro.*

Cuivre perdu.

4. — UNE RUE A MONTMARTRE (Rue de l'Abreuvoir) ?

(H. cuivre 138 millim. L. 117)

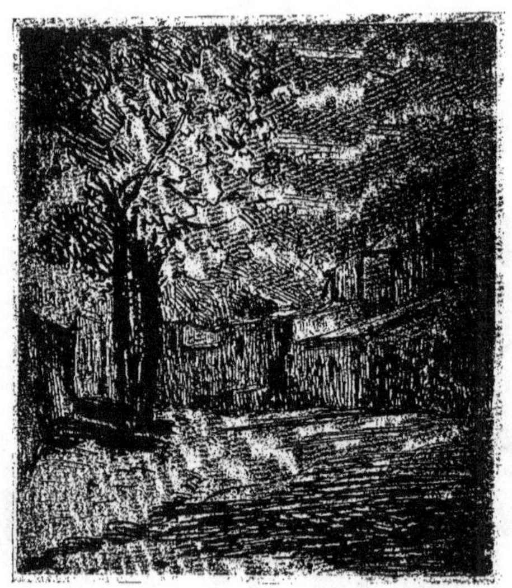

(1865)

La seule épreuve que nous avons rencontré de cette eau-forte de Camille Pissarro, porte en marge, au crayon, l'annotation suivante : « une rue à Montmartre en 1865 épreuve unique. »

Cuivre perdu.

5. — LA ROCHE-GUYON

(H. 271 millim. L. 221)

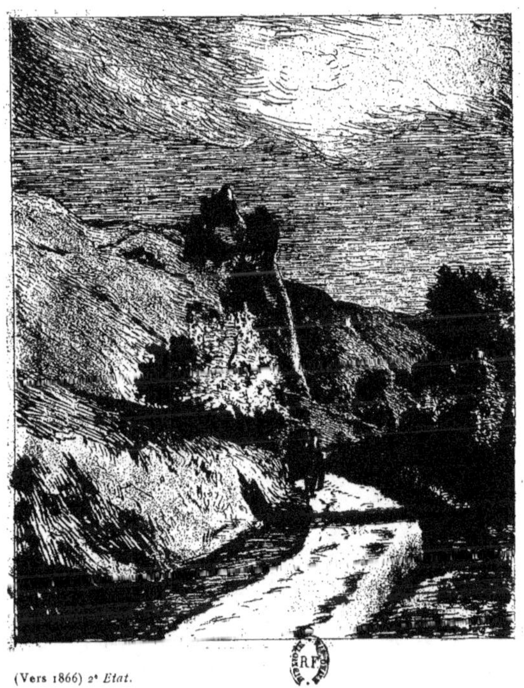

(Vers 1866) 2ᵉ *Etat.*

1ᵉʳ Etat.   Avant des contre-tailles obliques à la pointe sur le nuage, vers le milieu, avant un certain nombre de petits traits horizontaux sur le ciel à droite, etc. De toute rareté, sinon unique. Collection Gachet (épr. avec *dédicace*).

2ᵉ   —   Avec l'addition des travaux désignés ci-dessus et avec quelques autres retouches. L'État reproduit. La seule épreuve que nous ayons rencontrée de cet état portait en marge, de la main de l'artiste ; *Epreuve unique La Roche Guyon.*

Cette pièce a été reproduite dans *The Print Collector's Quartely* (octobre 1922)

Cuivre perdu.

6. — LA NÉGRESSE

(H. 305 millim. L. 210)

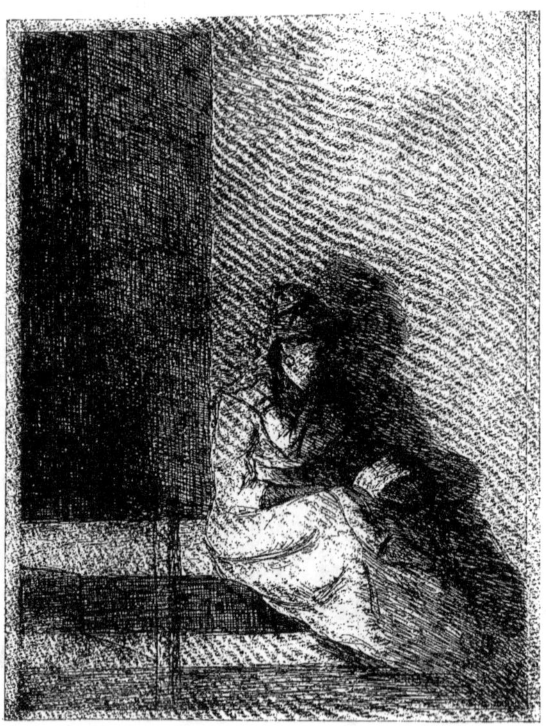

(1867) *1er Etat.*

1er Etat. Avant divers travaux et avant la signature au B. à G. Tiré à 2 ou 3 épreuves. Fort rare. L'État
reproduit. Collection Gachet.

2e — Avec l'addition de quelques nouveaux travaux sur le visage de la négresse; avec des contre-
tailles verticales sur l'ombre portée de la femme, et sur la première marche de l'escalier.
Avec l'indication de feuillages sur le mur, de montants sur la porte, et avec la signature
gravée, au B. à G. Très rare. État annoté et numéroté : *n° 1, 2e état.*

M. H. Cottereau possède un dessin en sens inverse de la *Négresse.*

Cuivre perdu.

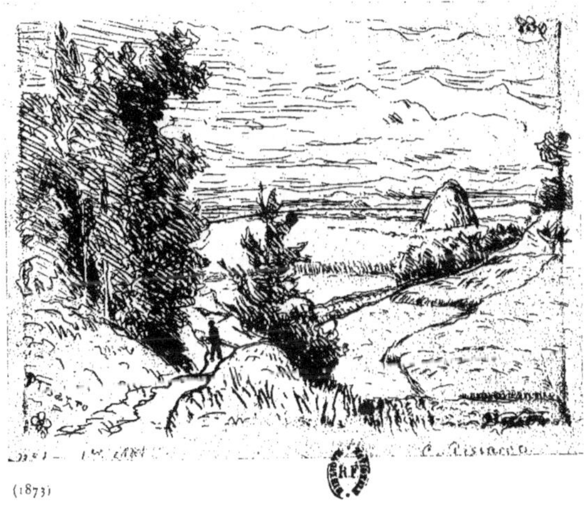

(1873)

Eau-forte tirée à 12 épreuves *numérotées* et *annotées*, la plupart non signées, puis, postérieurement, à 6 épreuves, *timbrées* et *numérotées*.

Musée du Luxembourg, Bibliothèque publique de New-York, MM. P. Gachet, A. Teissier.

Cuivre détruit.

8. — PAYSAGE A PONTOISE (Pommiers)

(L. 169 millim. H. 090)

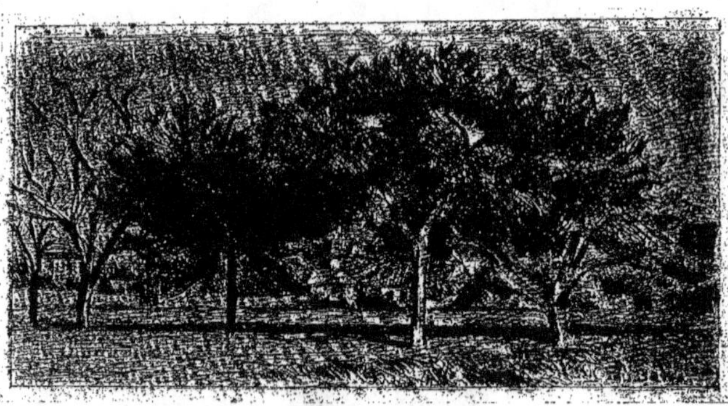

(1873) 3ᵉ *Etat.*

1ᵉʳ Etat.   Avant le ciel et les nuages et avant de nombreux travaux dans la masse des feuillages, ainsi que sur le terrain. Avant l'initiale C., devant le nom de l'artiste. État tiré à une épreuve, *numérotée* et *annotée.*

2ᵉ —   Avec le ciel et les nuages, mais avant de nombreuses contre-tailles dans le feuillé des arbres. Avec l'initiale C., devant le nom de l'artiste. Musée du Luxembourg, épreuve annotée : *nᵒ 1 ép. unique ep. d'art.*

3ᵉ —   L'État reproduit. Avec l'addition de nombreuses contre-tailles dans le feuillage des pommiers. État tiré à 3 ou 4 épreuves.

———

Cette eau-forte est une réminiscence d'un tableau exécuté en 1872 : *Pommiers en fleurs, Pontoise.*

———

Cuivre perdu.

9. — L'OISE A PONTOISE

(L. 116 millim. H. 075)

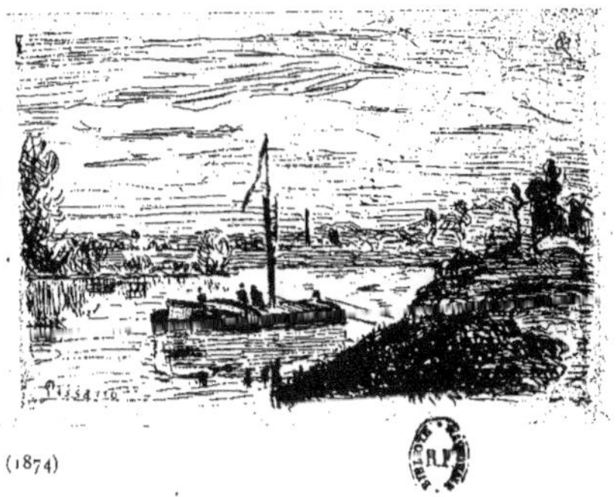

(1874)

Eau-forte tirée à une quinzaine d'épreuves en partie *numérotées*, la plupart non signées, puis,
postérieurement, à 6 épreuves, *timbrées* et *numérotées*.

Musée du Luxembourg (n° 1), Bibliothèque publique de New-York, MM. Campbell Dodgson
(n° 6), P. Gachet, A. Teissier (n° 2).

Cuivre détruit.

(L. 115 millim. H. 073)

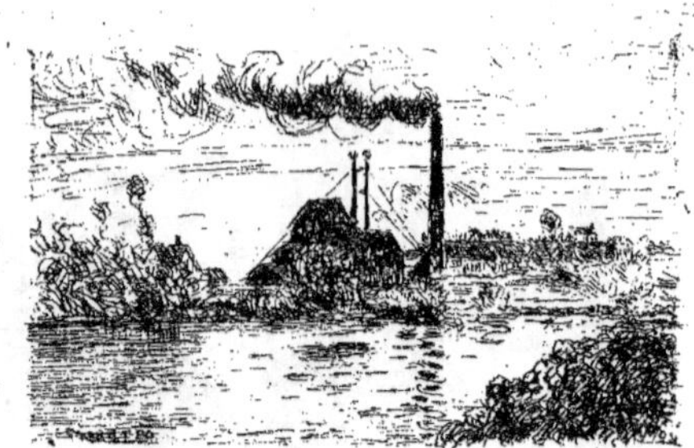

(1874)

Eau-forte tirée à une quinzaine d'épreuves, en partie *numérotées*, non signées ; puis, postérieurement, à 6 épreuves, *timbrées* et *numérotées*.

Musée du Luxembourg (n° 1), Bibliothèque de l'Université, Paris, M. Paul Gachet.

Cuivre détruit.

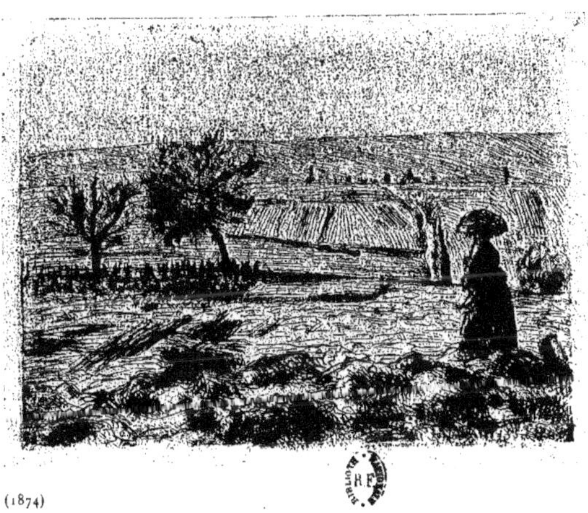

(1874)

Fort rare. Nous ne connaissons qu'une épreuve de cette eau-forte ; elle est tirée en ton bistré.

Il existe un tableau du même sujet, en sens inverse, portant le titre sous lequel nous désignons cette pièce, également dénommée : les *Hauteurs de l'Hautil, Pontoise*.

Cuivre perdu.

(H. zinc, 121 millim. L. 119)

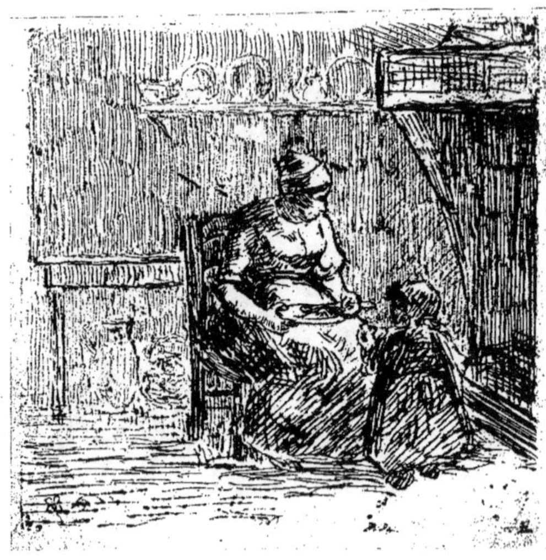

(1874) 1er État.

1er État. A l'eau-forte pure, avant le ton d'aqua-tinte. Tiré à 8 ou 9 épreuves. **L'État reproduit.** Collection de M. P. Gachet.

2e — Avec un ton d'aqua-tinte réparti sur presque toute la planche, sauf au premier plan. La cruche sous la table n'est plus visible. État de la planche reprise en 1889 et tiré à 2 épreuves en ton bistré, *annotées* et *numérotées* (1 et 2). Musée du Luxembourg (n° 2).

3e — Le grain d'aqua-tinte est renforcé et couvre toute la surface de la planche. État tiré à une épreuve, *annotée* et *numérotée* : *3e état n° 1 unique.*

4e — Les noirs sur les figures sont atténués et les contours sont en partie renforcés. La cheminée se détache très nettement et en noir sur le fond. État tiré à 2 ou 3 épreuves, *annotées* et *numérotées*, puis, postérieurement, à 12 épreuves, *timbrées* et *numérotées.*

Zinc détruit.

13. — PAUL CÉZANNE

(H. 270 millim. L. 214)

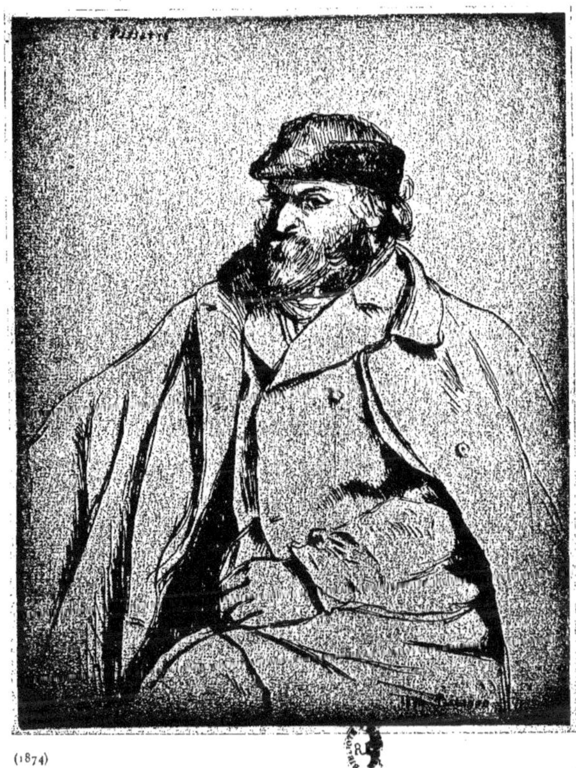

(1874)

Il existe deux tirages distincts de cette planche qui ne comporte qu'un état. Le premier tirage a été exécuté en 1874 et limité à 18 ou 20 exemplaires, *signés*, la plupart annotés : *1er état*; le second, en 1920, et arrêté à 75 épreuves, *timbrées* et *numérotées*, dont 15 sur papier du Japon. A la suite de ce second tirage, la plaque a été *percée* et offerte au **Cabinet des Estampes de Paris**

Cabinet des Estampes, Paris, Musée du Luxembourg (n° 12, 1er tirage, les noms *non* encrés), British Museum (tirage de 1920), Musée des Beaux-Arts, Copenhague, Cabinet des Estampes, Budapest,

(1er tirage), Bibliothèque publique de New-York, MM. Léon Comar (2e tirage), Gachet, G. Geffroy, G. Lecomte, M. Luce (avec dédicace), G. D. de Monfreid, Th. van Rysselberghe, P. Signac (avec dédicace).

Cette pièce a été reproduite dans les *Beaux-Arts illustrés* (1879), la *Revue Encyclopédique* (1893), dans l'*Histoire des Peintres Impressionnistes*, de Th. Duret (1906), dans le *Camille Pissarro*, de Georges Lecomte, etc.

VENTES : Anonyme (Cte Matheus), mai 1905, n° 5, 34 fr. ; Atelier C. Pissarro (juin 1906), 20 fr. ; Roger Marx (1914) n° 12, 400 fr. ; Octave Mirbeau (1919), 200 fr.

(L. 282 millim. H. 248)

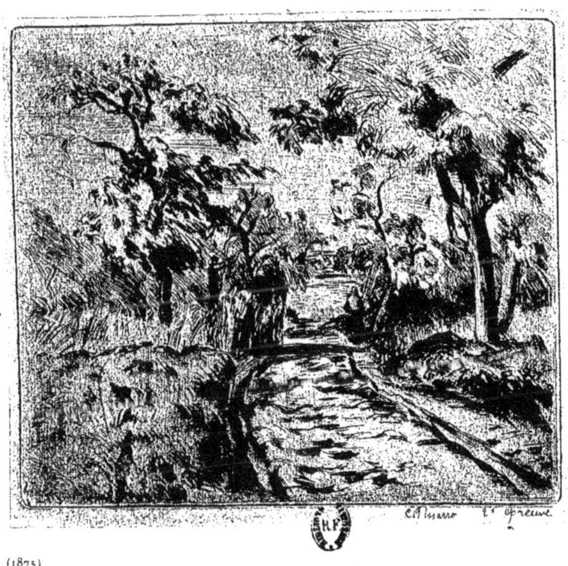

(1875)

Cette pièce n'a été tirée d'abord qu'à 2 ou 3 épreuves, puis postérieurement à 6 épreuves.

———

Bibliothèque de l'Université, Paris. Bibliothèque publique de New-York.

———

Zinc détruit.

15. — MARCHANDE DE MARRONS

(H. cuivre 210 millim. L. 163)

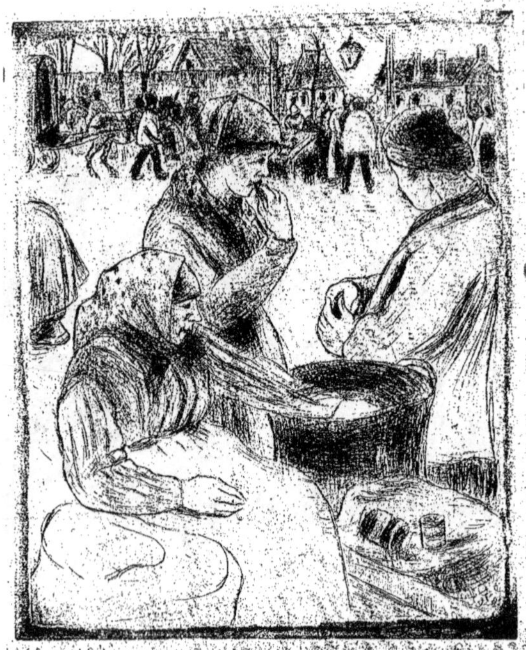

(1878) 2ᵉ *Etat.*

1ᵉʳ Etat.   Avant de nombreux travaux à la pointe, notamment avant que les contours des personnages
n'aient été repris et plus nettement arrêtés. Très rare. Musée de Luxembourg (n° 3). Etat tiré
à 3 épreuves d'*essai*, puis à 7 épreuves après l'aciérage. Metropolitan Museum of Art New-
York (n° 4).

2ᵉ   —   Les contours des personnages sont repris; des contre-tailles sont ajoutées sur le fourneau; avec
quelques nouveaux branchages sur les arbres, au fond à gauche, etc. Planche reprise en 1896.
L'État reproduit. Etat tiré à 4 ou 5 épreuves *numérotées* et *annotées* : 2ᵉ *série* et *signées*
(Musée du Luxembourg; M. Theo van Rysselberghe), puis postérieurement à 18 épreuves,
timbrées et *numérotées.*

VENTE : Anonyme (26 juin 1906), avec 2 autres planches, 40 fr.

Cuivre détruit.

(1879) 5ᵉ *Etat.*

1ᵉʳ Etat. Aqua-tinte de différents grains; avant les grattages et polissage. Avec un personnage à gauche à peine indiqué et traversé par un tronc d'arbre. Etat tiré à 2 épreuves *annotées, numérotées* (1 et 2) et *signées.*

2ᵉ — Avec quelques grattages ou polissages dans les maisons du fond; le pignon de la maison la plus rapprochée de la droite est complètement blanc. Enfin le personnage est un peu mieux indiqué et le tronc d'arbre qui le traversait est presque complètement effacé. Etat tiré à une épreuve *annotée, numérotée* (1) et *signée.*

3ᵉ — Avec de nouveaux polissages sur des pignons, puis sur le personnage dont la tête se détache en blanc. Etat tiré à deux épreuves, *annotées, numérotées* (1 et 2) et *signées.* Collection de M. Eddy (n° 2).

4ᵉ — Avec d'importants grattages dans les premiers plans. Les broussailles sont presque complètement effacées; avec un léger polissage dans les coteaux du fond. Etat tiré à une épreuve *annotée, numérotée* (1) et *signée.*

5ᵉ Etat. Avec un nouveau grain modelant les broussailles du 1ᵉʳ plan ; les fonds sont atténués et harmo-
nisés. Le personnage est complètement indiqué. L'État reproduit. Musée du Luxembourg,
Metropolitan Museum of Art, New-York, Kupferstiche Kabinet, Berlin. MM. F. E. Bliss (épr.
de Degas), Campbell Dodgson, C. B. Eddy, E H. Furman, Th. van Rysselberghe, A. Teissier,
Mᵐᵉ L. Guggenhine.

Outre quelques épreuves d'*essai*, cet état a été tiré à 50 exemplaires sur papier du Japon, *signés*,
puis à 4 ou 5 épreuves de passe.

Cette planche, une des plus belles gravées par Camille Pissarro, était destinée à une publication
d'art : **Le Jour et la Nuit**, publication à laquelle devaient également collaborer Degas (1), Bracquemond,
Mary Cassatt, J.-F. Raffaelli, etc. ; un seul numéro, fut exposé à l'*Exposition des Impressionnistes*, rue des
Pyramides, en 1880. Mais devant l'insuccès de la vente, le projet fut abandonné.

VENTES : F.A.L. (1907), sous le titre : *Le Village*, 60 fr. ; Edgar Degas (1918), 2 états, 240 fr. ; Alf. Beurdeley (1921), sous le titre : *Le Village dans les arbres*, 450 fr.

---

(1) Voir le Peintre-Graveur Illustré, Tomes IX et XVI

Cuivre détruit.

(L. 394 millim. H. 113)

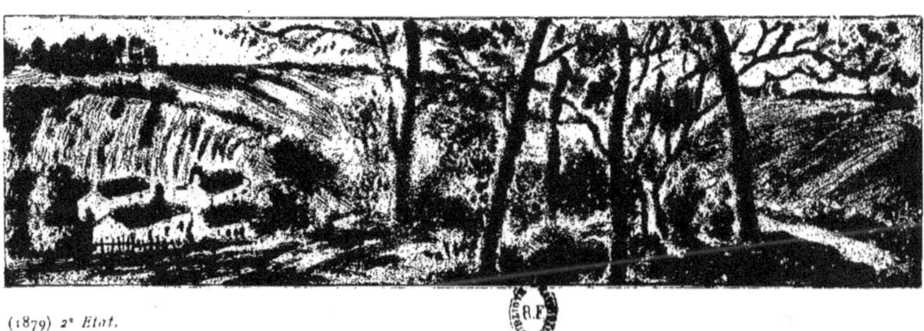

(1879) 2ᵉ *Etat.*

1ᵉʳ **Etat.** Avec l'indication du motif par un grain d'aqua-tinte, sans aucun trait de pointe. Très rare. Quelques épreuves seulement (une numérotée *1*).

2ᵉ — Les contours des maisons, les arbres, ainsi que les ondulations des coteaux, sont précisés par l'addition de nouveaux travaux à l'aqua-tinte et à la pointe. L'État reproduit. Etat tiré à 4 ou 5 épreuves, puis, postérieurement, à 18 épreuves, *timbrées et numérotées.*

VENTE : Edgar Degas (1918), 2 états, 60 fr.

Plaque détruite.

18. — LA FEMME SUR LA ROUTE

(L. plaque 210 millim. H. 158)

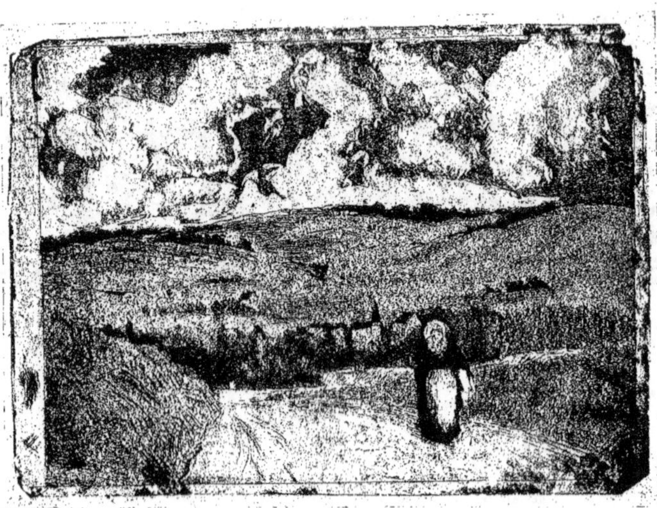

(1879) 3ᵉ *État*.

1ᵉʳ Etat. Simple indication à l'aqua-tinte. On n'aperçoit ni arbres, ni maisons. Etat tiré à 1 ou 2 épreuves.

2ᵉ — Des masses d'arbres sont silhouettées sur la crête des collines du fond, puis des maisons, un clocher et d'autres arbres au pied des mêmes collines, mais avant quelques travaux sur la femme. Tiré à 4 ou 5 épreuves.

3ᵉ — Le visage de la femme est indiqué par quelques petits traits, et des travaux à la pointe sont ajoutés sur la jupe et le bonnet du même personnage; mais avant une tache et des traits courbés dans le ciel. L'État reproduit. Tiré à 3 ou 4 épreuves.

4ᵉ — Avec une quinzaine de forts traits courbés sur les nuages à gauche. Etat tiré à 2 ou 3 essais. Collection de M. Eddy.

VENTE : Anonyme (14 avril 1921), 4ᵉ état, 170 fr.

19. — CHEMIN SOUS BOIS, A PONTOISE

(L. plaque 212 millim. H. 160)

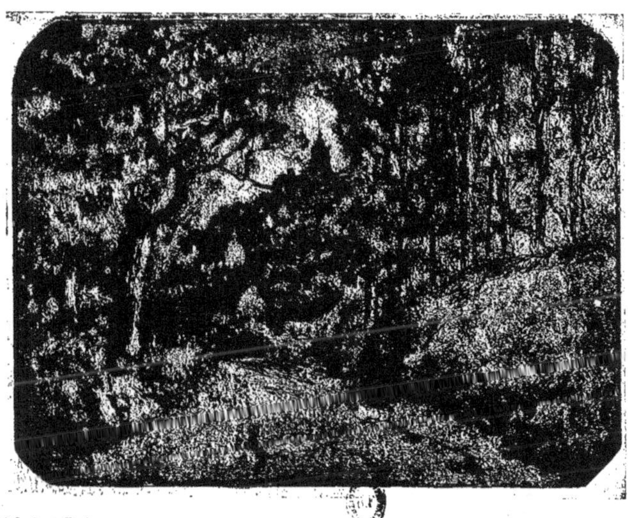

(1879) 5ᵉ *Etat.*

1ᵉʳ Etat.   Légère indication à l'aqua-tinte. L'on voit deux personnages sur la route. Avant diverses modifications. Etat tiré à 5 ou 6 épreuves, annotées : *1ᵉʳ état.*

2ᵉ   —   Avec l'addition d'un nouveau ton d'aqua-tinte pour accentuer et mieux délimiter les masses et les ombres. Etat tiré à 3 épreuves, annotées : *2ᵉ état.*

3ᵉ   —   Avec quelques nouveaux travaux. L'église, qui se confondait comme valeur avec le fond, se détache maintenant en sombre ; les pignons de deux des maisons du fond, qu'on n'apercevait pas, se silhouettent en clair. Etat tiré à 5 ou 6 épreuves, annotées : *3ᵉ état* (l'une d'elles, à peine encrée, est annotée par erreur, par l'artiste : *1ᵉʳ état*).

4ᵉ   —   Avec d'importantes modifications ; l'arbre du 1ᵉʳ plan à droite est effacé. Le fond du même côté, qui était un peu confus, est maintenant délimité par un bouquet d'arbres élancés, qui s'élèvent derrière une butte bordant le chemin. Etat annoté : *4ᵉ état.*

5ᵉ   —   Avec quelques nouveaux travaux. Au tournant du chemin, une maison percée de plusieurs fenêtres est ajoutée. La seconde figure, celle d'un homme tenant une canne, est presque entièrement effacée. Quelques nouveaux branchages sont ajoutés dans le haut du grand arbre de gauche. Etat tiré à 4 ou 5 épreuves, annotées : *5ᵉ état.* L'État reproduit.

6ᵉ   —   La plaque ayant été doublée d'épaisseur, les épreuves portent aux angles la marque des rivets. Etat tiré à quelques *essais,* puis à 18 épreuves, *timbrées* et *numérotées.*

VENTE : Anonyme (14 avril 1891), 5ᵉ état, 170 fr.

Zinc détruit.

20. — LA MASURE

(L. et H. 170 millim.)

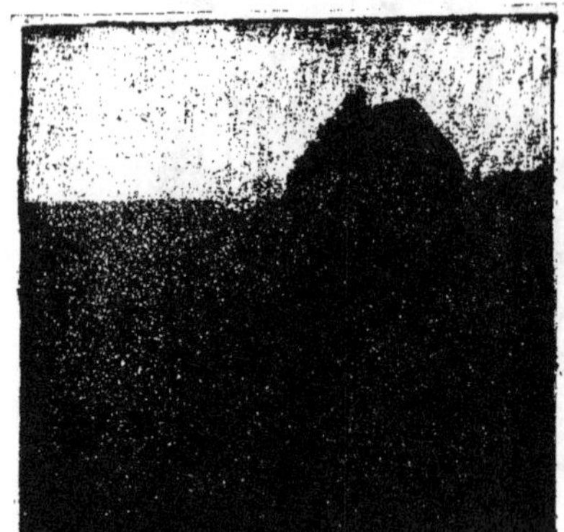

(1875) 1ᵉʳ Etat.

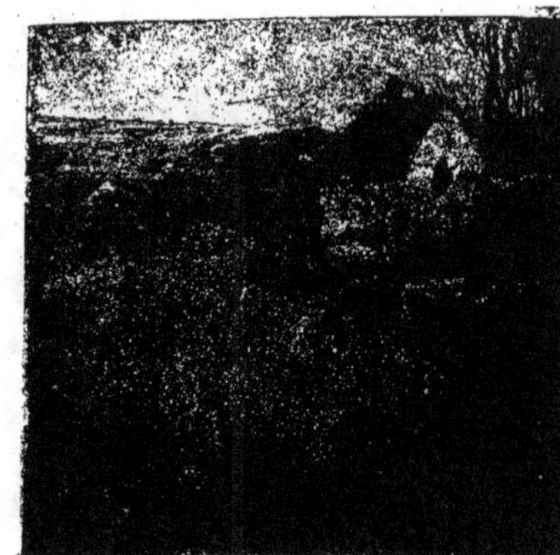

7ᵉ Etat.

1ᵉʳ Etat. Le motif est indiqué au grain d'aqua-tinte, sans aucune reprise à la pointe; avant les arbres à droite, avant le ciel, etc. L'État reproduit. Etat tiré à 2 épreuves, *numérotées*.

2ᵉ — Avec quelques légères reprises à la pointe sur la masure; le ciel est indiqué par des traits dont plusieurs traversent le pignon de la masure. Etat tiré à 2 épreuves, *numérotées*.

3ᵉ — Le grain d'aqua-tinte sur la masure est très atténué; la toiture est mieux indiquée, ainsi que l'escalier qu'on voit à gauche; avec l'addition d'une mare d'eau à droite, et d'un petit bâtiment au fond à gauche. Avec des effaçages dans le ciel. Etat tiré à 1 épreuve.

4ᵉ — Avec l'addition d'un grain d'aqua-tinte dans le ciel; une partie laissée blanche pour simuler des nuages. Etat tiré à 2 épreuves.

5ᵉ — L'horizon est surélevé et forme un coteau s'élevant sur toute la longueur du motif; ce coteau se détache sur les nuages blancs. Etat tiré à 3 épreuves.

6ᵉ — Le ciel est effacé; les traits du 2ᵉ état réapparaissent. Un arbre dénudé est ajouté derrière la masure. Etat tiré à 5 ou 6 épreuves.

7ᵉ — Avec l'addition de divers travaux; avec un nouveau ciel à l'aqua-tinte; l'arbre derrière la masure est en grande partie effacé et remplacé par un groupe d'arbres dont le faîte atteint le haut de la planche. État reproduit. Musée du Luxembourg, Bibliothèque de l'Université, Paris, Kupferstiche Kabinet, Berlin, M. Ch. B. Eddy (épr. de Degas). Cet état a été tiré d'abord à 7 ou 8 épreuves, puis à 30 épreuves, *timbrées* et *numérotées*.

VENTE : Anonyme, 14 avril 1921, 212 fr.

Zinc détruit.

21. — FOIRE DE LA SAINT-MARTIN, A PONTOISE

(L. 160 millim. H. 119)

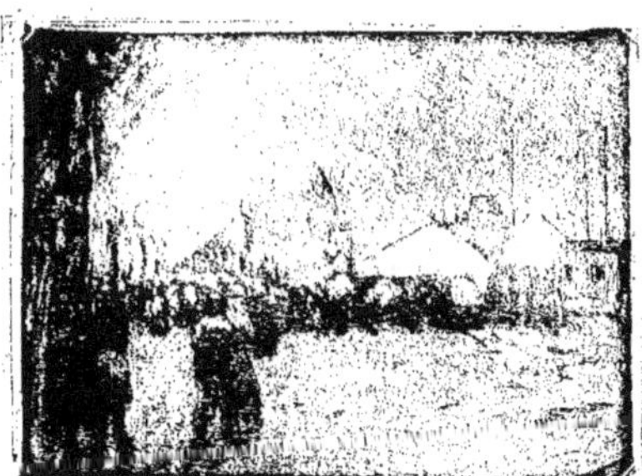

(1879). *1er État.*

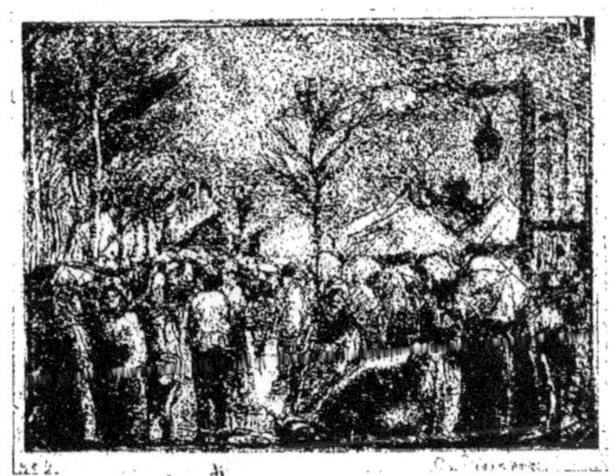

4e État.

1er Etat.   Avant la foule des personnages sur tout le devant de la composition. Simple indication au grain d'aqua-tinte, avec quelques travaux à la pointe. En cet état, la pièce présente une grande analogie avec la lithographie cataloguée sous le n° 131 ; mais la composition est en sens inverse. État reproduit. Etat annoté : *1er état* (n°s 1 et 2).

2e — Encore avant les nombreux groupes sur le devant de la composition, mais avec quelques nouveaux travaux. La toiture de la maisonnette la plus rapprochée des arbres de gauche est mieux délimitée et se détache sur le ciel recouvert à cet endroit d'un ton d'aqua-tinte. Etat annoté : *2e état n° 2* et *signée.* Albertina Museum (anciennement Hofbibliothek, de Vienne).

3e — Toujours avant les nombreux groupes sur le devant de la composition, mais les deux personnages du 1er plan à gauche sont modifiés et agrandis : on y voit deux femmes ; dans l'état précédent, il y avait une femme et un homme. Etat annoté : *3e état.* Deux épreuves.

4e — La planche est totalement modifiée ; de nombreux personnages circulent sur la place de la foire. État reproduit. Etat tiré à 3 épreuves, annotées : *Épreuves d'artiste, numérotées* (1 à 3) et *signées.* Musée du Luxembourg (n° 1), M. Frank E. Bliss (épr. de Degas).

VENTE : E. Degas (1918), 60 fr.

Planche perdue.

22. — SOLEIL COUCHANT

(L. plaque 160 millim. H. 119)

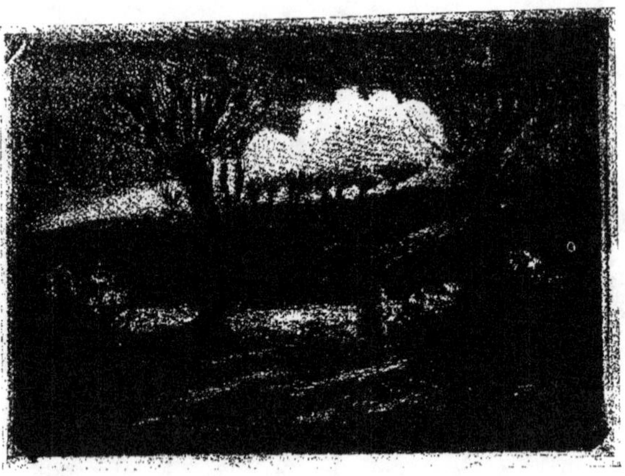

(1879) *4ᵉ État.*

1ᵉʳ Etat.   Avant quelques travaux à la pointe sèche et avec un très léger ton d'aqua-tinte. Etat tiré à une épreuve, annotée : *1ᵉʳ état* et *numérotée* (1).

2ᵉ   —   Avec quelques nouveaux travaux à la pointe et avec un fort ton d'aqua-tinte qui délimite très nettement, en clair, le chemin et le gros nuage. Les troncs des deux gros arbres sont élargis et quelques branches sont ajoutées. Etat tiré à 2 épreuves, annotées : *2ᵉ état*, et *numérotées* (1 et 2).

3ᵉ   —   Le ton d'aqua-tinte est baissé au brunissoir et donne un effet indécis. Avant quelques travaux, notamment avant la figure. Etat tiré à 1 épreuve, annotée : *3ᵉ état* et *numérotée* (1).

4ᵉ   —   Avec l'indication d'une figure entre les deux arbres du 1ᵉʳ plan et avec quelques modifications sur le talus du fond. L'État reproduit. Etat tiré à 1 épreuve, annotée : *4ᵉ état* et *numérotée*, puis à 8 épreuves, annotées : *Épreuve d'artiste, numérotées* (1 à 8) et *signées* et 1 ou 2 non numérotées. Les épreuves de cet état sont d'aspect assez différent. (Musée du Luxembourg nᵒ 8), M. Campbell Dodgson), enfin, postérieurement, à 12 épreuves, *timbrées et numérotées.*

Planche détruite.

23. — CREPUSCULE (AVEC MEULES)

(L. cuivre 180 millim. H. 115)

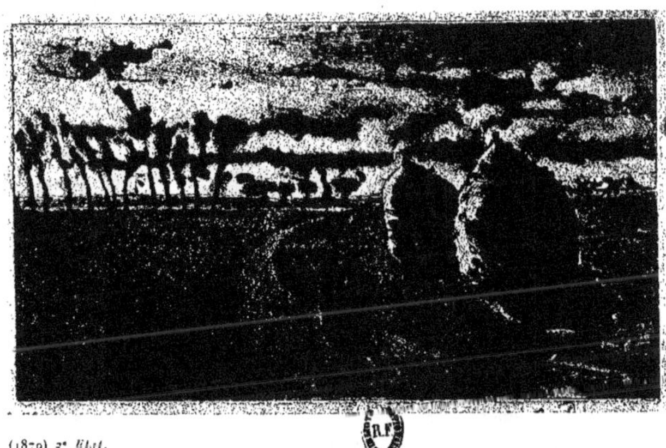

(1879) 3ᵉ État.

1ᵉʳ Etat. Avant de nombreux travaux. Le chemin est blanc; le terrain autour des meules et de l'autre
côté de la route est également avant l'addition de travaux obtenus au moyen d'un grain
d'aqua-tinte. Les arbres dans le fond, à gauche, sont très imparfaitement silhouettés. Tiré à
à 1 épreuve, annotée : *1ᵉʳ état, n° 1*.

2ᵉ — Le chemin et le terrain sont ombrés au moyen d'un grain d'aqua-tinte ; une tache qu'on apercevait dans le ciel, à gauche, est effacée et la silhouette des arbres est plus visible. Une ou
deux épreuves.

3ᵉ — La ligne d'horizon à gauche est mieux indiquée et les arbres se détachent plus vigoureusement
sur le ciel. Etat tiré à une quinzaine d'épreuves annotées : *3ᵉ état* ou *épreuves d'artiste*,
numérotées ou *signées* (2 épr. Musée du Luxembourg, annotées : *imp. par E. Degas*), MM. E.
Bliss (épr. de Degas), Campbell Dodgson, Georges Lecomte), puis, en 1920, à 50 épreuves,
dont 10 sur japon, *timbrées* et *numérotées* (Cabinet des Estampes, Paris, British Museum,
Musée Royal des Beaux-Arts, Copenhague, Bibliothèque publique de New-York). L'État
reproduit.

VENTES : E. Degas (1918), 2 épr. sous le titre : les *Meules*, 100 fr ; Anonyme (14 avril 1921), 235 fr.

Cette planche, percée après tirage, a été offerte au Cabinet des Estampes de Paris. Elle a été reproduite dans le *Graphischen Kunst*, Vienne, 1908.

---

24. — EFFET DE PLUIE

(L. 213 millim. H. 159)

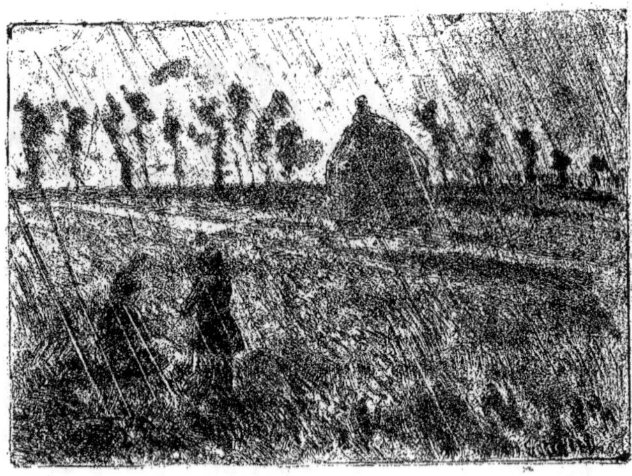

(1879) *6ᵉ État.*

1ᵉʳ État. Très légère indication au grain d'aqua-tinte; avant les silhouettes des arbres formant rangée
dans le fond, et avant deux taches marquant l'emplacement de deux figures. Sans signature
gravée. État tiré à deux épreuves.

2ᵉ — Encore avant les travaux à la pointe, mais avec les travaux désignés ci-dessus. Nous ne connaissons qu'une épreuve de cet état.

3ᵉ — Les deux figures, vers le 1ᵉʳ plan, à gauche, sont mieux exprimées par l'addition de travaux à la
pointe; également avec des travaux à la pointe sur la meule, les arbres et le terrain. État tiré
à 1 épreuve, annotée : *1ᵉʳ état n° 1.*

4ᵉ — De nouveaux travaux sont ajoutés, notamment sur le terrain, au 1ᵉʳ plan, à gauche, mais avant
les indications de pluie. Toujours sans signature gravée. État tiré à 4 épreuves, annotées :
2ᵉ état.

5ᵉ — Avec un grand nombre de tailles obliques simulant la pluie. Avec la signature gravée, au bas,
à droite. État tiré à 3 ou 4 épreuves, annotées : *3ᵉ état.*

6ᵉ — De grands traits obliques simulant de nouveaux rayons de pluie, traversent en blanc, les figures
des deux paysannes. État tiré à 8 ou 10 épreuves, annotées : *3ᵉ état* ou *épreuve d'artiste,*
puis, postérieurement, à 14 épreuves, *timbrées* et *numérotées.* L'État reproduit. Musée du
Luxembourg (n° 4), Bibliothèque publique de New-York, M. C. B. Eddy (épr. de Degas).

VENTE : E. Degas (1918), 85 fr., sous le titre : *La Pluie dans les champs.*

Zinc détruit.

25. — PAYSAN, LE PÈRE MELON

(L. cuivre 165 millim. H. 105)

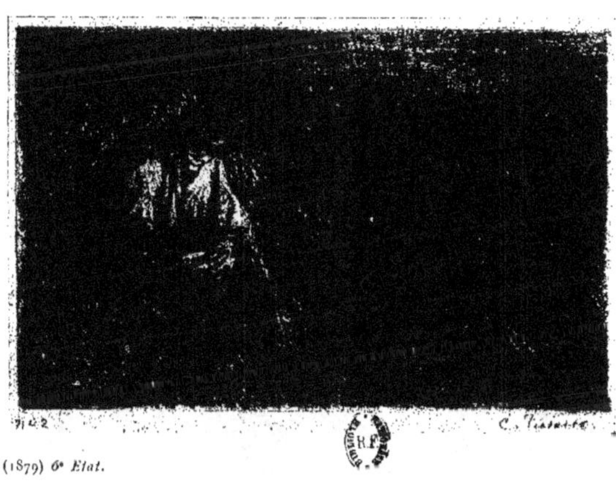

(1879) 6ᵉ *État.*

1ᵉʳ État.   Au trait. Indication très légère. Etat tiré à 2 épreuves, annotées : *1ᵉʳ état* (nº *1* et *2*) et deux épreuves non annotées.

2ᵉ   —   Avec quelques reprises à la pointe et avec quelques légers tons partiels d'aqua-tinte. Etat tiré à 1 épreuve, annotée : *2ᵉ état* et *numérotée.*

3ᵉ   —   Quelques travaux horizontaux et obliques sont ajoutés sur le terrain, à droite. Également avec quelques nouvelles tailles vers le bas de la blouse du paysan pour en mieux délimiter la forme. Etat tiré à 1 épreuve, annotée ; *2ᵉ état nº 2.*

4ᵉ   —   Avec l'addition d'un ton d'aqua-tinte couvrant presque toute la surface de la planche, mais laissant les plans et les formes imprécis. Etat tiré à 1 épreuve, annotée : *3ᵉ état.*

5ᵉ   —   Le fond d'aqua tinte est éclairci en partie. Quelques nouveaux travaux à la pointe sont ajoutés sur le paysan. Quelques tailles obliques sont gravées sur son visage, entre le nez et la bouche. Etat tiré à 1 épreuve annotée : *4ᵉ état nº 4.*

6ᵉ   —   Les mains du paysan, à peine modelées dans les états précédents, sont ici très précises. L'État reproduit. Etat tiré à 5 ou 6 épreuves annotées : *Épreuve d'artiste, 4 numérotées* (1 à 4) et *signées* (Musée du Luxembourg (nº 1), MM. Frank E. Bliss (épr. de Degas), K. Kojima (épr. de Degas), puis, postérieurement, à 12 épreuves, *timbrées* et *numérotées.*

VENTES : E. Degas (1918), 2 épreuves, sous le titre : *Paysan au repos,* 100 fr.; Anonyme (14 avril 1921), avec le nº suivant, 150 fr.

Cuivre détruit.

(L. 160 millim. H. 118)

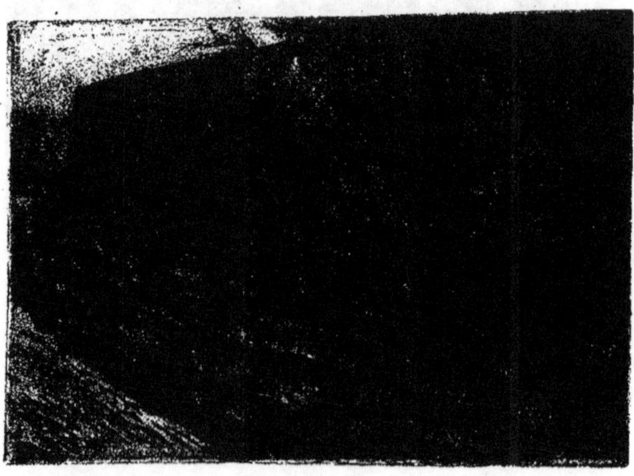

(Vers 1879)

Eau-forte et aqua-tinte tirée à une douzaine d'épreuves, puis, postérieurement, à 6 épreuves, *timbrées* et *numérotées*.

Collection de M. F. E. Bliss (épreuve de Degas).

VENTE : Anonyme (14 avril 1921), avec le *Père Melon assis*, 150 fr.

Cuivre détruit.

(L. 247 millim. H. 168)

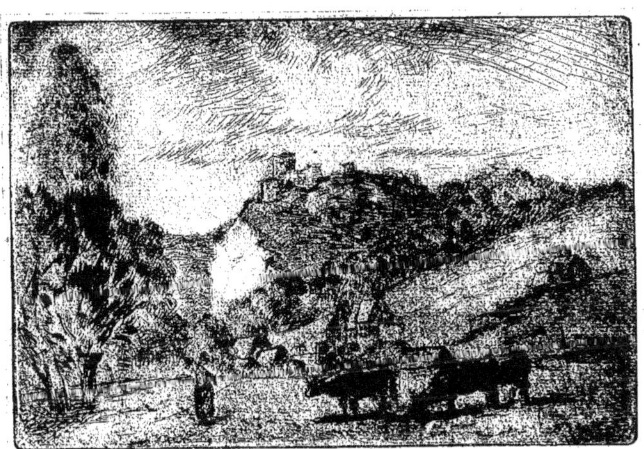

(1880)

Nous ne connaissons que deux épreuves de cette pointe sèche exécutée sur zinc ; ces deux exemplaires sont *annotés*, *signés* et *numérotés* (1 et 2).

Zinc perdu.

(L. cuivre 123 millim. H. 110)

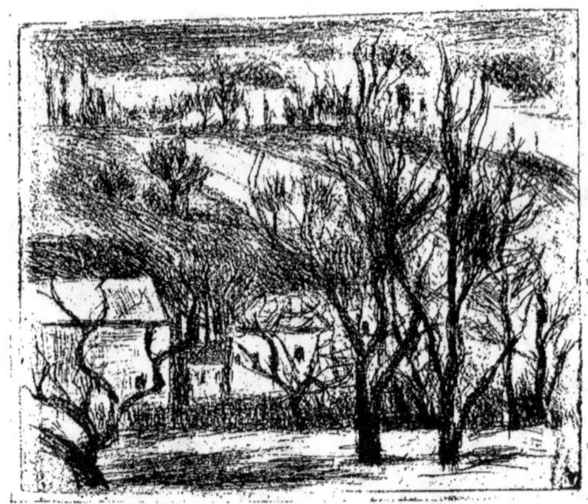

(1880) 2ᵉ État.

1ᵉʳ Etat. Avant de nombreux travaux sur les collines, les maisons, le terrain, les arbres, etc. Etat tiré à
1 épreuve, annotée : *1 état* et *signée*.

2ᵉ — Avec de nombreux travaux ajoutés sur diverses parties de la planche ; l'un des arbres du 1ᵉʳ plan,
vers la droite, est fortement surélevé et des branches sont ajoutées aux autres arbres. **L'État
reproduit.** Etat tiré à quelques épreuves annotées : *2ᵉ état*, à 19 *épreuves d'artiste, signées* et
numérotées, avec l'indication : *sur cuivre manière grise* (Musée du Luxembourg, nᵒˢ 4 et 9,
New-York, Public Library (sous le titre : *Environs de Pontoise*), puis enfin, postérieurement,
à 12 épreuves, *timbrées* et *numérotées*.

Cuivre détruit.

29. — LE CHAMP DE CHOUX

(H. 248 millim. L. 169)

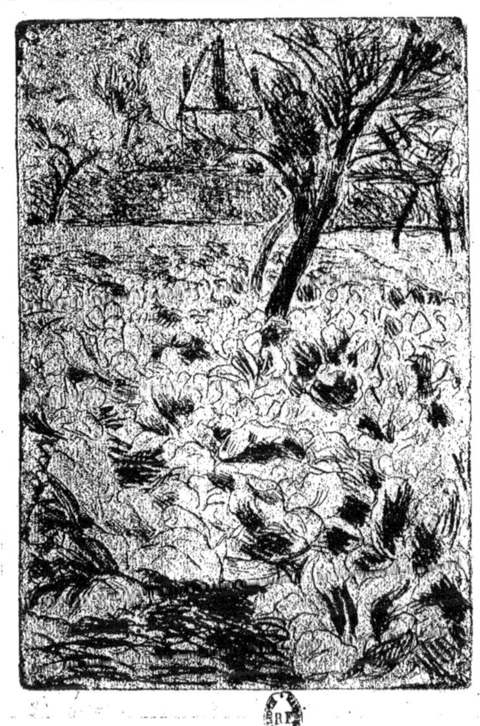

(Vers 1880) 2ᵉ *État*.

Cette pièce, bien qu'annotée par l'artiste, *2ᵉ état*, sur les épreuves qu'il avait tirées, n'en comporte qu'une en réalité, les exemplaires annotés : 1ᵉʳ état, appartenant à la planche qui suit. Il en existe 2 épreuves *numérotées*, puis 6 épreuves de tirage postérieur, *timbrées et numérotées*.

Zinc détruit.

(H. 248 millim. L. 169)

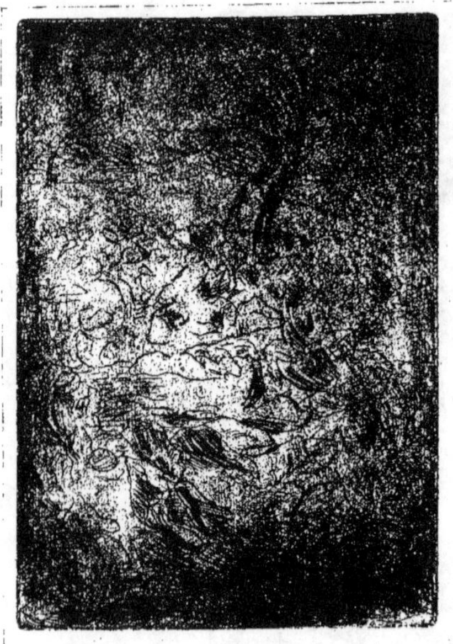 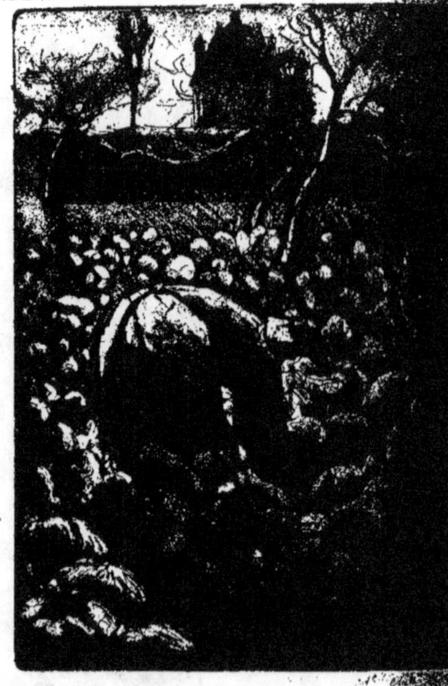

(Vers 1880) *1er État.*   *2e État.*

1er État. Au trait. Avant la paysanne et avant l'aqua-tinte et de très nombreux travaux. **État reproduit.**
Deux épreuves *numérotées* (1 et 2).

2e — La planche est complètement reprise à l'eau-forte et à l'aqua-tinte ; avec une paysanne à demi
courbée. **État reproduit.** Quelques *essais*, dont l'un porte en marge : *1er état à suivre*, puis
6 épreuves, *timbrées* et **numérotées**.

———

Cette pièce est une variante du **Champ de choux** (n° 19 de notre cat.).

———

Zinc détruit.

(H. cuivre 319 millim. L. 230)

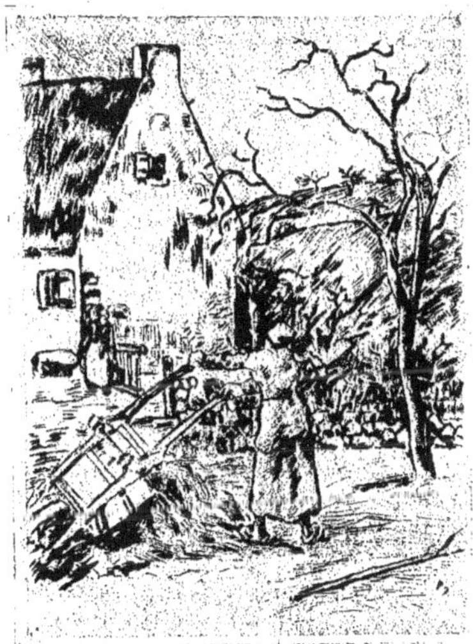

(1880) *3ᵉ Etat.*

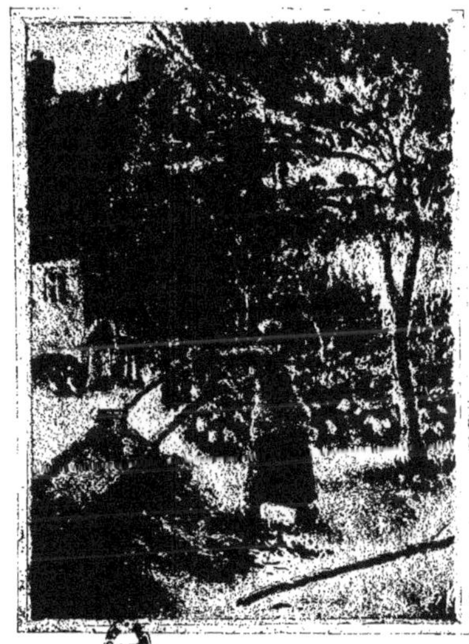

10ᵉ Etat.

1ᵉʳ Etat. Nous n'avons pas rencontré d'épreuves de cet état.

2ᵉ — Avant une vingtaine de tailles à la pointe sèche derrière la brouette, avant quelques pierres à droite de l'arbre, avant quelques autres travaux sur le costume de la paysanne et sur quelques autres parties de la planche. Signé des initiales *C. P.* gravées à rebours. Etat indifféremment *annoté* par l'artiste : *2ᵉ* ou *4ᵉ état*. Etat tiré à 4 ou 5 épreuves (2 *numérotées*).

3ᵉ — Avec l'addition des travaux désignés ci-dessus, ainsi qu'avec de nouvelles tailles obliques sur le monticule à droite. Très rare. Etat tiré à 4 ou 5 épreuves *numérotées*. Les épreuves de cet état sont indifféremment *annotées* par l'artiste : *3ᵉ* ou *5ᵉ état*. État reproduit.

4ᵉ — La planche complètement reprise présente un aspect tout différent des états qui précèdent ; de nouveaux travaux sont répartis sur toute la planche ; de nombreuses branches ont été ajoutées à l'arbre ; le mouvement de la paysanne renversant la brouette est légèrement modifié, et le tas de fumier élargi s'étend jusqu'au bord de la planche. Avec la signature renversée : *C. Pissarro 1880.* Etat tiré à deux épreuves *numérotées* (1 et 2).

5ᵉ — Avec de nouveaux travaux sur le fumier du 1ᵉʳ plan qui s'étend jusqu'au bord de la planche ; également avec quelques tailles à la pointe sèche sur le corsage et le jupon de la paysanne à la brouette ; mais avant l'addition d'un grain d'aqua-tinte. Fort rare.

6ᵉ État. Avec de nombreux grattages, notamment dans le tas de fumier, au premier plan ; avec l'addition
d'un grain d'aqua-tinte. État annoté : *7ᵉ état*, par l'artiste. Une ou deux épreuves.

7ᵉ — Avec l'addition d'un nouveau grain de résine formant de très nombreux picots sur la chaumière,
les paysannes, etc. Encore avec la signature gravée. État annoté : *8ᵉ état*, par l'artiste. Une ou
deux épreuves.

8ᵉ — Avec un nouveau grain de résine formant feuillage dans l'arbre. Avec de nombreux effaçages.
Le monticule à droite est en pente presque face au spectateur, alors qu'il était en pente obli-
quant à gauche. La signature gravée est enlevée. État annoté : *9ᵉ état*, par l'artiste. Deux ou
trois épreuves.

9ᵉ — Le pignon de la chaumière est légèrement éclairci au brunissoir et un gros grain est ajouté sur
la brouette et les brancards. État annoté : *10ᵉ*, par l'artiste, et tiré à 4 ou 5 épreuves.

10ᵉ — Encore avec un nouveau grain très accentué et très noir donnant un effet un peu alourdi ; le
pignon de la chaumière est masqué en grande partie. État annoté : *12ᵉ état*, par l'artiste, et
tiré à 3 épreuves (*numérotées*). État reproduit.

11ᵉ — Avec des grattages et atténuation du gros grain sur diverses parties de la planche ; le feuillage
du grand arbre est un peu différent et mieux délimité. Il montre des groupes de feuilles
longues et pointues. État annoté *11ᵉ état* : par l'artiste, et tiré à 3 ou 4 épreuves.

———

Collections de MM. Ch. B. Eddy, 2 états (collection E. Degas), Campbell Dodgson.

———

VENTES : Atelier C. Pissarro (1906), 27 fr. ; E. Degas (1918), 8 essais ou états, 155 fr.

———

Cuivre biffé.

32. — SENTE DES POUILLEUX, A PONTOISE, grande planche

(H. 268 millim. L. 217)

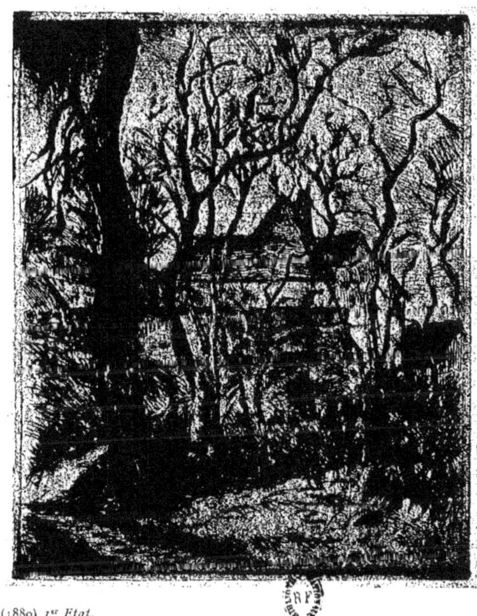

(1880) *1er État.*

1er État.   **Celui reproduit.** Avec une figure au pied du gros arbre, à gauche. État tiré à 10 épreuves, *signées* et *numérotées* (1 à 9 *bis*). Musée du Luxembourg (n° 2).

2e   —   La figure au pied de l'arbre à gauche est effacée, et deux personnages, un homme et une femme sont rajoutés au 1er plan, vers la droite. Egalement avec l'addition de nombreux travaux sur diverses parties de la planche. Musée du Luxembourg (annotée : *1er état, n° 6, 2e série*). État tiré à quelques *essais*, puis, postérieurement, à 30 épreuves, *timbrées* et *numérotées*.

VENTE : Atelier C. Pissarro (juin 1906), avec 2 autres pl., 40 fr.

(H. 150 millim. L. 112)

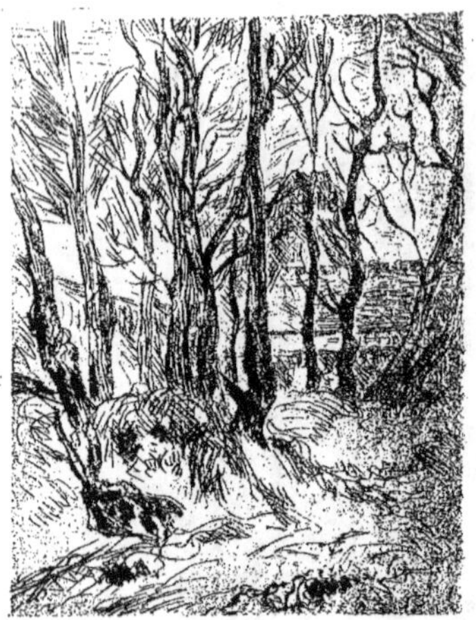 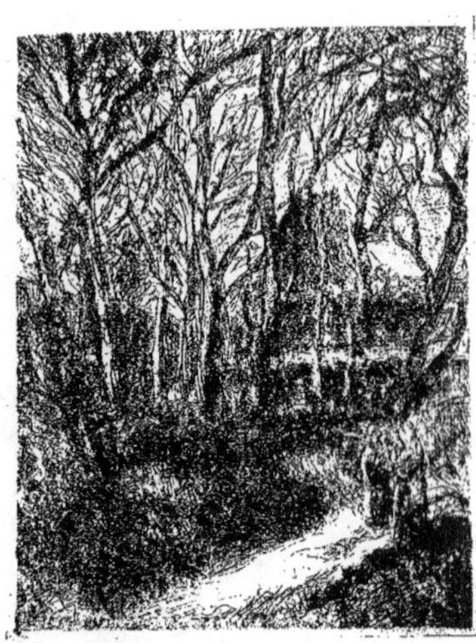

(1882) *1er État.*   *4e État.*

1er État. Avant les figures, avant divers travaux, notamment avant le ton d'aqua-tinte. État reproduit. La seule épreuve que nous ayons rencontrée de cet état porte, par erreur, de la main de l'artiste : 2e état, alors que les épreuves du second état que nous allons décrire portent, — toujours de la main de Pissarro, *1er* état.

2e — Avec l'addition de divers travaux à la pointe sèche; des branches sont ajoutées aux arbres de gauche; le talus de gauche est fortement ombré et celui du 1er plan à droite est mieux délimité. Encore avant les figures. État tiré à 2 épreuves, *annotées* par erreur par *l'artiste : 1er* état.

3e — La composition est très modifiée par des grattages et l'addition d'un grain d'aqua-tinte. Deux paysannes sont ajoutées sur le chemin, à droite. État tiré à 1 épreuve.

4e — Avec quelques tailles ajoutées dans les troncs d'arbres et dans les branches. État reproduit. État tiré à 9 ou 10 épreuves, Musée du Luxembourg (n° 6), New-York, Public Library, puis, postérieurement, à 24 épreuves, *timbrées* et *numérotées*.

———

Cette planche a été reproduite dans le *Studio* (oct. 1903), puis dans *Brush & Pencil* (mars 1904), sous le titre : **Dans le bois.**

Cuivre détruit.

(H. 142 millim. L. 109)

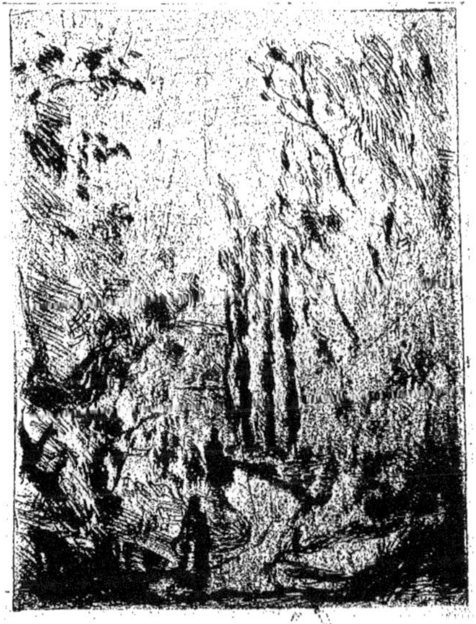

(1882)

Nous ne connaissons que 2 épreuves de cette pointe sèche; une est *signée*, la seconde porte seulement en marge les annotations suivantes de la main de l'artiste : *Sente des Grouettes (Pontoise) pointe sèche, 1er état.*

Cuivre perdu.

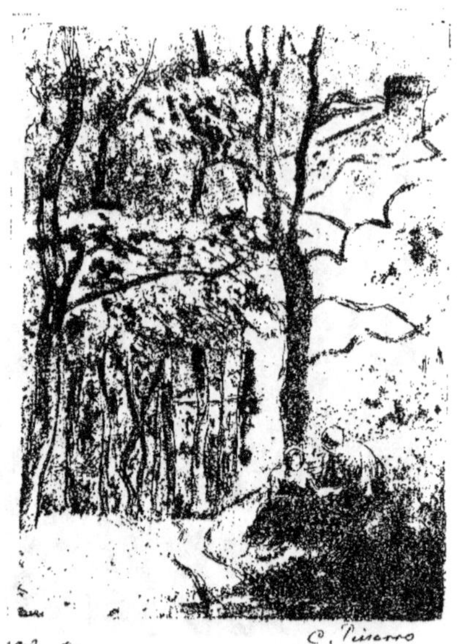

(1882)

Nous ne connaissons qu'un état de cette pièce tirée d'abord à 7 ou 8 épreuves *d'essai*, puis, en 1920, à 10 épreuves sur papier du Japon, et 40 exemplaires sur vergé, *numérotés* et *timbrés*. Cabinet des Estampes, Paris, Musée du Luxembourg (2 épreuves, n°° 1 et 7), British Museum, Musée Royal des Beaux-Arts, Copenhague, Bibliothèque publique de New-York (sous le titre : *Environs de Pontoise*), M. Georges Lecomte.

———————

Le cuivre, *percé* après tirage, a été offert du Cabinet des Estampes de Paris.

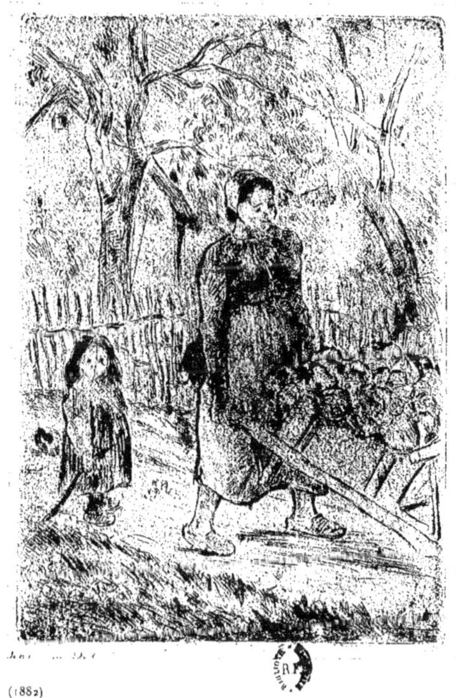

(1882)

Nous connaissons 4 épreuves de cette pointe sèche exécutée sur zinc et *numérotées* (1, 2, 2 *bis* et 3).

Zinc perdu.

37. — LE PONT DU CHEMIN DE FER, A PONTOISE

(L. 247 millim. H. 129)

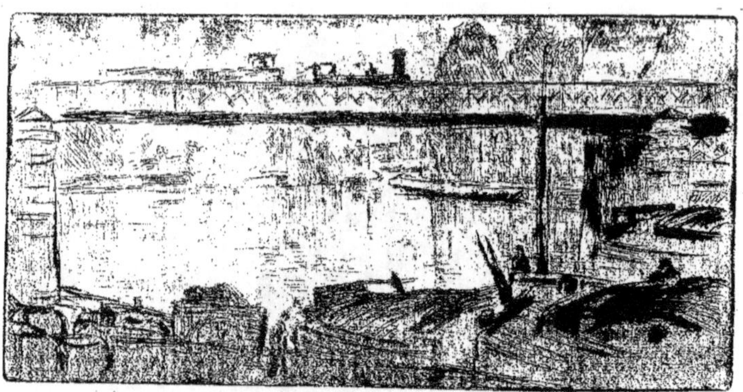

(1882) *1ᵉʳ État.*

1ᵉʳ État.   Celui reproduit. Le train n'a que *deux* wagons, et avant que la fumée soit indiquée à la locomotive. Etat tiré à 1 épreuve annotée : *nᵒ 1, 1ᵉʳ état.*

2ᵉ   Un *troisième* wagon est ajouté au convoi traversant le pont, et avec indication en clair d'une
fumée à la locomotive. Etat tiré à 1 épreuve annotée : *nᵒ 1, 2ᵉ état.*

———

Zinc détruit.

38. — MÈRE ET ENFANT

(H. cuivre 141 millim. L. 101)

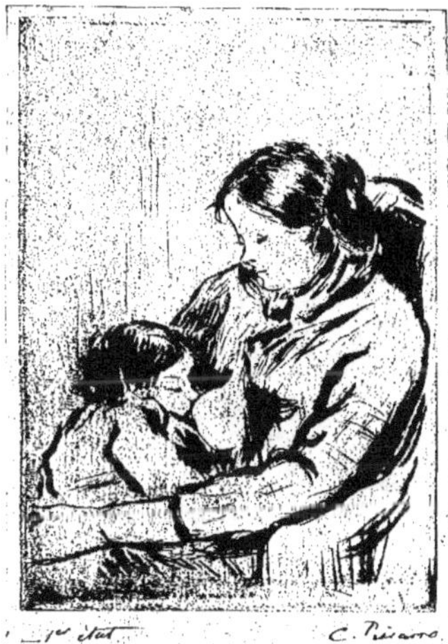

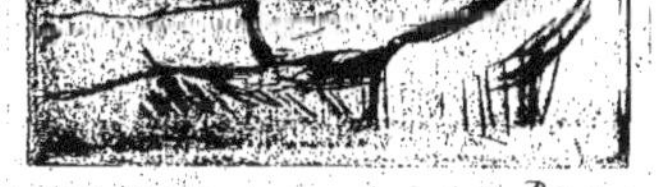

(1882) ? *1er Etat.*

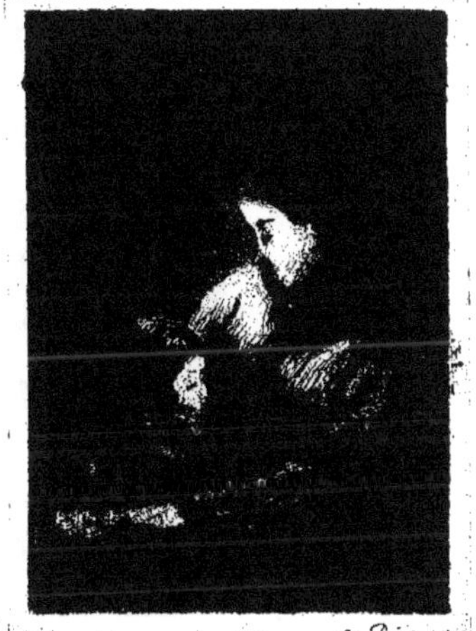

7e Etat.

1er Etat. Indication à la pointe sèche; avant de très nombreux travaux. État reproduit. Etat tiré à 1 épreuve, annotée : *n° 1, 1er état* et *signée.*

2e — Avec l'addition de nouveaux travaux à la pointe sèche sur les deux figures et avec un fond d'aqua-tinte. Etat tiré à 1 épreuve, annotée : *n° 1, 2e état* et *signée.*

3e — Les profils de la mère et de l'enfant sont en partie effacés; un battant est ajouté, dans le fond, à gauche. Etat tiré à 1 épreuve, annotée : *n° 1, 3e état* et *signée.*

4e — Les profils de la mère et de l'enfant sont regravés; une mèche de cheveux tombe le long de la joue de la fillette jusqu'à son épaule. Avec de nombreuses additions sur les vêtements des deux personnages. Le grain d'aqua-tinte est renforcé dans le fond et est prolongé sur les vêtements. Etat tiré à 1 épreuve, annotée : *n° 1, 4e état* et *signée.*

5e — Avec divers effaçages. Les profils de la mère et de l'enfant sont à nouveau presque effacés. Etat tiré à 1 épreuve et annoté par l'artiste : *entre le 4e et le 5e état n° 1.*

6e — Les contours des têtes de la mère et de l'enfant sont regravés à nouveau. Etat tiré à 1 épreuve, annotée : *n° 1, 5 état* et *signée.*

7e — Les tons d'aqua-tinte sont renforcés. État reproduit. Tiré à 3 épreuves, annotées : *6e état* et *signées.* Musée du Luxembourg (n° 1).

8e — Le ton d'aqua-tinte sur le corsage de la femme est atténué ainsi que les tailles obliques sur ce même corsage. Etat annoté : *7e état définitif,* et tiré à 4 épreuves *numérotées* et *signées,* puis, postérieurement, à 14 épreuves, *timbrées* et *numérotées.*

Cuivre détruit.

39. — ENFANT TÉTANT SA MÈRE

(H. cuivre 120 millim. L. 111)

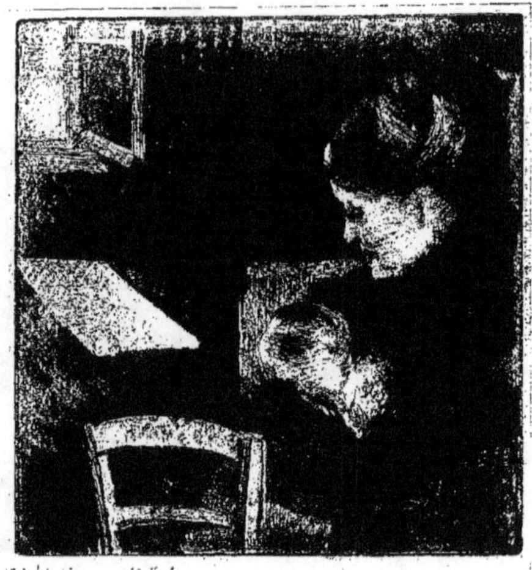

(1882) 3ᵉ État.

1ᵉʳ État. Avant de nombreux travaux ; l'enfant vu de trois-quarts, ne *tète pas*. Avant la chaise au premier plan, avant celle du fond, avant la croisée, etc. Le fond est occupé par un lit. La coiffure de la femme est différente. Une épreuve annotée : *1ᵉʳ état*.

2ᵉ   ·   L'enfant ne *tète pas* encore, mais le lit a été rabaissé et remplacé en partie par un papier orné. Encore avant les sièges, la croisée, etc. La coiffure de la femme est modifiée. État annoté : *2ᵉ état*. Deux épreuves connues.

3ᵉ   —   Avec de très nombreux changements et un fort grain d'aqua-tinte ajouté. Le profil de la femme est modifié. L'enfant *tète*. L'État reproduit. État tiré à quelques *essais* annotés : *3ᵉ état*, puis, postérieurement, à 20 épreuves, *timbrées* et *numérotées*. Collection de M. F.-E. Bliss (épr. de Degas).

VENTE : E. Degas (1918), sous le titre : Le *Sein*, 52 fr.

Cuivre détruit.

40. — PAYSAGE AVEC BERGER ET MOUTONS, OSNY

(L. cuivre 140 millim. H. 100)

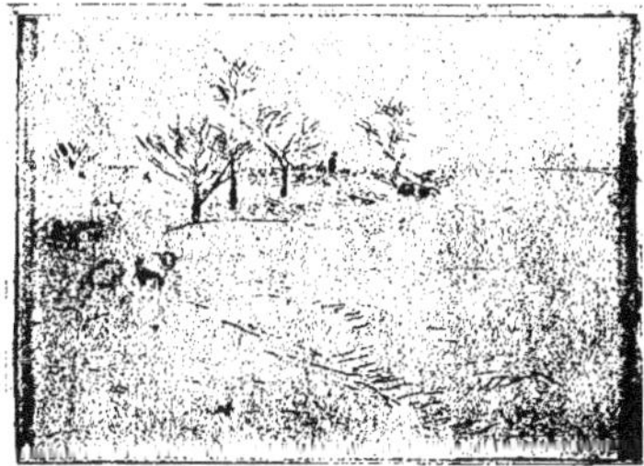

(1883) *1ᵉʳ État.*

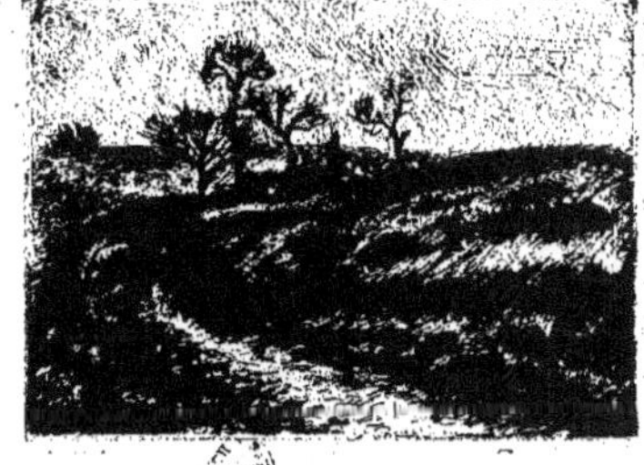

6ᵉ État.

1ᵉʳ État. Très légère indication au trait. **État reproduit.** Une épreuve annotée : *n° 1, 1ᵉʳ état.*

2ᵉ   —   La planche est reprise à la pointe sèche, mais avant le grain d'aqua-tinte. État tiré à 1 épreuve, annotée : *n° 1, 2ᵉ état* et *signée.*

3ᵉ   —   Avec un grain d'aqua-tinte sur diverses parties de la planche, mais avant divers travaux et retouches. Le berger n'a pas de bâton. Avec *trois* moutons, à gauche. État tiré à 1 épreuve, annotée : *n° 1, 3ᵉ état* et *signée.*

4ᵉ   —   La silhouette du berger est modifiée et il s'appuie sur un bâton. Un certain nombre de tailles obliques à la pointe sont ajoutées sur le talus ; également avec quelques modifications dans le ciel, dont les tailles horizontales précédentes sont presque complètement effacées. Enfin, à gauche, le mouton le plus éloigne est effacé. État tiré à 1 épreuve, annotée : *n° 1, 4ᵉ état* et *signée.*

5ᵉ   —   Avec un nouveau grain d'aqua-tinte qui délimite plus nettement les fluctuations du talus. Avec une ombre derrière le second mouton et quelques travaux à la pointe ajoutés à gauche, vers le bas. État tiré à 1 épreuve, annotée : *n° 1, 5ᵉ état* et *signée.*

6ᵉ   —   Avec quelques nouvelles indications à l'aqua-tinte, notamment au premier plan à gauche; les deux moutons, à gauche, sont fortement repris et quelques branchages ont été rajoutés à l'arbuste qui apparaît à gauche, à l'horizon. **État reproduit,** tiré à une douzaine d'épreuves, Musée du Luxembourg (n° 5), Bibliothèque publique de New-York (sous le titre : *le Berger à Osny, près Pontoise*), puis, postérieurement, à 12 épreuves, *timbrées* et *numérotées.*

Cuivre détruit.

41. — VIEILLE RUE A ROUEN (RUE MALPALUE)

(H. 124 millim. L. 121)

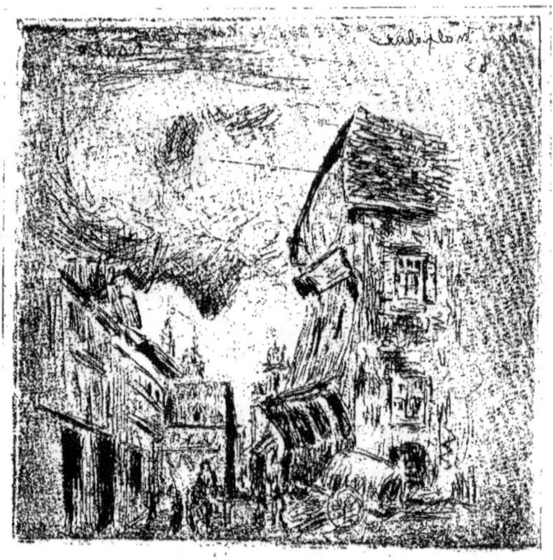

(1883) 1ᵉʳ État.

1ᵉʳ État. **Celui reproduit.** Avant divers travaux et additions, notamment avant la maison sur le bord de la planche à droite. Dans le haut, à droite, on lit à rebours : *Rue Malpalue, 83*, et à gauche : *Rouen*. Une seule épreuve.

2ᵉ — Avec l'addition d'une maison à droite ; quelques personnages sont ajoutés. Deux clochetons à gauche sont effacés, le clocher du fond est modifié. Avec des grattages dans le ciel, l'inscription de l'état précédent est enlevée. État tiré à 2 ou 3 *essais*, puis à 8 épreuves, *timbrées* et *numérotées*.

Zinc effacé.

42. — UNE RUELLE A ROUEN (RUE DES ARPENTS)

(H. plaque 123 millim. L. 123)

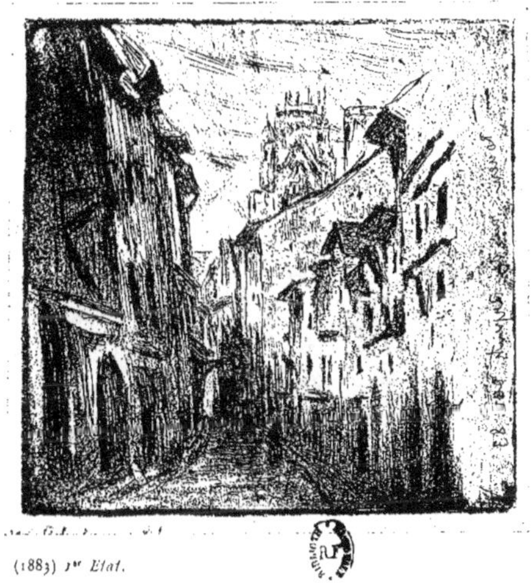

.... *G.d.* ....

(1883) *1er Etat.*

1er Etat.   Avec l'indication d'un ciel et avant que l'ensemble des travaux n'ait été baissé de ton. **L'État** reproduit. Tiré à 1 épreuve, annotée : *1er état, n° 1.*

2°   Le ciel est effacé. Un certain nombre de travaux ont été baissés de ton; le ton d'aqua-tinte sur le grand pan de la maison de gauche est presque entièrement effacé, mais quelques autres tons partiels sont ajoutés sur la façade de la même maison, ainsi qu'au-dessus de la porte cintrée. Etat tiré à 8 ou 9 épreuves, annotées : *1er état* et *épreuves d'artiste,* Musée du Luxembourg (n° 1), puis, à 10 épreuves sur papier du Japon et 30 épreuves sur hollande, *numérotées* et *timbrées.* Cabinet des Estampes, Paris, New-York, Public Library, 2 épreuves, British Museum.

———

Le zinc, *percé* après tirage, a été offert au Cabinet des Estampes de Paris.

———

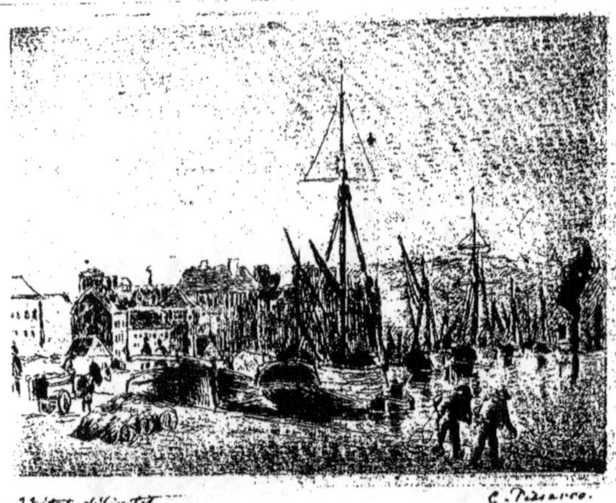

(1883) 2e État.

1er État. Avant les tailles obliques sur la colline du fond, avant les traits horizontaux sur la partie lumineuse de la plus grande barque, avant l'addition de quelques nouveaux reflets dans l'eau,
avant que la fumée du bateau à droite n'ait été ombrée, etc. Fort rare. Quatre épreuves,
annotées, *1er état* (2 *numérotées* et *signées*).

2e — Avec l'addition des travaux indiqués ci-dessus. **L'État reproduit.** Etat tiré d'abord à une dizaine
d'épreuves d'essai, *annotées, numérotées* et *signées*, puis en 1907, à 10 épreuves sur papier
du Japon, et à 30 épreuves sur hollande, *numérotées* et *timbrées*. Cabinet des Estampes,
Paris, British Museum, Bibliothèque publique de New-York, Bibliothèque de l'Université,
Paris, Kupferstiche Kabinet, Berlin, California, State Library, Mlle Isaacson, M. Th. van
Rysselberghe (japon n° 9).

Le cuivre de cette pièce, *percé* après tirage, a été offert au **Cabinet des Estampes de Paris.**

(EFFET DE PLUIE)

(L. 125 millim. H. 125)

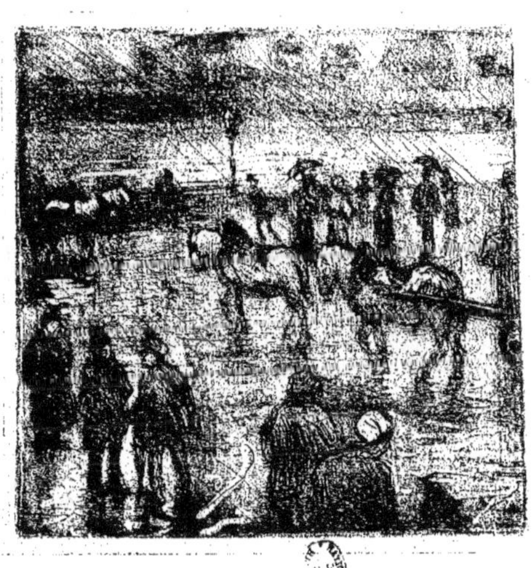

(1883 ou 1885?) 2ᵉ *État.*

1ᵉʳ Etat.   Avant que quelques contours et quelques modelés n'aient été renforcés. L'aspect est gris pâle. État tiré à 1 épreuve annotée : *épr. d'état.*

2ᵉ   —   Quelques tailles obliques simulant la pluie sont ajoutées dans le ciel, et quelques contours, ainsi que des modelés sont renforcés. **L'État reproduit.** État tiré d'abord à 5 ou 6 épreuves, Musée du Luxembourg (nᵒ 4), Bibliothèque publique de New-York, Metropolitan Museum of Art, New-York (épr. d'artiste nᵒ 2), puis à 12 épreuves, *timbrées* et *numérotées.*

Cette pièce a été reproduite dans le *Studio* (nᵒ d'octobre 1903).

Zinc détruit.

45. — PORT DE ROUEN (SAINT-SEVER)

(L. cuivre 194 millim. H. 149)

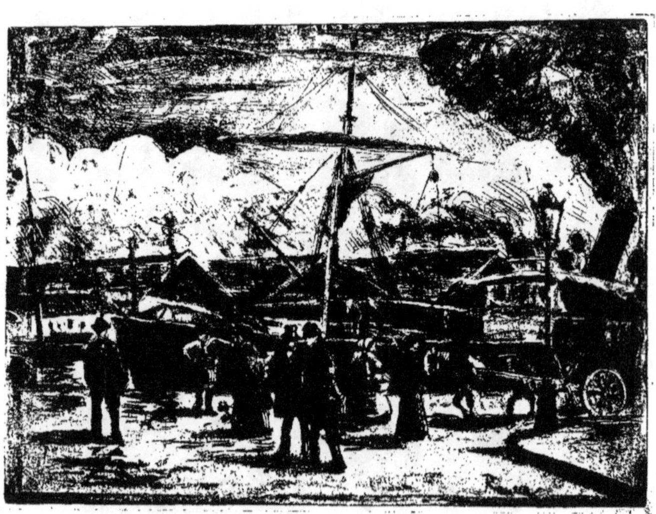

(1884)

   Cette pièce, dont il existe une réplique (n° 46 de notre catalogue), avec une femme à gauche, et publiée sous le titre : **Cours Boieldieu, à Rouen**, a été tirée d'abord à une épreuve d'*essai*, puis, postérieurement, à 9 épreuves, *timbrées* et *numérotées*.

Cuivre détruit.

(L. cuivre 194 millim. H. 149)

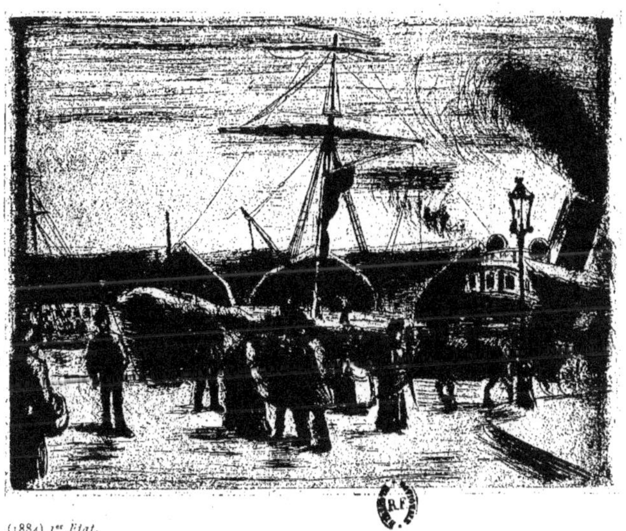

(1884) 1ᵉʳ État.

1ᵉʳ État. Celui reproduit. Avant l'addition de quelques travaux et avant que d'autres travaux n'aient été abaissés au brunissoir. Une épreuve.

2ᵉ — Quelques travaux sont atténués au brunissoir. La fumée du bateau est plus étendue; des traits obliques sont ajoutés dans le ciel à gauche. Les ombres portées des personnages sont agrandies. État tiré à quelques *essais*, puis à 10 épreuves sur papier du Japon et à 30 épreuves sur hollande, *numérotées* et *timbrées*. Cabinet des Estampes, Paris, Bibliothèque de l'Université, Paris, British Museum, Kupferstiche Kabinet, Berlin, Bibliothèque publique de New-York, Mᵐᵉ Bi. Marchesi.

Cette planche, qui est une répétition de la planche précédente intitulée par l'artiste : Port de Rouen (Saint-Sever), est également désignée sous ce second titre sur une épreuve d'essai. Le cuivre, percé après tirage, a été offert au Cabinet des Estampes de Paris

(H. 198 millim. L. 149)

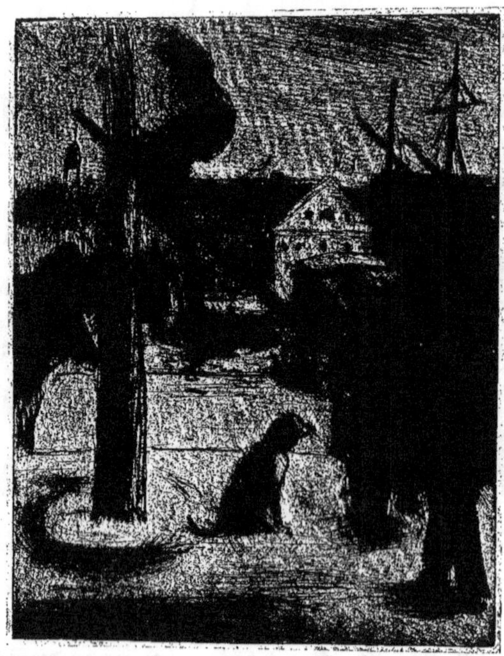

(1884) 2ᵉ *Etat.*

1ᵉʳ Etat.   Avant de nombreux travaux; presque au trait. Etat tiré à 1 épreuve, *annotée* et *numérotée* (1).

2ᵉ   —   Avec de très nombreux travaux ajoutés sur toute la planche. **L'État reproduit.** Etat tiré à 3 ou
4 épreuves, dont deux annotées : *2ᵉ état* et *numérotées* (1 et 2), puis, postérieurement, à
8 épreuves, *timbrées* et *numérotées.*

Zinc détruit.

48. — COTE SAINTE-CATHERINE, A ROUEN

(L. cuivre 197 millim. H. 149)

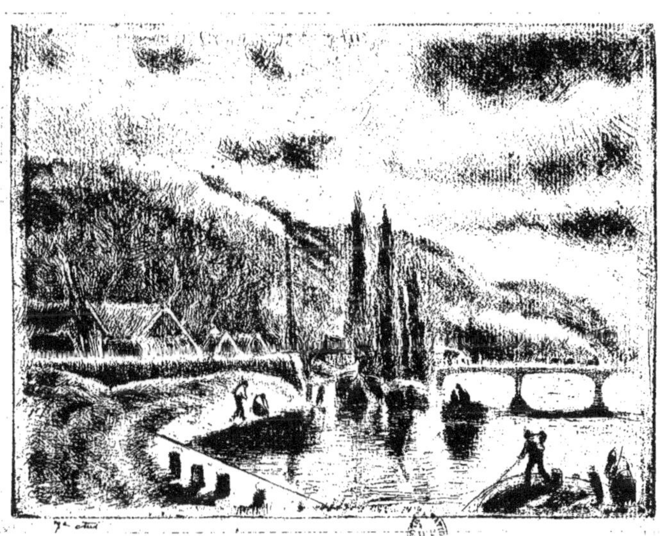

(1884) 6e État.

1er Etat.   Indication au grain d'aqua-tinte. Avant de nombreux travaux. L'inscription dans le haut : *Cote St^e-Catherine a Rouen*, est très apparente. Le batelier, au premier plan à droite, n'a pas de perche. Etat tiré à 1 épreuve, annotée : *1er état, n° 1.*

2e   —   Avec de nouveaux travaux à l'aqua-tinte. Les fumées des cheminées et du train sont réduites et mieux délimitées. Le personnage du 1er plan à droite, sur le bateau, est muni d'une longue perche ; mais avant divers effaçages. L'aspect général est un peu lourd. Etat tiré à 1 épreuve, annotée : *n° 1, 2e état.*

3e   Tous les travaux à l'aqua-tinte sont très atténués ; le ciel est beaucoup plus clair et les collines du fond, surtout vers la gauche, sont moins visibles, ainsi que l'inscription dans le haut. Avec des additions à la pointe sur les arbres, les hangars, les personnages, etc. Etat tiré à 2 épreuves, annotées : *3e état, n° 1* et (par erreur de l'artiste) *6e état, n° 1.*

4e   —   Avec l'addition d'un nouveau grain d'aqua-tinte sur diverses parties de la planche ; les collines sont mieux délimitées et se découpent en vigueur, sur la fumée des cheminées et du train.

Avec de nouveaux travaux à la pointe sur les arbres, sur la route, et dans l'eau où les reflets sont étendus et fortement accentués. Etat tiré à 2 épreuves, annotées : *4ᵉ état nᵒ 1* et *signées.* Collection de M. C.-E. Bliss.

5ᵉ — Avec de nouveaux travaux dans l'eau, au 1ᵉʳ plan, sur les coteaux, dans le ciel qui traversent, vers le milieu, des traits obliques ; de plus, les fumées sont plus étroites que dans l'état précédent. Etat tiré à 1 épreuve, annotée : *5ᵉ état, nᵒ 1.*

6ᵉ — Les travaux sont atténués au grattoir ; de nouveaux travaux modèlent les fumées. Etat tiré à 6 ou 8 épreuves, annotées : *7ᵉ état,* puis, postérieurement, à 20 épreuves, *timbrées* et *numérotées.* Collection de M. A. Teissier. L'État reproduit. **N.-B.** — L'épreuve annotée : 6ᵉ état, par l'artiste, est en réalité du 3ᵉ état de la planche.

Cuivre détruit.

(L. 140 millim. H. 123)

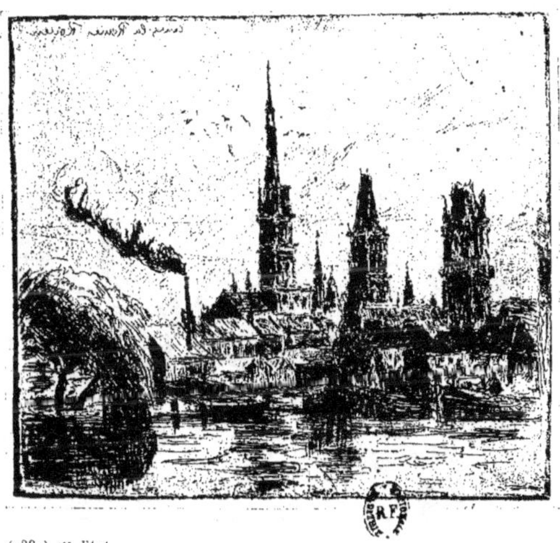

(1884) *1er État*

1er État. Celui reproduit. État tiré à 1 épreuve, *numérotée et annotée.*

2e — Avec l'addition de nouveaux travaux, notamment *avec le reflet* du 1er bateau à droite, dans l'eau. État tiré à 1 épreuve, *numérotée* (1) et *annotée.*

3e — Avec des travaux ajoutés dans l'eau, sur les maisons, la cathédrale ; la tour de droite est plus noire et mieux délimitée que dans les deux états précédents. Avec un grain d'aqua-tinte qui obscurcit le ciel. État tiré d'abord à 2 épreuves, *numérotées* (2 et 3) et *annotées* : 2e état, alors qu'il s'agit bien en réalité d'un 3e état, puis postérieurement à 18 épreuves, *timbrées* et *numérotées.*

Zinc détruit.

50. — VUE DE ROUEN (COURS-LA-REINE)

(L. 199 millim. H. 148)

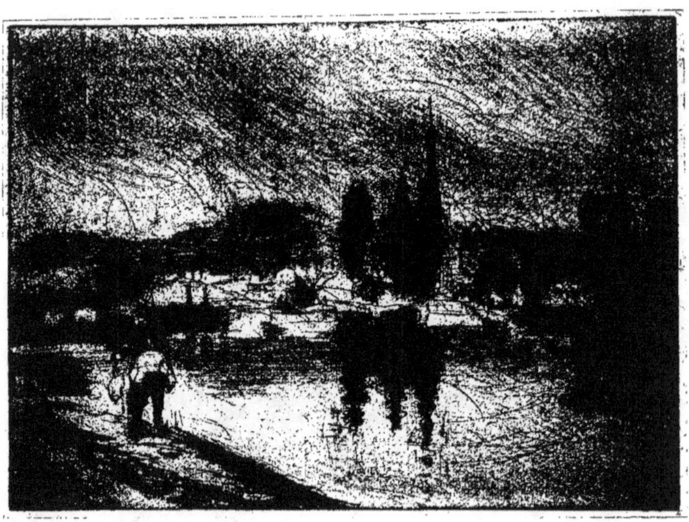

(1884) 2ᵉ *Etat.*

1ᵉʳ Etat. Indication au vernis mou, avant le ciel et avant de nombreux travaux à la pointe sur la colline, les arbres, etc. Musée du Luxembourg, épr. annotée : *1ᵉʳ Etat n° 1.*

2ᵉ — **Celui reproduit.** Avec l'addition de nombreux travaux, mais avant l'effaçage d'un certain nombre de traits échappés, dans le ciel notamment. Etat tiré à 4 épreuves *numérotées* (2 à 5).

3ᵉ — Un certain nombre de traits en forme de demi-cercle sont effacés dans le ciel, puis dans l'eau, à gauche, vers les 2 personnages. Etat tiré à une dizaine d'épreuves *d'artiste* (plusieurs numérotées : 1 à 5), puis en 1920, à 10 exemplaires sur papier du Japon et à 40 sur hollande, *numérotés* et *timbrés.* Cabinet des Estampes, Paris, British Museum, Musée des Beaux-Arts, Copenhague, Public Library, New-York. MM. C. Dodgson, Georges Lecomte.

La planche, *trouée* après tirage, a été remise au Cabinet des Estampes de Paris.

---

51. — LA FERME A NOEL (OSNY)

(H. piaque 199 millim. L. 185)

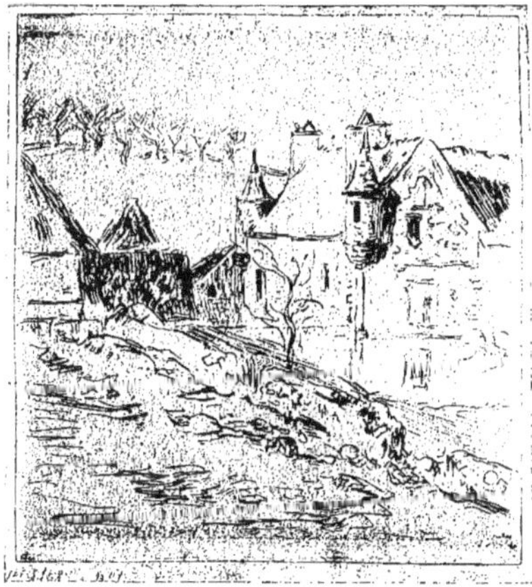

(1884) *1er Etat.*

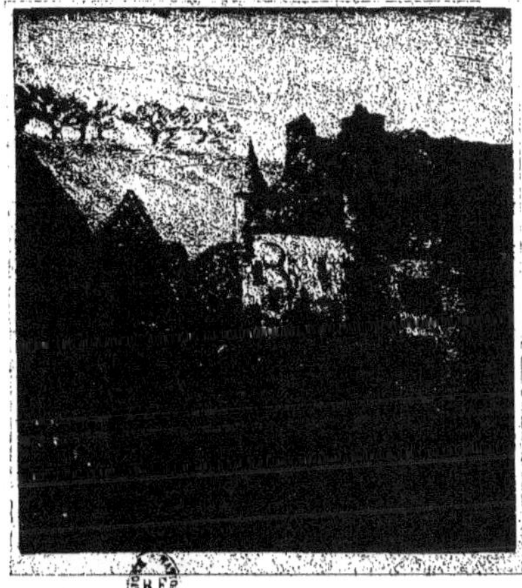

5e Etat.

1er Etat.   Au trait. Avant les deux paysannes assises sur le remblai et avant le ciel. État reproduit. Etat tiré à 2 épreuves, annotées : *1er état* et *numérotées* (1 et 2).

2e   —   Avec l'addition d'un grain d'aqua-tinte. Encore avant le ciel. Les deux paysannes assises sur le remblai sont peu visibles. Fort rare. Musée du Luxembourg (n° 1).

3e   —   Avec quelques additions dans le grain d'aqua-tinte. Toujours avant le ciel. Etat tiré à 1 épreuve annotée : *3e état* et *numérotée* (1).

4e   —   Les tons d'aqua-tinte sont baissés de valeurs, notamment sur la ferme. Les deux paysannes sont plus visibles. Toujours avant le ciel. Etat tiré à 1 épreuve annotée: *4e état* et *numérotée* (1).

5e   —   Avec l'indication d'un ciel, par des tailles légèrement obliques. Egalement avec des travaux à la pointe sur la ferme, le terrain au 1er plan, sur les arbres, etc. État reproduit. Etat tiré à 3 épreuves annotées : *5e état* et *numérotées* (1 à 3).

6e   —   Le ton d'aqua-tinte est en grande partie effacé ainsi que le ciel. Les branches des arbres du fond sont surélevées. L'effet est très clair. Etat tiré à 5 ou 6 épreuves, annotées : *6e état* (n° 1) ou *épreuve d'artiste, numérotées* et *signées*, puis postérieurement, à 20 épreuves *timbrées* et *numérotées*. Bibliothèque de l'Université, Paris, Bibliothèque publique de New-York (sous le titre : *Ancienne ferme à Osny Seine-et-Oise*).

Planche détruite.

52. — RUE DAMIETTE, A ROUEN

(H 195 millim. L. 148)

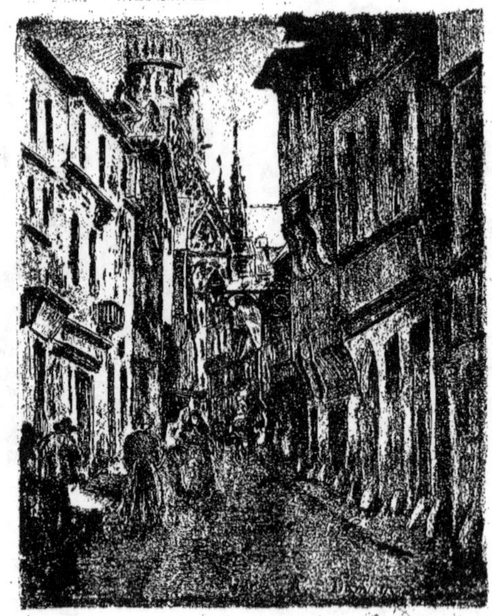

(1884) 2° *Etat.*

1er Etat. Avant de nombreux grattages. L'aspect général est *très noir*. Etat tiré à 2 épreuves *numéro-tées* (1 et 2) et *annotées*.

2° — Avec de nombreux grattages atténuant le grain d'aqua-tinte et donnant des gris sur les maisons et les personnages, ainsi que sur la chaussée. L'État reproduit. Etat tiré à 1 épreuve d'essai, à 9 épreuves *avant* l'aciérage, *numérotées* et *signées*, à 8 ou 9 épreuves après l'aciérage, puis enfin, en 1907, à 10 exemplaires sur papier du Japon et 30 sur hollande, *timbrés* et *numé-rotés*, Cabinet des Estampes, Paris, Musée du Luxembourg, Bibliothèque de l'Université, Paris, British Museum, Kupferstiche Kabinet, Berlin, Musée des Beaux-Arts, Budapest, Public Library, New-York, Mme Bl. Marchesi, Mlle I. Henry.

VENTE : V. van Gogh (Amsterdam, 1915), n° 2, 55 florins.

Le cuivre, *troué* après tirage, a été offert au Cabinet des Estampes de Paris.

(H. plaque 198 millim. L. 150)

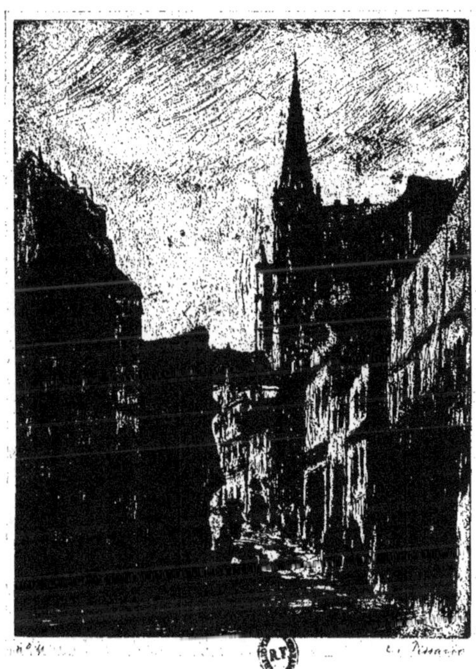

(1885) 3e État.

1er Etat.   Au trait et avant le ciel. Fort rare. Une épreuve annotée : n° 1, 1er état et *signée*.

2e   —   La planche est mise à l'effet, par l'addition de très nombreux travaux; mais encore avant le ciel. Très rare. 2 épreuves annotées : n°s 1 et 2, 2e *état* et signées.

3e   —   Avec le ciel indiqué par de nombreuses tailles obliques. L'État reproduit. État tiré à 6 ou 7 *épreuves d'artiste, signées* et *numérotées*, puis en 1907, à 10 épreuves sur papier du Japon et à 30 épreuves sur hollande, *numérotées* et *timbrées*. Cabinet des Estampes, Paris, British Museum, Bibliothèque publique de New-York, M. Th. van Rysselberghe.

La planche, percée après tirage, a été offerte au Cabinet des Estampes de Paris.

54. — RUE DU GROS-HORLOGE, A ROUEN

(H. 192 millim. L. 147)

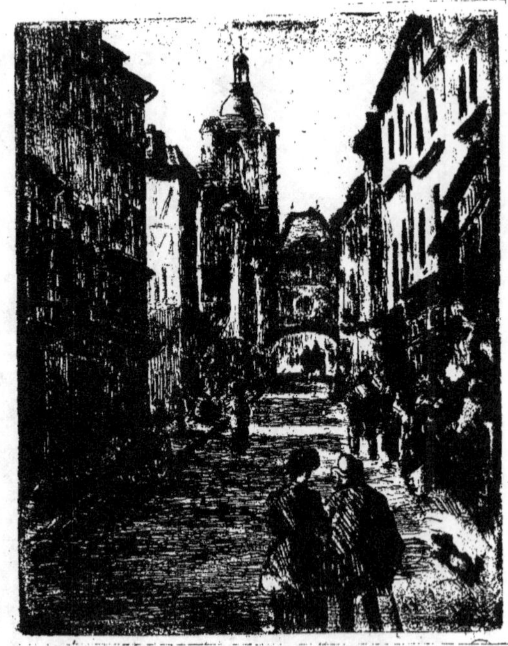

(1885) *2ᵉ État.*

1ᵉʳ Etat. Avant divers travaux, notamment avant l'indication des étages et des chevrons sur le pignon blanc, au second plan, à gauche. Etat tiré à 2 épreuves *numérotées* (1 et 2).

2ᵉ — Avec l'addition de nombreux travaux, notamment avec l'indication des étages et des chevrons sur le pignon blanc, au second plan, à gauche. État tiré à 5 épreuves (4 *numérotées*). **L'État** reproduit.

3ᵉ — Avec de très nombreux grattages qui ont fait disparaître une partie des travaux des états précédents, et avec l'addition d'un grain d'aqua-tinte. État tiré à une douzaine d'épreuves, *dites d'artiste*. Musée du Luxembourg (japon nᵒ 6), Metropolitan Museum of Art, New-York, Bibliothèque publique de New-York, Mlle A. Isaacson, puis postérieurement à 15 épreuves, *timbrées* et *numérotées*.

VENTE : A*** (7 juin 1913), 65 fr.

Cette pièce a été reproduite dans les *Peintres-Impressionnistes*, de Th. Duret, Paris, Floury, 1906.

Cuivre détruit.

55. — PAYSAGE A ROUEN (COTE SAINTE-CATHERINE)

(L. cuivre 177 millim. H. 150)

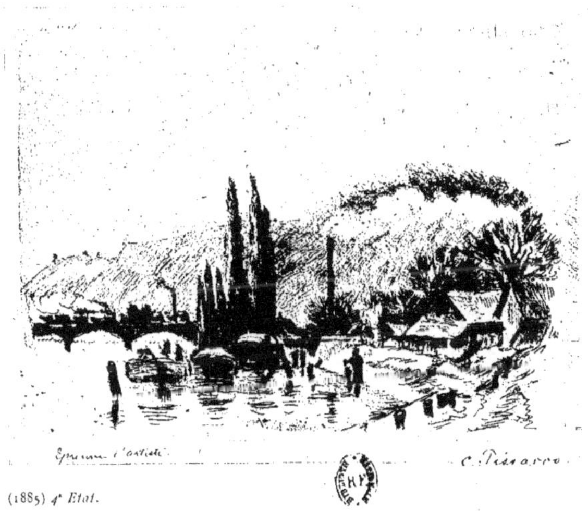

(1885) 4ᵉ État.

1ᵉʳ État.   Presque au trait. Avant le personnage au bord de l'eau, avant l'inscription dans le haut, seulement avec le mot : *Rouen*, tracé à rebours, à gauche, etc. État tiré à 1 épreuve, annotée : *1ᵉʳ état, nº 1*.

2ᵉ   —   Avec l'inscription suivante à la pointe, dans le haut à droite : *Rouen Cote Sᵗᵉ-Catherine* ; une figure est ajoutée au bord de l'eau ; quelques légers travaux sont ajoutés sur les collines, le terrain, les arbres, etc. L'effet est encore très gris. État tiré à 1 épreuve, annotée : *nº 1, 2ᵉ état à revoir*.

3ᵉ   —   La planche est poussée à l'effet par la reprise de toute la planche. Les arbres, le pont, le train, les bateaux, les maisonnettes se détachent en vigueur sur les collines, et la fumée de la grande cheminée se profile en blanc sur la colline de droite. État tiré à 2 épreuves, annotées : *3ᵉ état*.

4ᵉ   —   La plupart des travaux sont atténués au brunissoir. L'État reproduit. État tiré d'abord à 3 ou 4 épreuves, annotées : *4ᵉ état* ou *épreuves d'artiste*, puis en 1907 à 10 épreuves sur papier du Japon, et à 30 épreuves *numérotées* et *timbrées*. Cabinet des Estampes, Paris, Bibliothèque de l'Université, Paris (japon, nº 9), British Museum, Kupferstiche Kabinet, Berlin, Bibliothèque publique de New-York.

Le cuivre, percé après tirage, a été offert au Cabinet des Estampes de Paris.

56. — PORT DE ROUEN

(L.ᵉ plaque 125 millim. H. 105)

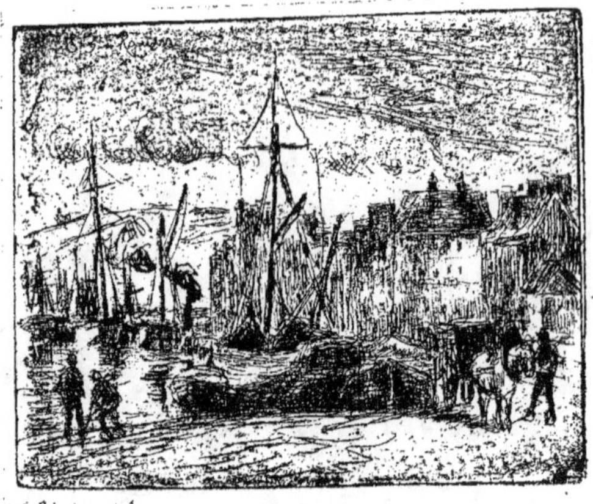

(1885).

1ᵉʳ État.   A l'eau-forte, avant que la planche n'ait été renforcée à l'aqua-tinte. Une épreuve, annotée :
1ᵉʳ état. n° 1.

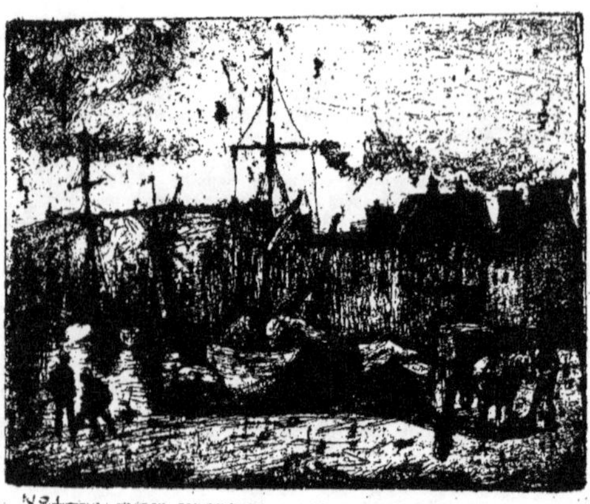

2ᵉ   —   La planche est reprise à l'aqua-tinte et quelques travaux à la pointe sont rajoutés sur diverses
parties de la planche pour accentuer l'effet. État tiré d'abord à 5 ou 6 épreuves *d'essai*, puis,
postérieurement, à 12 épreuves *numérotées* et *timbrées*. Metropolitan Museum of Art,
New-York.

Zinc détruit.

(L. cuivre 170 millim. H. 151)

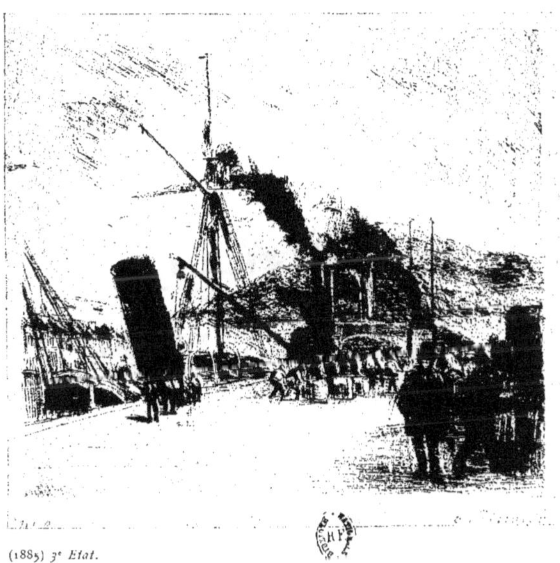

(1885) *3ᵉ État.*

1ᵉʳ Etat.   Le ciel est fortement gravé et forme des noirs violents. Fort rare. Etat tiré à 3 épreuves annotées : *1ᵉʳ état* et *numérotées* (une *signée*).

2ᵉ —   Le ciel est en partie effacé, plus spécialement à droite; mais avant l'indication de quelques toitures à droite, au pied de la colline. Etat annoté : *2ᵉ état définitif.*

3ᵉ —   Quelques toitures, alignées, sont ajoutées au second plan à droite, au pied de la colline; la partie droite du ciel a presque entièrement été effacée. Etat tiré à une dizaine d'épreuves annotées : *Epr. d'artiste* ou *numérotées et signées*, puis à 40 épreuves, *numérotées et timbrées*. L'État reproduit. Cabinet des Estampes, Paris, Musée du Luxembourg (n° 4), British Museum, Kupferstiche Kabinet, Berlin, Bibliothèque publique de New-York, M. A. Teissier.

La planche, percée après tirage, a été offerte au Cabinet des Estampes de Paris.

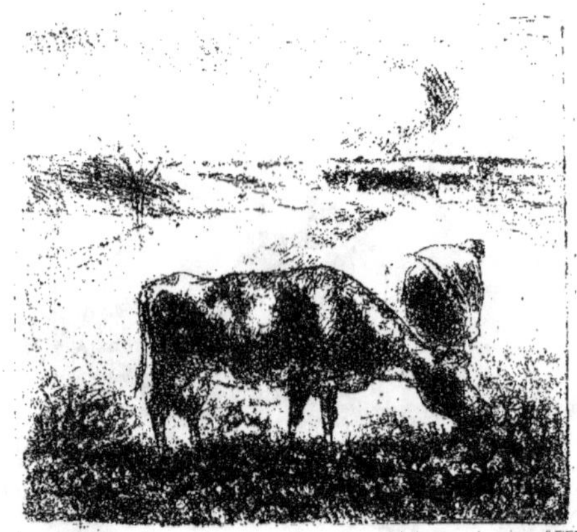

(1885) 3ᵉ *État*.

1ᵉʳ État. Avec la silhouette d'une paysanne au tout premier plan, à gauche, et avant quelques effaçages
et additions. État tiré à 1 épreuve, annotée : *nⁿ 1 1ᵉʳ état, et signée*.

2ᵉ — La paysanne du tout premier plan à gauche est effacée. Les travaux sur la croupe de la paysanne
qu'on voit derrière la vache, à droite, sont atténués. La dernière ligne d'horizon est effacée
et le ciel est légèrement modifié; mais avant de nouveaux travaux à l'aqua-tinte. État tiré à
1 épreuve, annotée : *n° 1, 2ᵉ état, et signée*.

3ᵉ — Avec l'addition d'un grain d'aqua-tinte sur le terrain au 1ᵉʳ plan, en avant de la vache; avec de
nouveaux travaux sur la paysanne, la vache et sur les monticules au fond. **L'État reproduit.**
État tiré à une douzaine d'épreuves (Musée du Luxembourg (n° 2), MM. C. B. Eddy, Theo
van Rysselberghe), puis postérieurement à 7 épreuves, *timbrées* et *numérotées*.

VENTE : Alf. Beurdeley (1921), avec 2 autres pièces, 110 fr.

Cuivre détruit.

59. — PRAIRIE ET MOULIN, A OSNY

(L. cuivre 238 millim. H. 160)

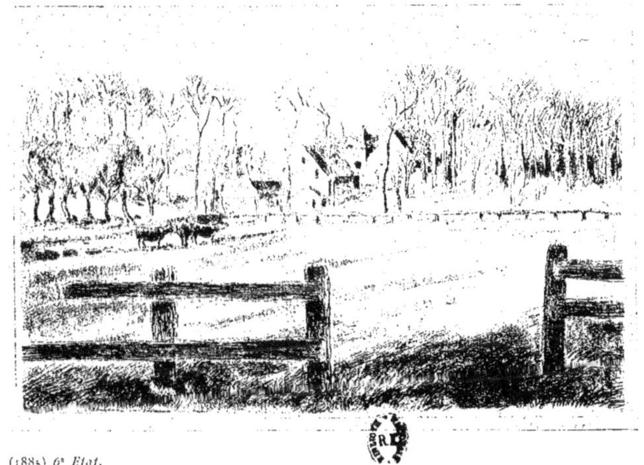

(1885) 6ᵉ *Etat.*

1ᵉʳ Etat.   Au ciel blanc. Indication très légère au trait ; la barrière à gauche est blanche. Etat tiré à
1 épreuve, annotée : *1ᵉʳ état nᵒ 1.*

2ᵉ   —   La planche est reprise à la pointe sèche, et la barrière à gauche est ombrée ; mais avant divers
travaux, notamment avant les trois vaches. Encore au ciel blanc. Etat tiré à 2 épreuves, annotées : *2ᵉ état* et *numérotées* (1 et 2).

3ᵉ   —   Avec quelques légers travaux sur le terrain, et avec une légère indication de trois vaches vers
le fond, à gauche. Toujours au ciel blanc. Etat tiré à 3 épreuves, annotées : *3ᵉ état* et *numérotées* (1 à 3).

4ᵉ   —   Avec l'addition d'un fort ton d'aqua-tinte sur diverses parties de la planche, pour en accentuer
les ombres. Les trois vaches sont très visibles. Toujours avant le ciel. L'effet est un peu lourd.
Etat tiré à 1 épreuve, annotée : *4ᵉ état numérotée* (1) et *signée.*

5ᵉ   —   Les tons d'aqua-tinte sont enlevés ou fortement atténués ; avec l'addition de tailles obliques à
la pointe sur le terrain et avec un ciel indiqué par des traits également obliques. Etat tiré à
1 épreuve, annotée : *5ᵉ état* et *numérotée* (1).

6ᵉ   —   Le ciel est effacé ; tous les travaux sont atténués ; des herbes sont ajoutées tout le long de la
planche au 1ᵉʳ plan, et la traverse du bas de la barrière à gauche est *prolongée* presque jusqu'au
trait carré. L'État reproduit. Etat tiré à une douzaine d'épreuves annotées, *numérotées* et
signées, Metropolitan Museum of Art, New-York, Musée du Luxembourg (2 épr. nᵒˢ 3 et 4),
Metropolitan Museum of Art, New-York (nᵒ 4), New-York, Public Library (sous le titre : *Herbages
à Osny, près Pontoise),* Mlle A. Isaacson, M. C. Dodgson, puis à 18 épreuves, *timbrées* et
numérotées.

VENTE : Ch. Bermond (1912), 99 fr.

Cuivre détruit.

60. — VUE DE PONTOISE

(L. plaque 244 millim. H. 159)

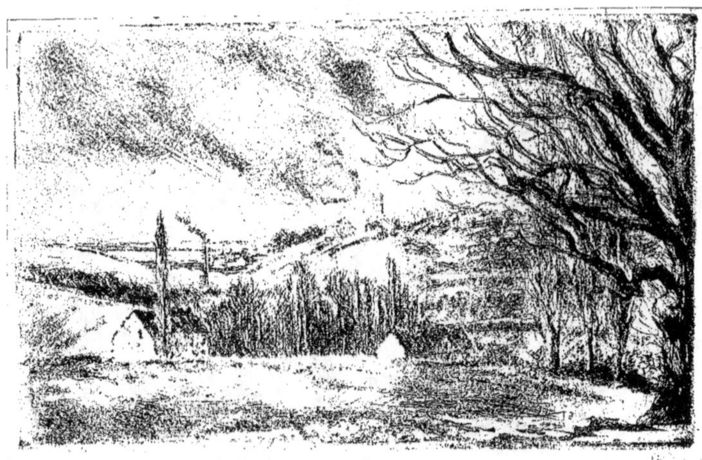

(1883) 7ᵉ État.

1ᵉʳ État.   Indication à la pointe, avant toute addition d'aqua-tinte. État tiré à 1 épreuve, annotée : *n° 1, 1ᵉʳ état*.

2ᵉ   —   Avec l'addition d'un grain d'aqua-tinte sur diverses parties de la planche et avec quelques nouveaux travaux à la pointe, mais avant de nouvelles branches au grand arbre de droite, avant des points indiquant de légers feuillages, ainsi qu'avant d'autres modifications. État annotée : une épreuve *2ᵉ état*.

3ᵉ   —   Le fond à gauche est atténué ; le terrain au premier plan, les deux maisons du second plan et les arbres sont renforcés à l'aqua-tinte ; avec l'indication de feuilles au grand arbre de droite. État annoté indifféremment par l'artiste : *3ᵉ état* et *4ᵉ état*. Deux épreuves.

4ᵉ   —   La plupart des travaux sont fort atténués ; l'horizon à gauche est cerné par de forts traits, les contours de l'église sont mieux précisés. État annoté : *5ᵉ état n° 1*.

5ᵉ   —   Avec l'addition de nouveaux travaux dans les fonds à gauche, sur les arbres du second plan et sur l'arbre du premier plan à droite, auquel sont ajoutées de nouvelles branches ; également avec des travaux supplémentaires à la pointe, dans le ciel, à gauche, mais avant quelques modifications. État annoté : *6ᵉ état n° 1*.

6ᵉ   —   Des travaux supprimés laissent voir le tronc noueux d'un grand arbre du bord à D. Avant que les grandes branches de cet arbre n'aient été prolongées dans le ciel. État tiré à 1 ou 2 épreuves. Musée du Luxembourg, épreuve annotée : *n° 1 7ᵉ état*.

7ᵉ   —   La plupart des travaux sont atténués ; avec des modifications à l'aqua-tinte dans les fonds, à gauche ; les arbres du second plan sont aussi modifiés et quelques-uns surélevés ; l'arbre du 1ᵉʳ plan à droite a subi quelques nouvelles transformations ; quelques légers travaux nouveaux sont ajoutés dans le ciel. État définitif tiré à quelques *essais*, puis à 10 japon et 40 épreuves *timbrées* et *numérotées*. L'État reproduit. Cabinet des Estampes, Paris, British Museum, Musée royal des Beaux-Arts, Copenhague, Bibliothèque publique de New-York.

Le cuivre, *percé* après tirage, a été offert au Cabinet des Estampes de Paris.

61. — PAYSANNE DANS LES CHOUX

(H. plaque 148 millim. L. 120)

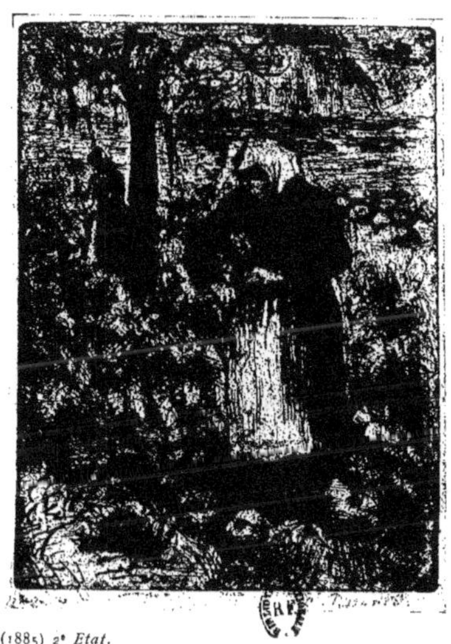

(1885) 2ᵉ *Etat.*

1ᵉʳ État.   Avant divers travaux à la pointe, et avant l'aqua-tinte. Les corsages et les jupes des deux paysannes ne sont pas ombrés. État tiré à 6 épreuves annotées : *épreuves d'état, et numérotées
et signées.*

2ᵉ   —   Avec l'addition de tons d'aqua-tinte et de nombreux travaux sur diverses parties de la planche.
Les corsages et les jupes des deux paysannes sont ombrés. L'État reproduit. État tiré à 8 épreuves
annotées : *Épreuves d'artiste, numérotées et signées.* Musée du Luxembourg (nᵒ 3), puis postérieurement, à 24 epreuves, *timbrées et numérotées.*

Zinc détruit.

(L. cuivre 160 millim. H. 120)

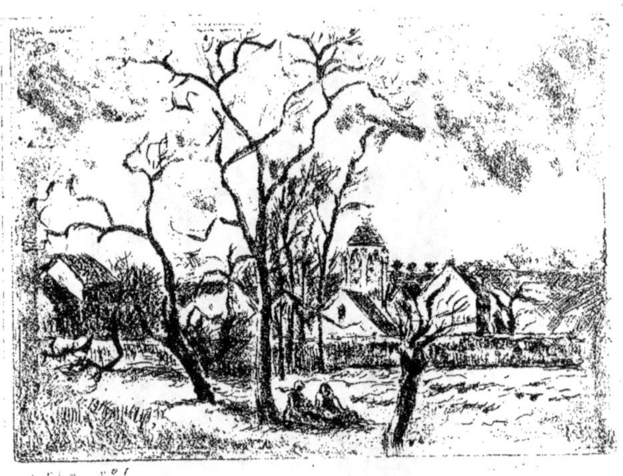

(1885) 4ᵉ État.

1ᵉʳ État. Nous n'avons pas rencontré d'épreuves de cet état.

2ᵉ — Avant divers travaux et avant le grain d'aqua-tinte. Tiré à 1 épreuve, annotée : *2ᵉ état nº 1* et *signée*.

3ᵉ — Avec l'addition d'un grain d'aqua-tinte, mais avant divers travaux. Tiré à 1 épreuve, annotée : *3ᵉ état nº 1* et *signée*.

4ᵉ — Avec l'addition de quelques nouveaux branchages vers le faîte du plus grand arbre, et de nombreuses tailles obliques sur la colline du fond, à droite. Avec quelques modifications dans le ciel, plus lumineux vers le bas. L'État reproduit. État tiré à une dizaine d'épreuves, annotées : *4ᵉ état* ou *Épr. d'art.*, et *signées*, puis en 1920, à 10 épreuves sur papier du Japon, et à 40 épreuves sur hollande, *timbrées* et *numérotées*. Cabinet des Estampes, Paris, Musée du Luxembourg (nº 4), British Museum, Musée royal des Beaux-Arts, Copenhague, Bibliothèque publique de New-York, Mlle A. Isaacson, M. Georges Lecomte.

Le cuivre, *percé* après tirage, a été offert au Cabinet des Estampes de Paris.

63. — RÉCOLTE DE POMMES DE TERRE

(H. cuivre 280 millim. L. 220)

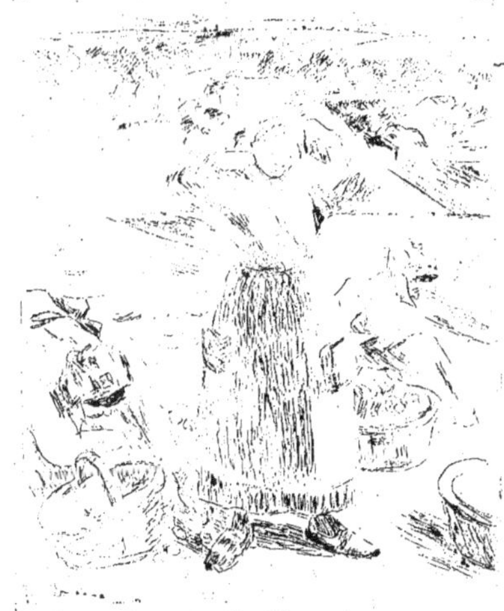

(1886) *1er État.*

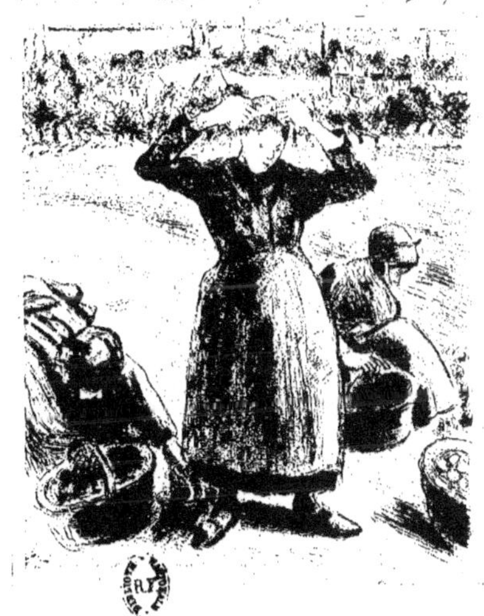

6e État.

1er État. Au trait **État reproduit.** Etat tiré à 2 épreuves, annotées : *1er état et numérotés* (1 et 2).

2e   --   Avec l'addition de nouveaux travaux à la pointe sur diverses parties de la planche, mais avant le ciel et avant le grain d'aqua-tinte. Etat tiré à 1 épreuve, annotée : *n° 1 2e état* et *signée.*

3e   —   Avec l'addition d'un grain d'aqua-tinte sur les figures, les paniers et dans les fonds. Le visage de la paysanne debout est modifié. Quelques travaux à la pointe sont ajoutés dans le champ à gauche, vers le fond. Encore avant le ciel. L'aspect général est noir. Etat tiré à 2 épreuves, annotées : *n° 1 et 2, 3e état* et *signées.*

4e   —   Avec l'indication d'un ciel, sur lequel se détachent deux nuages blancs. Avec de nombreux grattages sur diverses parties de la planche, notamment sur la paysanne debout, dont le visage est encore une fois modifié. L'aspect général est gris. Etat tiré à 1 épreuve, annotée : *n° 1, 4e état* et *signée.*

5e   —   La paysanne debout est encore modifiée, non seulement dans son visage, mais aussi dans la forme de son bonnet et de ses mains qui ont été changés. De plus, son corsage et sa jupe sont élargis et à celle-ci les poches déjà à demi effacées dans l'état précédent, ont été complètement supprimées. Egalement avec des modifications dans les fonds. Etat tiré à 1 épreuve, annotée : *n° 1 5e état* et *signée.*

6° Etat. Le visage et les cheveux de la paysanne sont baissés de ton par des effaçages au brunissoir. Dans le fond à droite, une petite maison qu'on apercevait devant une rangée de quatre autres maisons, a été effacée et remplacée par un arbre. De fortes tailles obliques à la pointe sèche ont été ajoutées au bas, vers la gauche, entre le pied droit de la paysanne et le panier. Enfin, les arbres du fond, à gauche, sont mieux indiqués. Etat tiré à 3 épreuves, annotées : *6° état*, *numérotées* (1 à 3) et *signées*. État reproduit.

7° — Avec de nouveaux travaux à l'aqua-tinte sur les cheveux et le corsage de la paysanne debout. Egalement avec l'addition de travaux sur les arbres de gauche, et sur les toits des trois maisons que l'on aperçoit du même côté, pour en renforcer l'effet. Enfin, avec une dizaine de longues tailles obliques vers le fond à gauche, devant les arbres. Etat tiré à une douzaine d'épreuves, la plupart annotées : *Épreuve d'artiste*, puis *numérotées* et *signées*. Une d'elles a été tirée par Emile Jacque, alors que la planche était usée. Musée du Luxembourg (épr. déf. n° 3), Musée des Beaux-Arts, Budapest, Bibliothèque publique de New-York.

VENTE : Atelier C. Pissarro (juin 1906), avec 2 autres pl., 40 fr.

Cuivre détruit.

64. — RUE DE L'ÉPICERIE, A ROUEN

(H. cuivre 170 millim. L. 150)

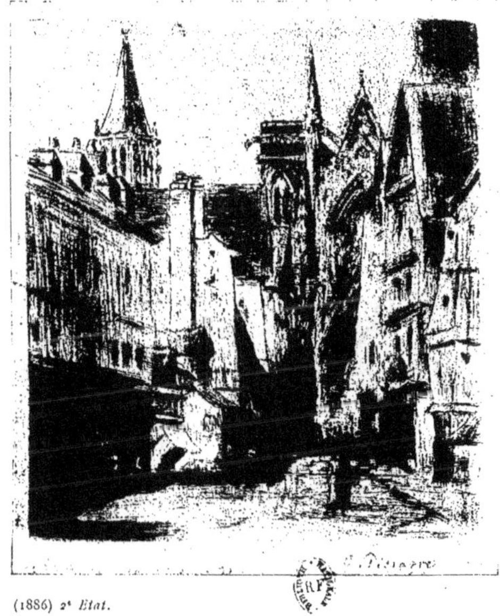

(1886) 2ᵉ *État.*

1ᵉʳ État. Avant de nombreux travaux sur toute la planche; l'église est *blanche.* Etat tiré à 2 épreuves,
numérotées (1 et 2), *signées* et *annotées.*

2ᵉ — Avec de très nombreux travaux complétant l'effet. L'église est ombrée. Etat tiré d'abord à 4 ou 5
épreuves *avant* l'aciérage, 8 après l'aciérage, à 10 épreuves sur papier du japon, puis à 30
exemplaires sur hollande, *numérotés* et *timbrés.* L'État reproduit. Cabinet des Estampes,
Paris, Musée du Luxembourg (n° 2), Bibliothèque de l'Université, Paris (japon, n° 9), British
Museum, Musée des Beaux-Arts, Budapest, Kupferstiche Kabinet, Berlin, Public Library,
New-York, Mme Blanche Marchesi, M. Campbell Dodgson.

VENTE : V. van Gogh (1915), n° 2, 27 florins.

La planche, *trouée* après tirage, a été remise au **Cabinet des Estampes de Paris.**

La **Rue de l'Epicerie**, à **Rouen**, a été reproduite dans le *Studio* (oct. 1903) et dans *Brush & Pencil*,
Chicago, mars 1904.

---

65. — PLACE DE LA RÉPUBLIQUE, A ROUEN

(AVEC TRAMWAY)

(L. 165 millim. H. 142)

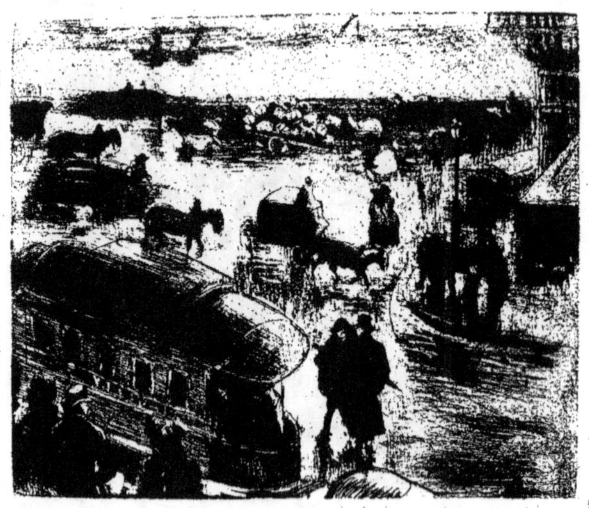

(1886) 2ᵉ État.

1ᵉʳ État. Avant une douzaine de tailles obliques sur la croupe du cheval au 1ᵉʳ plan et avant le licol,
puis avant quelques grattages sur le tramway et sur les trois personnages à gauche. Etat tiré
à 5 épreuves, *numérotées*.

2ᵉ   —   Avec l'addition d'une douzaine de tailles obliques sur la croupe du cheval au 1ᵉʳ plan et avec
le licol. Avec des grattages sur le tramway. **L'État reproduit.** Etat tiré à 5 épreuves *d'artiste*,
(Musée du Luxembourg, nº 5), puis en 1907 à 10 exemplaires sur japon et 30 sur hollande,
timbrés et *numérotés*. Cabinet des Estampes, Paris, Bibliothèque de l'Université, Paris,
British Museum, Kupfestiche Kabinet, Berlin, Public Library, New-York, Mme Blanche
Marchesi.

Le cuivre de cette estampe, *percé* après tirage, a été offert au **Cabinet des Estampes de Paris**.

---

66. — LE PONT DE PIERRE, A ROUEN

(L. 198 millim. H. 149)

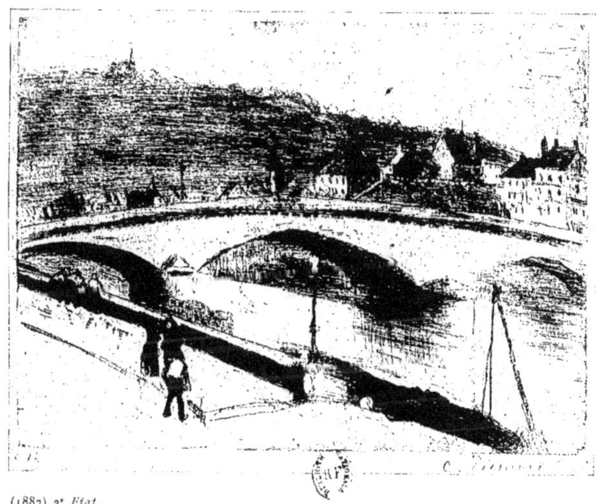

(1887) 2ᵉ *Etat.*

1ᵉʳ Etat. Presque au trait. La colline du fond est à peine indiquée. Etat tiré à 2 épreuves annotées :
1ᵉʳ état, et *numérotées.*

2ᵉ — Terminé. **L'Etat reproduit.** Etat tiré à 30 épreuves environ, annotées : *Epreuve d'artiste, numérotées* (sauf une ou deux) et *signées.* Musée du Luxembourg (n° 19), Kupferstiche Kabinet,
Berlin, Bibliothèque publique de New-York, MM. Luce, Th. van Rysselberghe, A. Teissier, Carl Zigrosser (New-York, épr. de A. Beurdeley).

VENTES : Anonyme (26 juin 1906), avec l'*Ile Lacroix à Rouen*, 43 fr. ; Alf. Beurdeley (1921), 2ᵉ état,
100 fr.

Cette pièce a été reproduite dans l'*Histoire des Peintres Impressionistes*, de Th. Duret (1906).

Zinc détruit.

67. — LES OUVRIERS DU PORT, A ROUEN

(L. cuivre 178 millim. H. 130)

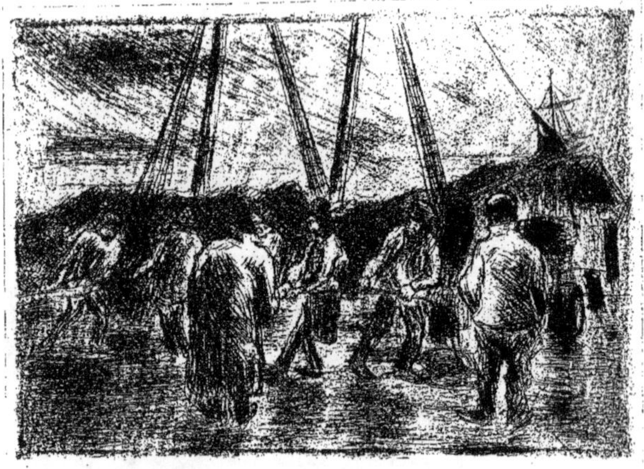

(1887).

Bien que quelques épreuves portent en marge, de la main de l'artiste, l'annotation suivante : *1er État*, nous ne connaissons pas d'exemplaires avec variantes. En outre de 8 ou 9 *essais*, il a été tiré de cette planche 6 épreuves, *timbrées* et *numérotées*.

———————

Musée du Luxembourg (nᵒ 4), Bibliothèque publique de New-York, M. A. Teissier (nᵒ 3).

———————

Cette pièce est également connue sous le titre : les *Loqueteux du port de Rouen*.

———————

Cuivre détruit.

68. — UNE RUE A ROUEN (RUE DES ARPENTS)
(H. cuivre 161 millim. L. 110)

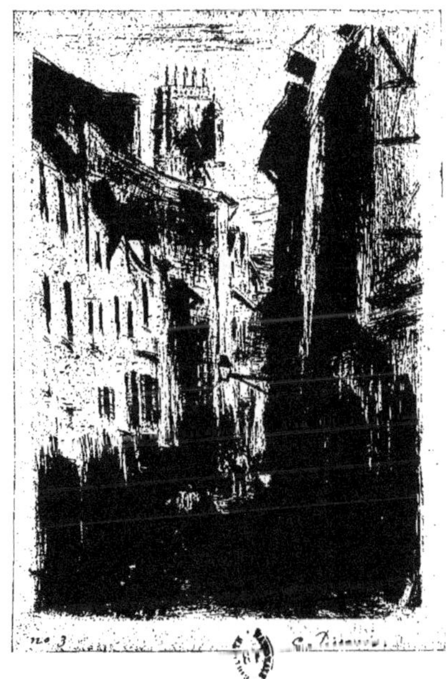

(1887) 3ᵉ *Etat.*

1ᵉʳ Etat.   Avant de nombreux travaux et *avant* le ciel ; à la tour *blanche*. Etat tiré à 1 épreuve, *numérotée, signée* et *annotée.*

2ᵉ   —   Avec de nombreux travaux sur diverses parties de la planche, mais encore *avant* le ciel. Etat tiré à 1 épreuve *numérotée, signée* et *annotée.*

3ᵉ   —   Définitif. Avec de nouveaux travaux sur diverses parties de la planche, notamment sur le grand mur devant la tour de l'église. Avec indication d'un ciel. L'État reproduit. Etat tiré à 5 épreuves, *avant* l'aciérage, *numérotées* (1 à 5), à 4 épreuves après l'aciérage, puis à 20 épreuves, *timbrées* et *numérotées.* Musée du Luxembourg (n° 2), Bibliothèque publique de New-York.

Cette pièce a été reproduite dans le *Studio* (oct. 1903), dans *Brush & Pencil* (n° 6), Chicago, 1904, puis deux *The Print Collector's Quartely* (oct. 1922).

Cuivre détruit.

69. — L'ILE LACROIX, A ROUEN

(L. cuivre 158 millim. H. 115)

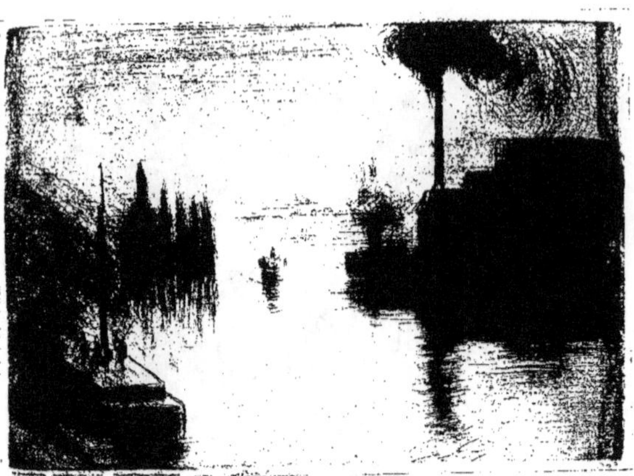

(1887) 1er État.

1er État.   **Celui reproduit.** Tiré à quelques épreuves seulement.

2e   —   Les travaux ont été abaissés au brunissoir; les arbres, à gauche, sont d'un gris très léger. État
tiré à 8 épreuves, *annotées, numérotées* et *signées* (M. Campbell Dodgson), puis, en 1907, à
10 épreuves sur papier du Japon et 30 épreuves sur hollande, *timbrées* et *numérotées*. Cabinet
des Estampes, Paris, Musée du Luxembourg (épr. d'artiste, n° 2), Bibliothèque de l'Université,
Paris (n° 9, japon), British Museum, Bibliothèque publique de New-York, Mme Bl. Marchesi
(japon, n° 10),

Le cuivre, *percé* après tirage, a été donné au **Cabinet des Estampes de Paris.**

VENTE : Atelier C. Pissarro (juin 1906), avec une autre pl., 43 fr.

Cette pièce a été reproduite dans le *Studio* (oct. 1903), dans *Brush and Pencil* (1904), puis dans *The
Print Collector's Quartely* (oct. 1922).

---

70. — PAYSAGE A OSNY

(L. cuivre 155 millim. H. 116)

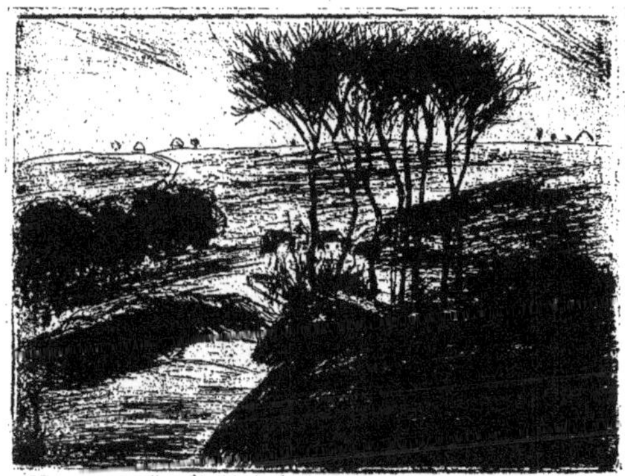

(1887) *1ᵉʳ Etat.*

1ᵉʳ Etat.   **Celui reproduit.** Etat tiré à 2 épreuves, annotées : *1ᵉʳ état* et *numérotées*, puis à 100 épreuves
pour l'Estampe originale (fascicule de janvier-mars 1894), non compris quelques *essais*.

2ᵉ   —   Avec de nombreux grattages qui ont fait disparaître une partie des travaux ; l'aspect général est
plus gris. Etat tiré à une dizaine d'épreuves, *annotées* (plusieurs avec la mention : *Epreuve
d'artiste*), *numérotées* et *signées*, puis, en 1920, à 10 épreuves sur papier du Japon et à
40 épreuves sur hollande, *timbrées* et *numérotées*

Le cuivre, *percé* après tirage, a été offert au Cabinet des Estampes de Paris.

71. — CHATEAU DE BUSAGNY, A OSNY

(L. cuivre 140 millim. H. 100)

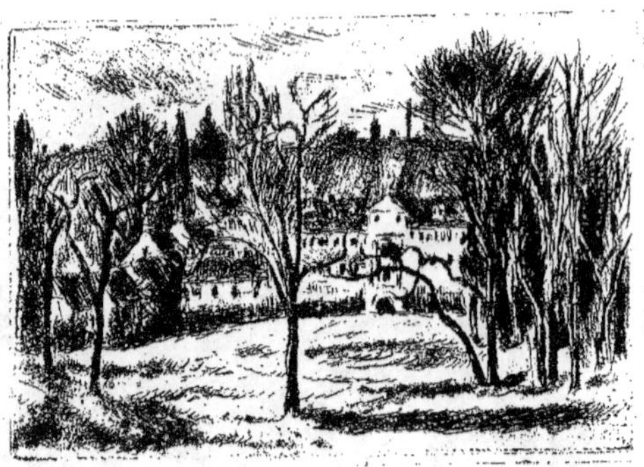

(1887) 4ᵉ *État.*

1ᵉʳ État. Nous n'avons pas rencontré d'épreuves de cet état.

2ᵉ — Avant le grain d'aqua-tinte et avant le ciel. Etat tiré à 1 épreuve, annotée : *2ᵉ état, numérotée* (1) et *signée.*

3ᵉ — Avec des touches d'aqua-tinte réparties sur diverses parties de la planche, mais encore avant le ciel et avant quelques travaux à la pointe sur les toits des maisons, le terrain, etc. Etat tiré à 1 épreuve, annotée : *3ᵉ état, numérotée* (1) et *signée.*

4ᵉ — Avec l'addition d'un ciel gravé à la pointe ; la colline du fond, modelée précédemment par un grain, est maintenant indiquée et ombrée par des travaux à la pointe. Enfin de nouveaux travaux ont été ajoutés sur les toitures des maisons et sur le terrain. Etat tiré à une dizaine d'épreuves, la plupart *annotées* et *signées*, puis, postérieurement, à 14 épreuves, *timbrées* et *numérotées.* L'État reproduit. Musée du Luxembourg (nᵒ 5), Bibliothèque publique de New-York.

Cuivre détruit.

(H. cuivre 161 millim. L. 111)

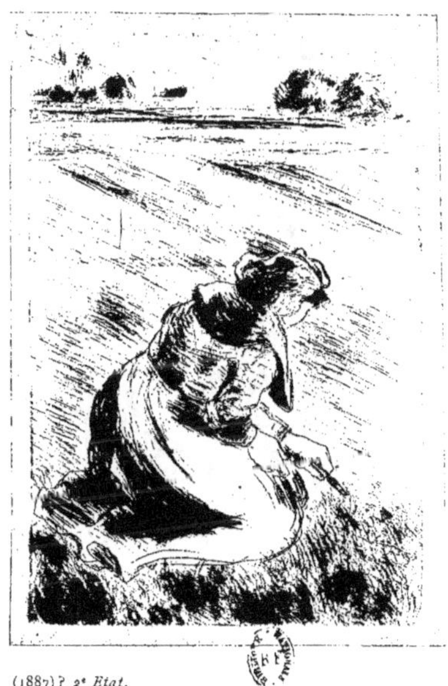

(1887)? *2ᵉ Etat.*

1ᵉʳ Etat. Avant un grand nombre de traits obliques autour de la paysanne et avant que la ligne d'horizon et les arbres du fond n'aient été mieux précisés. Egalement avant de nouveaux travaux sur la capeline. Etat annoté : *Epreuve d'artiste* et *numérotée* (1).

2ᵉ — Avec les travaux indiqués ci-dessus. L'État reproduit. Etat tiré à 3 ou 4 épreuves d'*essai* et à une douzaine d'épreuves d'*artiste, numérotées* et *signées*, plusieurs avec l'indication : *imprimé par F. Jacque,* Musée du Luxembourg (n° 10), New-York, Public Library (avec le titre : *Paysanne dans le champ, Eragny, Oise*), MM. Campbell Dodgson, C. B. Eddy (épreuve d'Alf. Beurdeley), M. Luce, puis, postérieurement, à 13 épreuves, *timbrées* et *numérotées.*

VENTES : Anonyme (20 janv. 1906), 40 fr. ; Atelier C. Pissarro (juin 1906), avec 2 autres pl., 27 fr. ; H. A. (Aubry, 1911), 29 fr. ; Alf. Beurdeley (1921), n° 9, 120 fr.

Cuivre détruit.

73. — GRAND'MÈRE DANS SON FAUTEUIL (LA MÈRE DE L'ARTISTE)

(H. cuivre 99 millim. L. 61)

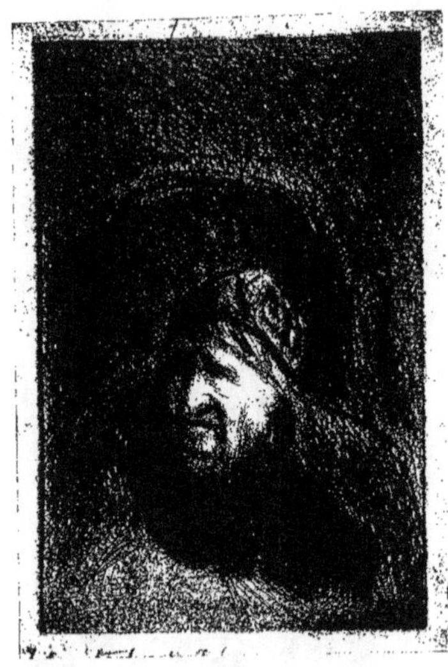

(1888) *4ᵉ État.*

1ᵉʳ Etat. Avant de nombreux travaux ; le visage et le bonnet sont fort légèrement gravés ; le fond n'est indiqué que par des tailles obliques. Une épreuve annotée : *1ᵉ état (numérotée 1).*

2ᵉ — Nous n'avons pas rencontré d'épreuves de cet état.

3ᵉ — De nombreux travaux ont été ajoutés sur diverses parties de la planche. Le fond est ombré par des traits en divers sens, mais avant que les rayures sur le bonnet aient été mieux indiquées. Une épreuve annotée : *3ᵉ état (numérotée 1).*

4ᵉ — Avec de nouveaux travaux sur divers points de la planche. Le bonnet est plus accusé et le fauteuil est élargi. **L'État reproduit.** Etat annoté : *4ᵉ état*, tiré à 1 épreuve (*numérotée 1*).

5ᵉ — Avec de nouveaux travaux sur le visage, spécialement sur le nez, la bouche, les joues et le menton, puis sur le fauteuil dont les bords sont plus fortement ombrés. Etat tiré à 5 ou 6 épreuves *d'essai* ou *d'artiste*, Musée du Luxembourg (nᵒ 2), puis postérieurement à 18 épreuves, *timbrées* et *numérotées.*

Cuivre détruit.

74. — LA BONNE FAISANT SON MARCHÉ

(H. cuivre 200 millim. L. 138)

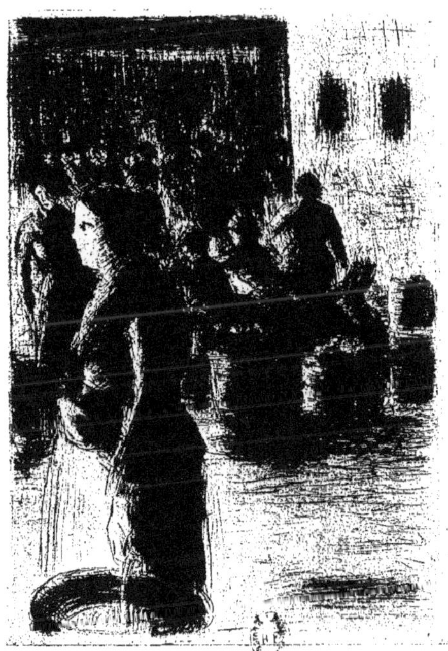

(1888) *4ᵉ Etat.*

1ᵉʳ État. Avant divers travaux ; le mur du fond à droite est *blanc ;* le panier tenu par la bonne est à peine indiqué. Etat publié dans la *Revue Indépendante,* n° 16 (1ᵉʳ février 1888), à 80 exemplaires sans marges. Bibliothèque de l'Université, Paris.

2ᵉ — Le mur de la maison du fond à droite a reçu des travaux, et avec indication de deux fenêtres. De plus, le panier tenu par la bonne est ombré, et de nouveaux travaux ont été ajoutés sur le corsage et le tablier de la servante. Etat annoté *1ᵉʳ état* par l'artiste. Musée du Luxembourg (n° 2), M. C.-B. Eddy.

3ᵉ — Les ombres violentes produites par la pointe sèche sont très atténuées. Quelques travaux ont été ajoutés sur les marchandises débordant des paniers au second plan. Avec quelques retouches dans les deux fenêtres. Etat annoté *2ᵉ état* par l'artiste et tiré à 3 ou 4 épreuves.

4ᵉ — La planche poussée à l'effet est complétée par de nombreux travaux qui délimitent mieux les paniers, les marchandises et plusieurs figures. Une anse a été ajoutée au second panier que l'on voit derrière la bonne. Etat annoté *3ᵉ état* par l'artiste. L'État reproduit. Etat tiré à une dizaine d'épreuves d'artiste, puis publié dans la *Revue Indépendante* n° 19 (1ᵉʳ mai 1888), à 80 exemplaires et enfin, postérieurement, à 6 épreuves *timbrées* et *numérotées.*

VENTES : Anonyme (avril 1921), 47 fr. ; Anonyme (24 novembre 1922), 1ᵉʳ état, 131 fr.

75. — MARCHÉ DE PONTOISE

(H. cuivre 99 millim. L. 62)

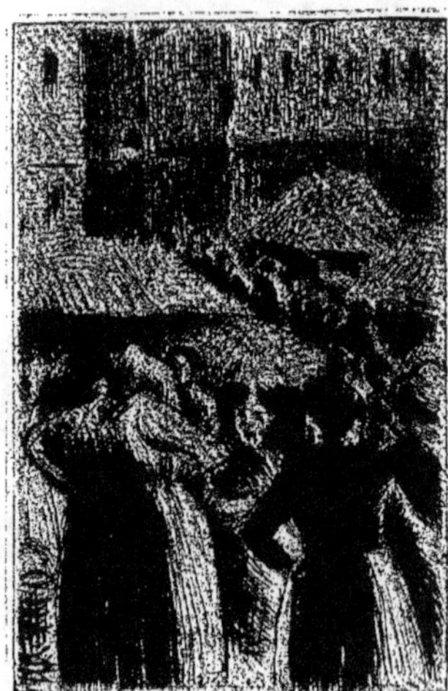

(1888) 3ᵉ Etat.

1ᵉʳ Etat.   Avant divers travaux, notamment avant les tailles obliques sur l'auvent de gauche, ainsi que sur l'un des deux de droite ; la coiffure et le bras droit de la paysanne du 1ᵉʳ plan, à gauche, sont à peine indiqués, etc. Etat tiré à 2 épreuves, annotées : *1ᵉʳ état* nº 1 et 2. Musée du Luxembourg (nº 2).

2ᵉ —   Avec les travaux désignés ci-dessus, mais avant un fichu noir sur le cou de la paysanne du 1ᵉʳ plan, à droite. La première fenêtre de la maison à gauche est renforcée. Etat tiré à 2 épreuves, annotées : *2ᵉ état* nº 1 et 2.

3ᵉ —   La paysanne du 1ᵉʳ plan, à droite, a un fichu noir sur les épaules ; quelques légers travaux sont ajoutés sur diverses parties de la planche. L'État reproduit. Etat tiré à 5 épreuves, *annotées, numérotées* et *signées*, puis postérieurement à 13 épreuves, *timbrées* et *numérotées*.

____

Cuivre détruit.

76. — GARDEUSE D'OIES

(L. cuivre 199 millim. H. 140)

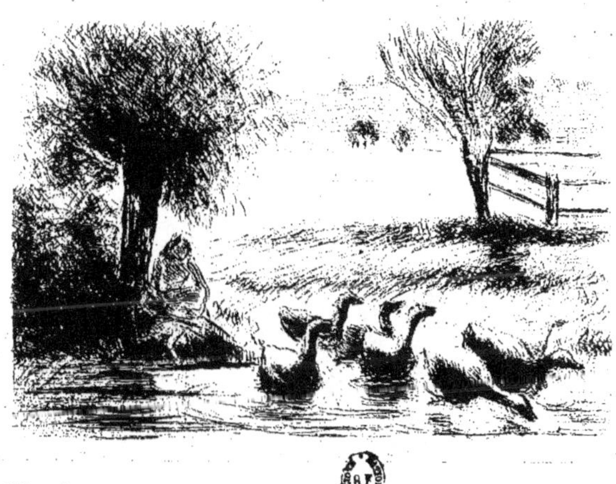

(1888) 2ᵉ *État.*

1ᵉʳ État. — Avant diverses additions dans le feuillage du saule de gauche, vers le bord de la planche, et avant de très nombreux travaux sur diverses parties de la pièce. La bergère est esquissée, mais pas ombrée. État annoté : *2ᵉ état n° 1* et 2. Musée du Luxembourg (n° 2).

2ᵉ — Encore avant de très nombreux travaux sur diverses parties de la composition, mais avec l'addition de feuillages au saule de gauche. Quelques légères tailles sont ajoutées sur le terrain, puis dans l'eau. L'État reproduit. État annoté par *erreur* par *l'artiste : 1ᵉʳ état n° 1.* Bibliothèque de l'Université, Paris.

3ᵉ — Avec de nombreux travaux ajoutés sur diverses parties de la planche : les arbres, le terrain, la bergère, les oies et l'eau. Des herbes sont ajoutées dans l'eau, au premier plan, à droite, et une des trois oies les plus rapprochées du bord droit de la planche est effacée. L'aspect général est très monté de ton. État tiré à 2 épreuves, annotées : *3ᵉ état* (numérotées 2), puis à 6 ou 8 épreuves, *annotées* (4ᵉ état), *numérotées* et *signées*, Kupferstiche Kabinet, Berlin, Metropolitan Museum of Art, New-York, MM. M. Mirault, A. Teissier, à 80 épreuves pour la *Revue Indépendante*, enfin postérieurement à 6 épreuves, *timbrées* et *numérotées.* Nous n'avons pu découvrir de différences entre les épreuves annotées par l'artiste, 3ᵉ et 4ᵉ états.

VENTE · A Beurdeley (1921), 210 fr.

Cette pièce a été reproduite dans le *Graphischen Kunst*, Vienne (1908).

(H. cuivre 100 millim. L. 61)

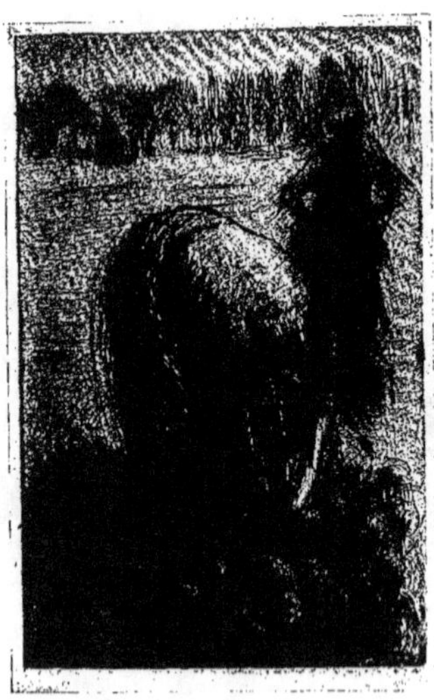

(1888) 7ᵉ Etat.

1ᵉʳ Etat.   Avant le ciel et avant divers autres travaux ; le contour de la meule est interrompu à gauche.
Au champ *blanc*. Etat tiré à 2 épreuves annotées : *1ᵉʳ état* et *numérotées* (1 et 2).

2ᵉ   —   Avec un ciel indiqué vers la gauche par de légères tailles horizontales ; le contour de la meule
à gauche est terminé, mais avant quelques travaux sur les deux paysannes, etc. Le champ, derrière la paysanne est encore *blanc*. Etat tiré à 2 épreuves annotées : *2ᵉ état*. Collection de
M. C.-E. Eddy (nᵒ 1).

3ᵉ   —   Les contours des deux paysannes sont plus nettement accusés ; avec quelques nouveaux travaux dans le champ de choux. Etat tiré à 8 épreuves annotées : *3ᵉ état* et *numérotées*. Le
champ derrière la paysanne est toujours *blanc*. Musée du Luxembourg (nᵒ 3). M. A. Teissier.

4ᵉ   —   Le champ est ombré par des tailles horizontales. Les vêtements des deux paysannes sont poussés
au noir, ainsi que la masse des choux. Etat tiré à 1 épreuve annotée : *4ᵉ état*.

5ᵉ   —   Les noirs des vêtements de la paysanne du 1ᵉʳ plan sont atténués au brunissoir, notamment
sous le bonnet. Les tailles horizontales du champ sont en partie effacées. Avec cinq tailles
verticales dans l'angle gauche du haut. Avec quelques traits horizontaux simulant l'ombre
portée de la meule, à gauche. Etat tiré à 2 épreuves annotées : *5ᵉ état*.

6ᵉ État.   Avec de nouveaux travaux ; l'aspect général est noir. État tiré à 1 épreuve annotée : *6ᵉ état*.

7ᵉ   —   Quelques travaux sont brunis sur les vêtements de la paysanne du 1ᵉʳ plan ; avec un certain
         nombre de tailles obliques autour des bras de la paysanne du second plan. L'État reproduit.
         État tiré à 1 épreuve annotée, puis, postérieurement, à 24 épreuves, *timbrées* et *numé-
         rotées*.

———————

VENTE : A. Beurdeley (1921), 27 fr.

———————

Cuivre détruit.

78. — VACHES DANS LES PRAIRIES D'ÉRAGNY, PRÈS GISORS

(L. cuivre 120 millim. H. 80)

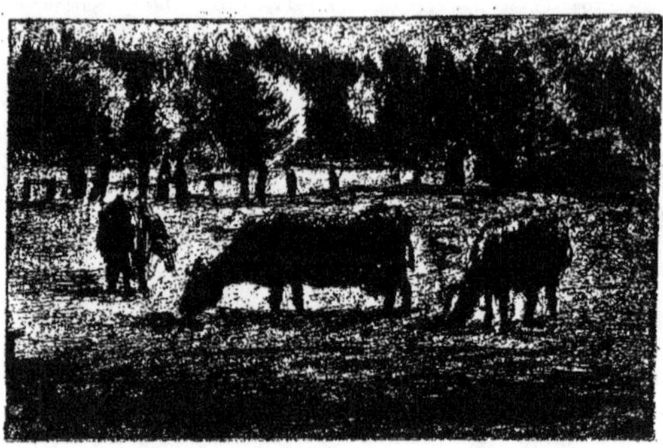

(1888) 2ᵉ *État.*

1ᵉʳ Etat. Avant divers travaux sur les arbres et sur le terrain; la barrière n'est pas encore indiquée à gauche, après le dernier saule; la tête de la vache à gauche et les jambes de la vache de droite sont très imparfaitement exprimées. Etat tiré à 3 épreuves, *annotées* et *numérotées.*

2ᵉ   —   Avec les travaux désignés ci-dessus. **L'État reproduit.** Etat tiré à 7 ou 8 épreuves, *signées* et *numérotées* (Musée du Luxembourg, nᵒ 2), puis, postérieurement, à 6 épreuves *timbrées* et *numérotées.*

Cuivre détruit.

79. — PRAIRIES DE BAZINCOURT

(L. cuivre 120 millim. H. 81)

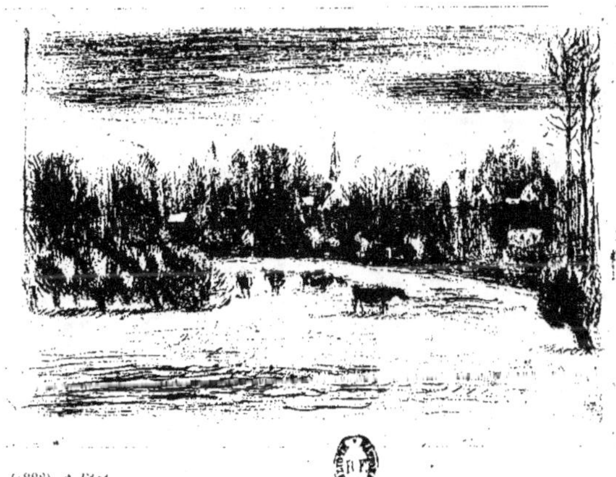

(1888) 4ᵉ État.

1ᵉʳ État. Au trait, avant le ton d'aqua-tinte ; avec deux vaches seulement. Une épreuve annotée : 1ᵉʳ état n° 1.

2ᵉ — Avec l'addition d'un fort ton d'aqua-tinte, mais avant quelques travaux sur le terrain, au 1ᵉʳ plan. Avec *quatre* vaches. Une épreuve annotée : 2ᵉ *état*.

3ᵉ — Les travaux à l'aqua-tinte sont abaissés au brunissoir ; quelques tuiles sont ajoutées dans les arbres, puis sur le terrain, au premier plan, à gauche. Deux épreuves annotées indifféremment : 3ᵉ *épreuve d'état* ou 4ᵉ *état*.

4ᵉ — De nouveaux travaux sont ajoutés sur le terrain au 1ᵉʳ plan, puis devant le petit saule à droite. L'État reproduit. Tiré à 8 ou 10 épreuves annotées : *Épreuve d'artiste, signées*. (Musée du Luxembourg, n° 4), puis, postérieurement, à 18 épreuves *timbrées* et *numérotées*.

Cuivre détruit.

80. — GRAND'MÈRE (EFFET DE LUMIÈRE)

(LA MÈRE DE L'ARTISTE)

(L. cuivre 253 millim. H. 171)

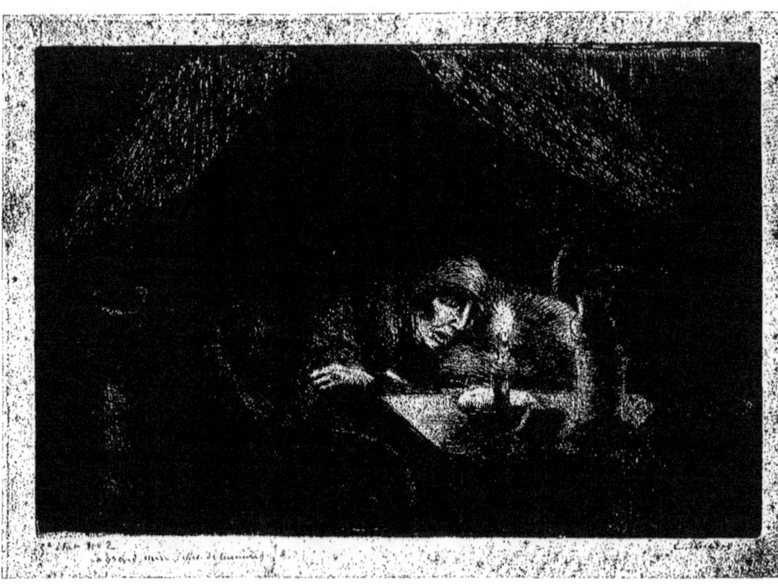

(1889) 7ᵉ état.

1ᵉʳ Etat. Avant de nombreux travaux. Le visage de la grand'mère est presque blanc. Avant les contre-tailles sur le rebord de la table, etc. Etat tiré à une épreuve, *annotée* et *numérotée.*

2ᵉ — Avec quelques travaux sur la bouche et le menton de la grand'mère, mais avant l'indication du nez, etc. Etat tiré à trois ou quatre épreuves.

3ᵉ — Nous n'avons pas rencontré l'unique épreuve qui a été tirée de cet état et qui est mentionnée sur les carnets de l'artiste.

4ᵉ — Le visage de la grand'mère est modelé ; les yeux, le nez, la bouche et la pommette sont très indiqués. Quelques travaux sont atténués. La forme de la manche contre la main est modifiée. Des contre-tailles sont ajoutées sous le bras du fauteuil et sur les rideaux du lit. La forme de la coiffure est un peu différente. Etat tiré à 2 épreuves, *annotées* 4ᵉ état, et *numérotées.* Musée du Luxembourg (n° 1).

5e Etat. La plupart des travaux sont très atténués au brunissoir et un léger grain d'aqua-tinte est réparti sur la planche. Quelques modelés ont été ajoutés sur le visage. L'aspect général est gris. Etat tiré à 2 épreuves *annotées* 5e état, n°s 1 et 1 *bis*. Collection de M. K. Kojima (San Francisco, épr. de G. Bourcard).

6e — Avec un nouveau ton d'aqua-tinte dans le fond de l'alcôve, qui réduit et délimite mieux les contours intérieurs des rideaux du lit, en en modifiant la forme. L'aspect général est encore gris. Etat tiré à 1 épreuve, *annotée :* 5e état n° 1 et *signée.*

7e — De fortes contre-tailles verticales sont ajoutées sur le fauteuil de gauche ; des tailles obliques ont été également ajoutées sur les rideaux du lit. De nouveaux travaux sur le visage de la grand'mère en accusent mieux les traits. Etat tiré à 1 épreuve *annotée* encore par l'artiste : 5e état n° 2, et *signée*, puis, postérieurement, à 15 épreuves *timbrées* et *numérotées.* L'État reproduit.

———

Cuivre détruit.

(H. 132 millim. L. 118)

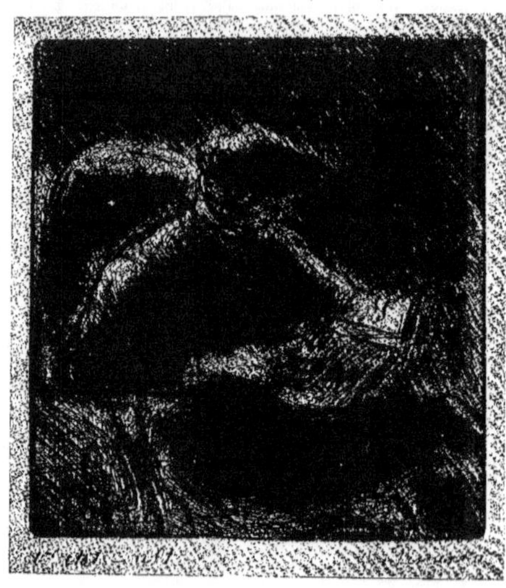

(1884).

Cette planche a été tirée d'abord à 2 épreuves *numérotées* 1 et 2, *annotées* et *signées*, puis, postérieurement, à 6 épreuves *timbrées* et *numérotées*.

Georges Manzana-Pissarro, peintre, graveur, né à Louveciennes le   187 .

Zinc détruit.

82. — LA RENTRÉE DU BERGER

(L. 109 millim. H. 76)

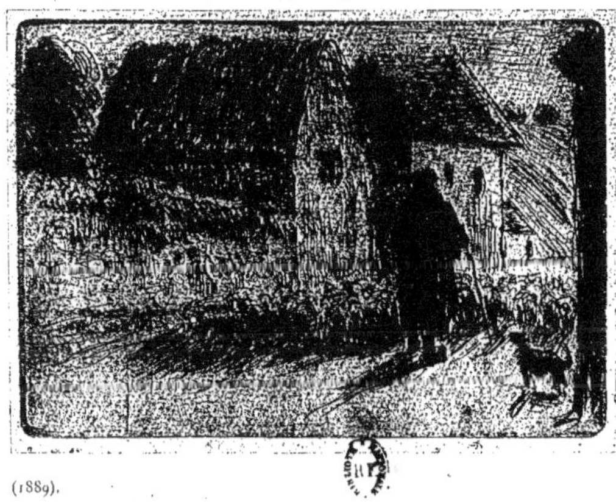

(1889).

Cette pièce a été tirée à 7 ou 8 épreuves d'essai, puis à 10 épreuves, *timbrées* et *numérotées*.

———

Musée du Luxembourg (n° 1, sur parchemin), M. A. Teissier (n° 4).

———

VENTE : A. Beurdeley (1921), n° 3, avec une autre pièce, 105 fr.

———

Zinc détruit.

(H. cuivre 100 millim. L. 63)

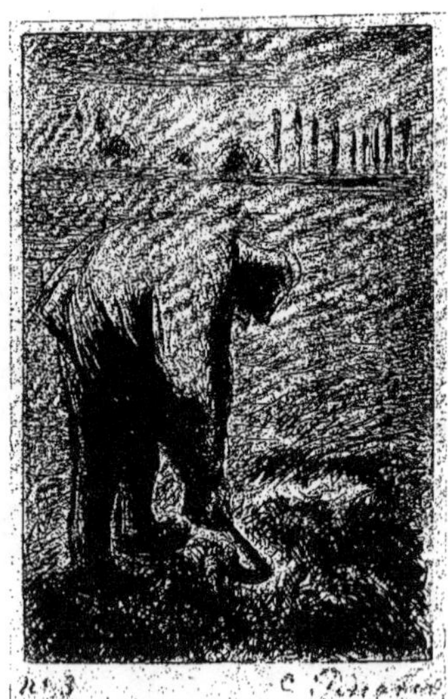

(1889) 3ᵉ *Etat.*

1ᵉʳ Etat. Avant divers travaux ; la meule et les arbres du fond sont à peine visibles ; avant un certain nombre de tailles horizontales autour du père Pascal, etc. Etat tiré à 2 épreuves, annotées : *1ᵉʳ état nᵒ 1* et *2*.

2ᵉ — Avec les travaux désignés ci-dessus ; de plus, les contours du chapeau du paysan sont mieux définis ; mais avant l'addition d'un certain nombre de tailles horizontales sur le ciel et dans les herbes. Etat tiré à 2 épreuves, annotées : *2ᵉ état, nᵒ 1* et *2*.

3ᵉ — Avec l'addition de tailles horizontales sur le ciel et quelques travaux dans les herbes du 1ᵉʳ plan. L'État reproduit. Etat tiré à 5 ou 6 épreuves annotées : *épreuves d'artiste, numérotées* et *signées*, puis postérieurement, à 12 épreuves *timbrées* et *numérotées*.

Cuivre détruit.

84. — FEMME A LA BARRIÈRE

(H. cuivre 160 millim. L. 111)

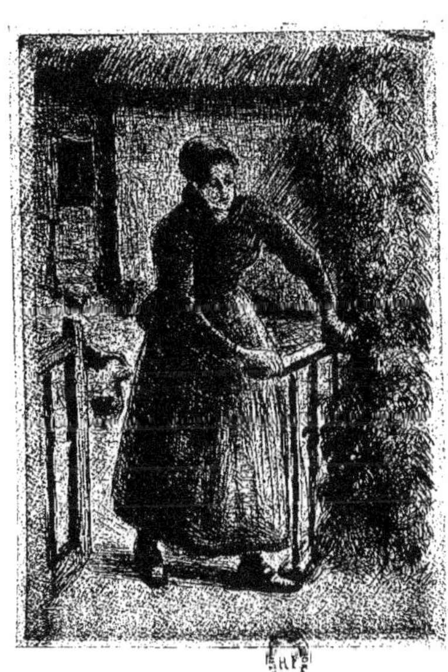

(1889) *8ᵉ État.*

1ᵉʳ État. Indication très légère à la pointe sèche. Une épreuve *annotée* et *numérotée* (1).

2ᵉ — La planche est reprise à la pointe sèche, mais encore avant de nombreux travaux et avant les poules et les canards. Etat tiré à 6 épreuves *annotées* et *numérotées*, la 1ʳᵉ et la 2ᵉ *signées*. Musée du Luxembourg (n° 3), Albertina Museum (anciennement Hofbibliothek), Vienne (n° 4).

3ᵉ — Avec indication légère, vers le fond à gauche, d'une poule et de deux canards ; toujours avant de nombreux travaux. Une épreuve *annotée, numérotée* (1) *et signée*

4ᵉ — Avec de nouveaux travaux sur le tablier de la paysanne ; le mur de la maisonnette, qui était blanc dans l'état précédent, entre le bras et le corsage de cette paysanne, est maintenant ombré. Une épreuve *annotée* et *numérotée* (1).

5ᵉ — Avec l'addition de nouveaux travaux sur le tablier de la femme et dans les arbres. Trois ou quatre épreuves.

6ᵉ Etat. Avec de nouveaux travaux dans le feuillé des arbres ; les cheveux de la paysanne sont mieux délimités sur son front. Etat tiré à 3 épreuves, par Pissarro lui-même, *annotées* et *numérotées* (1 à 3).

7ᵉ   — Avec des retouches sur les yeux et le visage de la paysanne. Etat tiré à 3 épreuves, par Pissarro lui-même, *annotées* et *numérotées* (1 à 3).

8ᵉ   — Avec quelques très légères additions. Etat tiré à 7 épreuves (6 *annotées, numérotées* et *signées*). L'État reproduit.

9ᵉ   — La planche est fortement grattée sur la jupe de la femme. Etat tiré à 3 épreuves d'*essai* imprimées par Frédéric Jacque, *annotées, numérotées* et *signées* par l'artiste, puis à 5 épreuves d'artiste. Metropolitan Museum of Art, New-York (épr. d'artiste, n° 1).

10ᵉ   — La planche est recouverte d'un grain d'aqua-tinte. Etat tiré d'abord à 4 ou 5 épreuves (plusieurs épreuves de cet état portent de la main de l'artiste cette mention : *2ᵉ série*), puis, postérieurement, à 12 épreuves *timbrées* et *numérotées*.

Cuivre détruit.

85. — PAYSANNE PORTANT DES SEAUX

(H. cuivre 149 millim. L. 110)

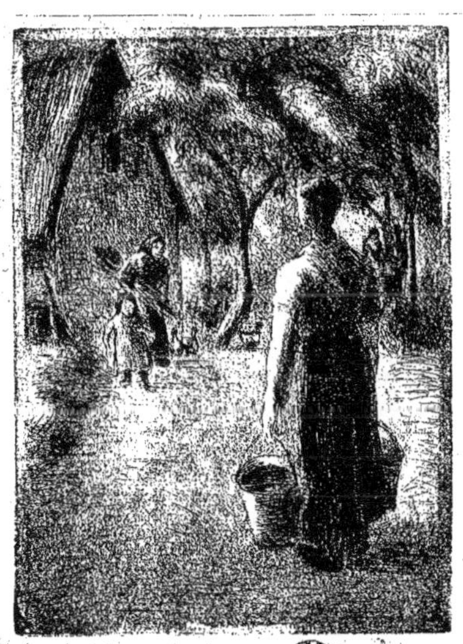

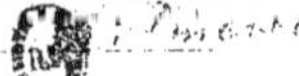

(1889) 6ᵉ État.

1ᵉʳ Etat. Avant le ton d'aqua-tinte et avant de nombreux travaux à la pointe; les trois canards et les deux figures du fond, à droite, ne sont pas encore gravés. État tiré à 3 épreuves, annotées : *1ᵉʳ état, nº 1 à 3.*

2ᵉ — Encore avant le ton d'aqua-tinte, mais avec quelques nouveaux travaux à la pointe; les trois canards et les deux figures du fond, à droite, sont gravés. État tiré à 1 épreuve, annotée : *2ᵉ état, nº 1* et *signée.*

3ᵉ — Avec l'addition d'un grain d'aqua-tinte, mais avant quelques travaux. On n'aperçoit plus le second seau que portait la paysanne du premier plan. État tiré à 2 épreuves, annotées : *3ᵉ état* et *numérotées* (1 et 2).

4ᵉ — Avec des effaçages dans le feuillé des arbres, dont par contre d'autres parties sont renforcées par des travaux à la pointe. Le fond est éclairci; le contour de la chaumière est rendu distinct, ainsi que le seau et le balai qu'on aperçoit contre cette chaumière. La paysanne et l'enfant se détachent mieux du fond, etc. État tiré à 2 épreuves, annotées : *4ᵉ état* (numérotées 1 et 2) et *signées.*

5ᵉ État. Avec de nouveaux travaux sur la paysanne du premier plan ; le second seau qu'elle portait, et qui avait disparu sous le grain d'aqua-tinte, réapparaît. Une partie de l'aqua-tinte est enlevée sur le terrain et remplacée par des tailles horizontales ou obliques à la pointe. Le contour de la toiture de la chaumière se silhouette, à gauche, plus en noir. État tiré à 2 épreuves, annotées : *5ᵉ état, numérotées* (1 et 2) et *signées.*

6ᵉ   —   Avec de nouveaux travaux à la pointe dans les masses de feuillage des arbres. L'État reproduit. État tiré à 3 épreuves, annotées : *6ᵉ état, numérotées* et *signées.*

7ᵉ   — —   Encore avec quelques additions dans le feuillage des arbres, notamment des traits en zigzags dans le haut de la planche, à droite. Également avec des travaux complémentaires sur la bordure de terrain à gauche. L'aspect général est plus noir. État tiré d'abord à 7 ou 8 épreuves, annotées : *Épr. d'artiste, numérotées* et *signées.* (Musée du Luxembourg, M. Th. van Rysselberghe), puis, postérieurement, à 25 épreuves *timbrées* et *numérotées.*

———

VENTE : Alf. Beurdeley (1921), n° 3, 1ᵉʳ tirage, 230 fr.

———

Cuivre détruit.

86. — PAYSANNE MARCHANT

(H. 132 millim. L. 110)

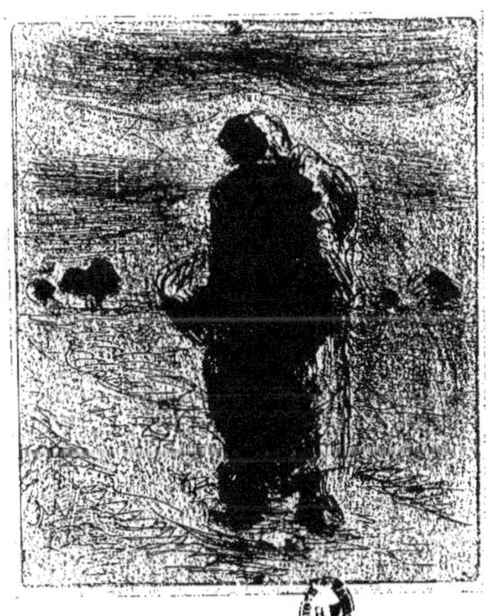

(1889) *3ᵉ Etat.*

1ᵉʳ Etat.   A l'eau-forte pure. Musée du Luxembourg, épreuve annotée : *1ᵉʳ état, nᵒ 1.*

2ᵉ   —   Encore avant le ton d'aqua-tinte sur la figure et les arbres du fond, et avant quelques légers travaux sur le terrain ; mais avec l'addition de quelques nouvelles et fines tailles dans le dos de la paysanne. Etat tiré à 2 épreuves annotées : *2ᵉ état,* nᵒˢ 1 et 2.

3ᵉ   —   Avec un ton d'aqua-tinte sur la figure et sur les arbres du fond, et avec quelques nouveaux travaux sur le terrain. L'État reproduit. Etat tiré à 1 ou 2 épreuves, puis à 12 épreuves, *timbrées* et *numérotées.*

———

Zinc détruit.

(H. 118 millim. L. 73)

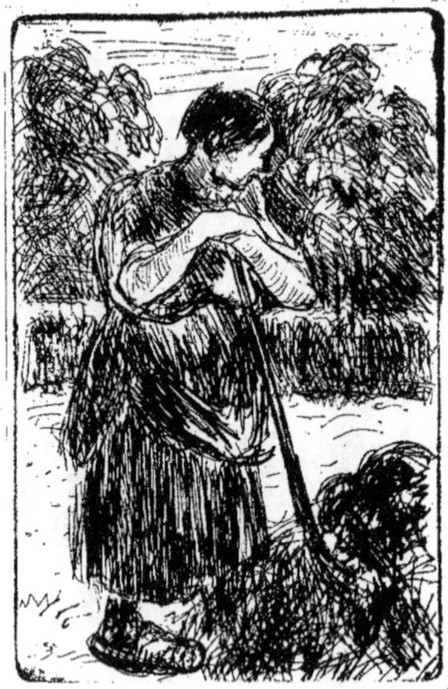

(1889) 1ᵉʳ État.

1ᵉʳ État.   Celui reproduit. Avant le grain d'aqua-tinte. Etat tiré à 1 épreuve *numérotée* (1) et *annotée*.

2ᵉ — Avec un petit grattage sur le buste de la paysanne et avec l'addition d'un grain d'aqua-tinte, sauf sur le ciel, le terrain et les bras de la paysanne. Etat tiré à 1 épreuve *numérotée* (1) et *annotée*.

3ᵉ — Avec des grattages dans les arbres et sur le torse de la paysanne. Etat tiré à 2 épreuves *numérotées* (1 et 2) et *annotées*. Musée du Luxembourg (nᵒ 1).

4ᵉ — Avec de nouveaux grattages sur l'arbre à gauche, dont la masse de droite se confond presque avec le ciel, tandis qu'elle se silhouettait en noir dans l'état précédent ; également avec des grattages sur la jambe de la paysanne. Etat tiré à 3 épreuves, *numérotées* (1 à 3) et *annotées*.

5ᵉ — La ligne du cou et de l'épaule droite de la paysanne est retracée plus fermement. Deux ou trois épreuves de cet état, *annotées* et *signées* par l'artiste, portent la mention : *Epr. d'artiste*. Il existe en outre 24 épreuves, *timbrées* et *numérotées*.

Zinc détruit.

(L. cuivre 100 millim. H. 62

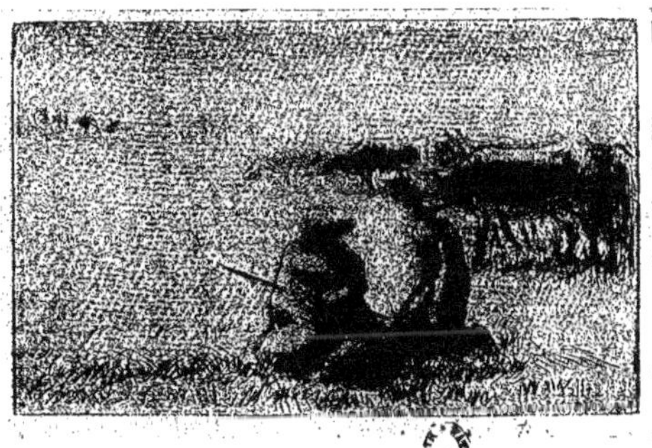

(1889) 3' État.

1ᵉʳ État.   Avant les tailles horizontales dans le ciel ; le fond à gauche est à peine indiqué. État tiré à
2 épreuves, annotées : *1ᵉʳ état*. Musée du Luxembourg (n° 1).

2ᵉ   —   Avec des tailles horizontales dans le ciel ; la ligne d'horizon est un peu mieux délimitée à gauche,
et l'on aperçoit au-dessus la silhouette — très légèrement indiquée — de deux chaumières.
État tiré à 2 épreuves *annotées* et *signées*.

3ᵉ   —   Une partie du ciel est effacée, ainsi que le fond à gauche. La coiffure de la femme la plus rapprochée de la gauche est plus basse et les contours de cette femme sont mieux précisés. Quelques
nouveaux travaux sont ajoutés sur la grande vache. **L'État reproduit.** État tiré à 6 ou 7 épreuves,
annotées et *signées* (Musée du Luxembourg (n° 5). M. A. Teissier, puis, postérieurement, à
12 épreuves, *timbrées* et *numérotées*.

Cuivre détruit.

(L. cuivre 100 millim. H. 60)

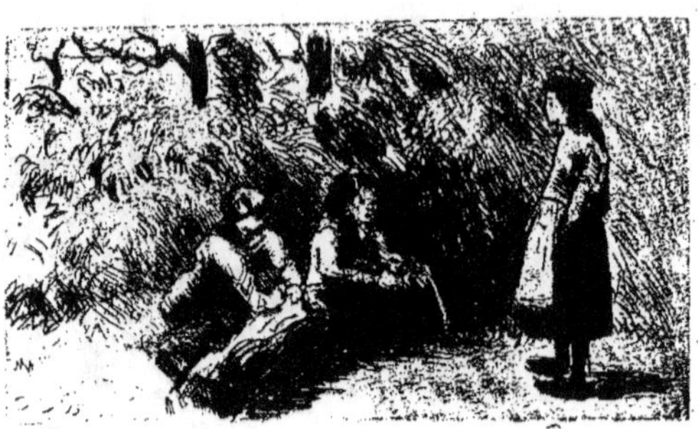

(1889) 3ᵉ État.

1ᵉʳ État. Avant de nombreux travaux, notamment avant que les branchages et les feuillages n'aient été renforcés. Musée du Luxembourg, épreuve annotée : *1ᵉʳ état, n° 1.*

2ᵉ — Avec quelques nouveaux travaux dans les branchages. Quelques contours de deux des enfants sont mieux précisés. État tiré à 2 épreuves annotées : *2ᵉ état* et *numérotées.*

3ᵉ — Des travaux ont été ajoutés sur divers points de la planche. Un petit tronc d'arbre est ajouté dans le fond, à gauche. La fillette debout, qui avait une coiffure sur la tête, a maintenant les cheveux tombant sur les épaules. État tiré à 7 ou 8 épreuves, *annotées, numérotées* et *signées,* Musée du Luxembourg (n° 2), M. A. Teissier, puis, postérieurement, à 12 épreuves, *timbrées* et *numérotées.* L'État reproduit.

Cuivre détruit.

90. — CAMILLE PISSARRO, PAR LUI-MÊME

(H. 185 millim. L. 177)

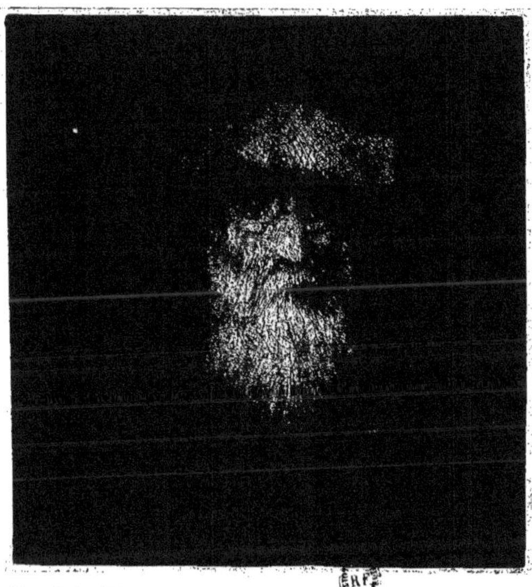

(Vers 1890) 2° *Etat.*

1ᵉʳ État. Avant divers travaux dans la barbe ; la forme du bonnet est très différente ; il est beaucoup plus
élevé. De toute rareté, sinon unique.

2° — **L'Etat reproduit.** Les épreuves de cet état portent la mention *1ᵉʳ état* indiquée par l'artiste lui-
même, en marge de la majorité des épreuves ; cette pièce a été tirée à 28 épreuves, la plupart
signées, deux épreuves (n° 26) portent la mention *bis* et *ter.* Bibliothèque de l'Université,
Paris (n° 7), Mme Georges Murat (n° 24), MM. Frank E. Bliss, Gustave Geffroy (n° 21),
Georges Lecomte (n° 20), M. Luce, Claude Monet, puis, postérieurement, à 22 épreuves,
timbrées et *numérotées.*

Cette pièce a été reproduite dans la *Revue encyclopédique* (n° du 15 déc. 1893), puis dans le *Graphischen Künst* (31ᵉ vol., 1908), où elle accompagne une étude sur **C. Pissarro**, par M. A. Hind, enfin dans
Camille Pissarro, par Georges Lecomte (1922).

VENTES : Anonyme, mai 1905 (Cte Mathéus), n° 5, 14 fr.; Roger Marx (1914), 290 fr., Anonyme
(13 février 1920), 200 fr.

Zinc détruit.

(H. 175 millim. L. 150)

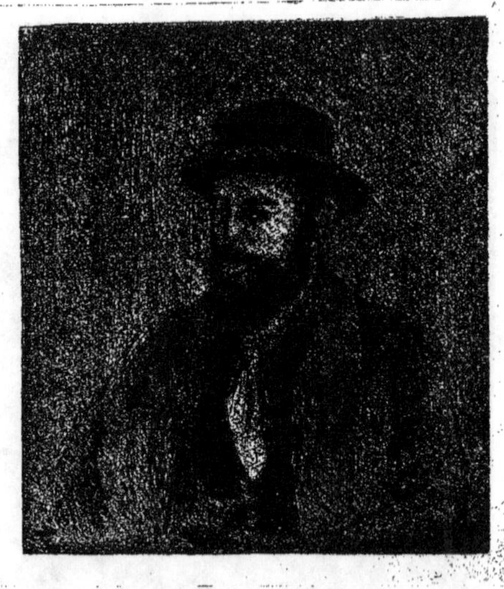

(1890) 2ᵉ État.

1ᵉʳ État.   Avant de nombreux travaux ; presque au trait. De toute rareté, sinon unique.

2ᵉ   —   Terminé. **L'État** reproduit. Quelques épreuves de cet état sont annotées par l'artiste : *1ᵉʳ état.*
Il a été tiré en outre, postérieurement, 6 épreuves, *timbrées* et *numérotées.*

Lucien Pissarro, fils aîné de Camille Pissarro, est né à Paris le 23 février 1863. Peintre et graveur sur bois, L. Pissarro est établi en Angleterre depuis 1893, où il a épousé Miss Esther Bensusan, devenue sa collaboratrice et avec laquelle il fonda à Londres la « Eragny Press » (en souvenir du village d'Eragny, près Gisors). Cet artiste, en outre de quelques compositions originales et de traductions d'œuvres de Camille Pissarro par la gravure sur bois, a publié de nombreux livres illustrés et imprimés avec des caractères typographiques spécialement dessinés par lui. Nous citerons ici : l'*Histoire de la Reine du Matin et de Soliman Ben Daoud*, de Gérard de Nerval (les Cent Bibliophiles) : la *Charrue d'érable*, d'Émile Moselli ; l'*Album de Poëmes tirés du Livre de Jade*, de Judith Gautier.

Le zinc existe.

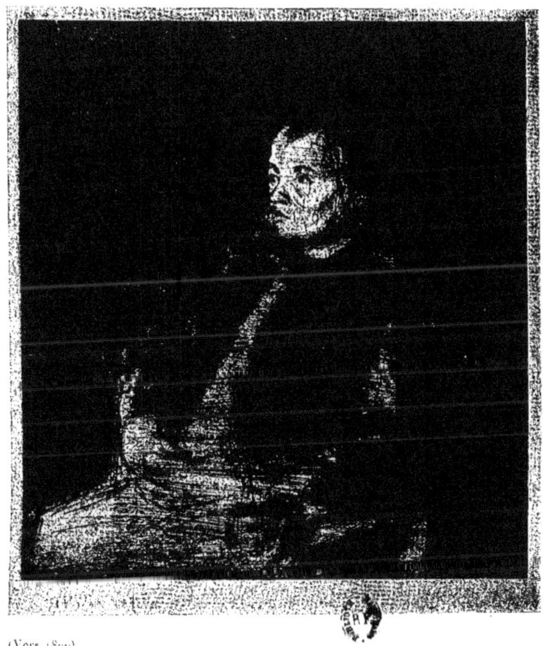

(Vers 1890).

Nous ne connaissons que quelques épreuves de cette eau-forte ; l'une d'elles appartient a M. Paul Signac.

Paul Signac, né à Paris en 1863, est l'un des peintres les plus en vue de ces trente dernières années. « Ses premières œuvres sont des études faites sur les quais ; il les exposa en 1894 au groupe des Indépen- « dants, et participe deux ans après à la IX⁰ exposition des *Impressionnistes* à côté de Degas, Forain, « Pissarro, Gauguin, Seurat. Il fait sien le divisionnisme ou plutôt le pointillisme de ce dernier ; il étudie « méthodiquement la division de la lumière en éléments colorés et dans son livre d'*Eugène Delacroix au* « *Néo-impressionisme* montre le développement logique, presque inévitable, de la pratique appuyée sur « cette théorie. Parallèlement, P. Signac joint l'exemple au précepte et il expose au Salon des Indépen- « dants toute une série de paysages, de figures et de marines... » (**Dictionnaire des Peintres**, de *F. Bénézit*). Ajoutons que Paul Signac a aussi exécuté quelques lithographies en couleurs régies d'après les mêmes principes.

(H. 198 millim. L. 132)

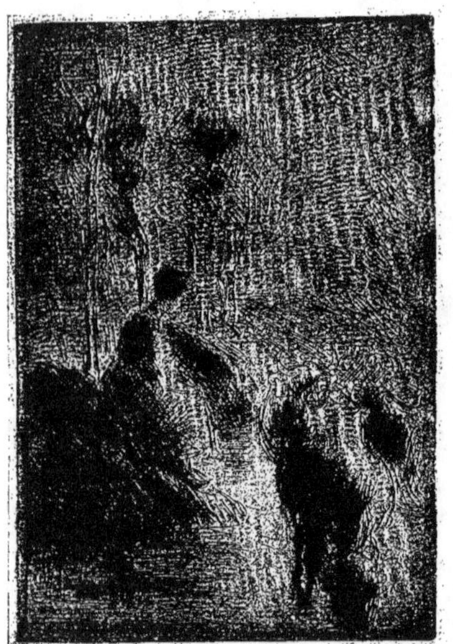

(1890) *1er Etat.*   *8e Etat.*

1er Etat.   Avant de nombreux travaux. **L'État reproduit.** De toute rareté, sinon unique.

2e   —   Avec l'addition de nouveaux travaux, notamment sur les saules et les coteaux du fond ; avec
quelques nouvelles indications de reflets dans l'eau, sous le monticule du 1er plan. Etat tiré
à 2 épreuves, *numérotées.*

3e   —   Encore avec de nouveaux travaux ; les coteaux sont fortement ombrés, le feuillage du saule le
plus rapproché de la gauche est plus touffu, et de nombreuses tailles verticales sont ajoutées
dans l'eau à gauche, accusant plus fortement le reflet du monticule sur lequel est assise la
petite vachère. De toute rareté, sinon unique.

4e   —   Quelques travaux sont ajoutés entre les montants de la barrière, derrière la vachère ; une douzaine de tailles sont gravées sur la tête de la vache du second plan, près de ses cornes ; les
troncs des petits arbres du fond, à gauche, sont mieux silhouettés, etc. De toute rareté, sinon
unique.

5e   —   Avec des grattages sur diverses parties de la planche, donnant des gris ; une douzaine de
petites tailles obliques à la pointe sèche sont ajoutées entre le dos de la vachère et la barrière.
De toute rareté, sinon unique.

6ᵉ État.   La planche est presque complètement grattée, et la barrière qui se voyait derrière la vachère est effacée. De toute rareté, sinon unique.

7ᵉ   —   La planche est retouchée à la pointe sèche sur la plupart des grattages antérieurs, plus spécialement sur la figure de la vachère et sur le tertre sur lequel elle est assise. De toute rareté, sinon unique.

8ᵉ   —   Encore avec l'addition de quelques nouveaux travaux croisés, à la pointe sèche, sur le talus du second plan, à l'endroit où se trouvait précédemment la barrière. **L'État reproduit.** Outre 9 ou 10 épreuves d'essai (Musée du Luxembourg, nº 3), il a été tiré de cette planche, avant sa publication dans le nº du 1ᵉʳ mai 1904 de la *Gazette des Beaux-Arts*, 100 exemplaires *numérotés*, savoir : nᵒˢ 1 à 8 sur hollande, 9 à 14 sur papier ancien bleuté, 15 à 20 sur japon, 21 à 40 sur hollande, 41 à 48 sur japon, 49 et 50 sur hollande, 51 à 70 sur papier ancien bleuté, enfin 71 à 100 sur hollande. Ces épreuves portent le cachet : *Atelier C. Pissarro.*

VENTES : Ch. Bermond (1912), nº 5, 135 fr ; A. Beurdeley (juin 1921), 220 fr.; Anonyme (23 décembre 1922), 55 fr.

Cuivre détruit.

94. — FANEUSES

(H. 199 millim. L. 132)

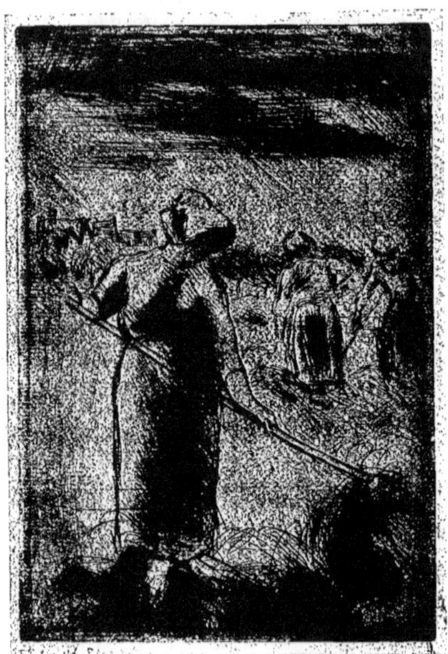

(1890) *1ᵉʳ Etat.*

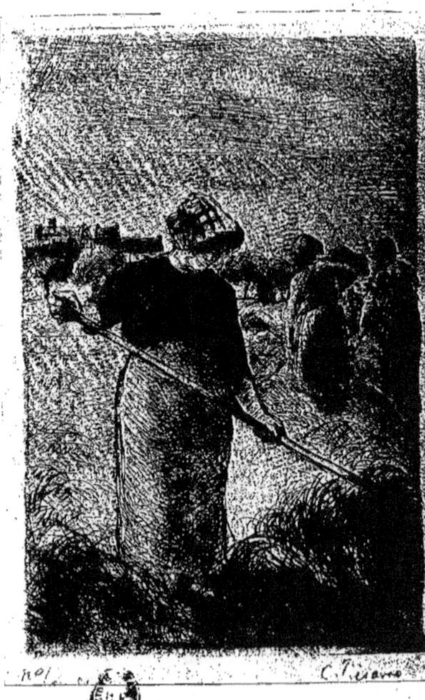

12ᵉ Etat.

1ᵉʳ Etat. Avant de nombreux travaux. L'État reproduit. Une épreuve, *numérotée* (1).

2ᵉ — Les noirs du corsage et de la jupe de la paysanne du 1ᵉʳ plan sont atténués au grattoir. Des travaux sont ajoutés sur le corsage et sur la jupe de cette même paysanne, mais avant les carreaux de la marmotte. Avec quelques nouveaux travaux sur les foins. Une épreuve, *numérotée* (1).

3ᵉ — Avec l'indication des carreaux sur la marmotte de la paysanne du 1ᵉʳ plan, avec des tailles obliques sur son bras gauche, ainsi que sur les corsages des paysannes du second plan. Avec de nouveaux travaux dans les foins. Une épreuve *numérotée* (1).

4ᵉ — Avec de forts grattages dans les foins du 1ᵉʳ plan et sur les sabots de la paysanne. Une épreuve, *numérotée* (1).

5ᵉ — Avec de nombreuses tailles entre-croisées ajoutées sur les parties restées blanches du corsage et de la jupe de la paysanne du 1ᵉʳ plan; le sabot droit de cette paysanne est retouché. Une épreuve, *numérotée* (1).

6ᵉ Etat.   Avec quelques nouveaux travaux, sur le corsage de la paysanne notamment. Le pied droit de
la paysanne est modifié. Une épreuve, *numérotée* (1).

7ᵉ   —   Le pied droit de la paysanne du 1ᵉʳ plan est effacé. Avec des grattages sur la jupe qui ont fait
disparaître une partie des travaux antérieurs. Une épreuve, *numérotée* (1).

8ᵉ   —   Avec des travaux légers ajoutés sur les foins enfermés au second plan entre les trois paysannes.
Une épreuve, *numérotée* (1) et *signée*.

9ᵉ   —   Le corsage et la jupe de la paysanne sont repris à la pointe et poussés au noir; son pied droit
a complètement disparu dans les foins. Deux épreuves, *numérotées* (1 et 2, la seconde *signée*).

10ᵉ   —   Les noirs du corsage de la paysanne du 1ᵉʳ plan sont atténués par des grattages, ainsi que ceux
des foins et des arbres du fond. Une épreuve, *numérotée* (1) et *signée*.

11ᵉ   —   La jupe de la paysanne du 1ᵉʳ plan est à nouveau éclaircie par des grattages, mais les contours
en sont mieux affirmés; de plus, le ciel est allégé par le brunissoir. Etat tiré à 3 épreuves
numérotées (1 à 3) et *signées*.

12ᵉ   —   Avec de nouveaux grattages, spécialement dans les fonds et sur les figures du second plan.
L'État reproduit. Cet état a été tiré à 8 ou 9 épreuves *d'essai* ou *d'artiste*, à 100 exemplaires en
bistre, sur hollande, avant la publication de la planche dans l'Histoire des Peintres Impressionnistes, par Théodore Duret, Paris, *H. Floury*, 1906. Musée du Luxembourg (n° 4), Kupferstiche Kabinet, Berlin, Kunsthalle de Hambourg (annotée *12ᵉ état*, *n° 1* et signée), MM. Campbell
Dodgson, C.-B. Eddy.

VENTE : Anonyme (17 novembre 1922), 115 fr.

Cette pièce a été reproduite dans *The Print Collector's Quartely* (n° d'octobre 1922).

Cuivre détruit.

95. — PAYSANNE BÊCHANT
(H. 159 millim. L. 119)

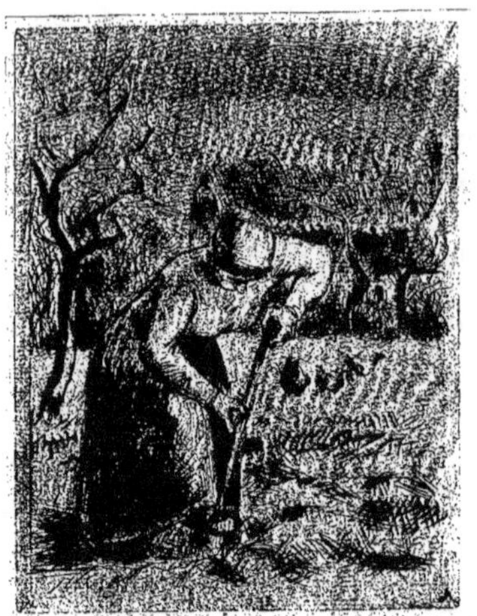

(1890) *1er Etat.*   *10e État.*

1er Etat. Avant un grand nombre de travaux. Avec *trois* canards. Etat reproduit. Une épreuve annotée : *1er Etat n° 1.*

2e — Avec de nouveaux travaux sur diverses parties de la planche. Le contour de la paysanne à l'endroit des seins, est modifié. Avec un *quatrième* canard. Une épreuve annnotée : *2e état n° 1.*

3e — De nombreux travaux sont ajoutés sur les vêtements de la paysanne, dont les contours sont plus nettement délimités. Des branchages sont également ajoutés à l'arbre de gauche, des contre-tailles sur le toit de la chaumière, etc. ; mais avant les contre-tailles obliques sur la jambe avancée de la paysanne. 1 épreuve annotée : *3e état n° 1.*

4e — Avec les contre-tailles obliques sur la jambe avancée de la paysanne et avec des travaux ajoutés sur le terrain. Le pignon de la chaumière est baissé de ton au brunissoir, mais avant l'aqua-tinte. Deux épreuves annotées : *4e état n° 1* et *2.* Collection de M. A. Teissier (n° 2).

5e — Avec un ton d'aqua-tinte partiel sur la robe de la paysanne, puis sur le terrain. Une épreuve annotée : *5e état n° 1.*

6e — Avec de nouveaux travaux sur les toitures des deux chaumières, ainsi que sur l'épaule, le bras gauche et la poitrine de la paysanne, mais avant que son bonnet n'ait été réduit sur sa hauteur. Une épreuve annotée : *6e état n° 1.*

7ᵉ État.   La planche est reprise dans son ensemble. Des branchages sont encore ajoutés à l'arbre de
           gauche; les blancs des chaumières sont éteints par des travaux à la pointe et le bonnet de la
           paysanne, retravaillé et diminué sur sa hauteur, est à rayures; mais avant les corrections aux
           mains. État tiré à 3 épreuves, *annotées* et *numérotées*.

8ᵉ   —   Avec des grattages sur la jupe pour la rendre plus claire; également avec des effaçages sur la
           bêche qui est maintenant plus large et se silhouette *presque en blanc*, jusqu'à l'extrémité du
           sabot posé sur elle; enfin, le dessin des mains est corrigé. Deux épreuves annotées, *8ᵉ état n° 1*.

9ᵉ   —   La bêche qui était en grande partie blanche, est maintenant teintée par de légères tailles presque
           verticales; mais avant le cinquième canard. Une épreuve annotée : *9ᵉ état n° 1* et *signée*.

10ᵉ —   Avec un *cinquième* canard ajouté contre le bord de la planche, à droite. État tiré d'abord à 7
           ou 8 épreuves, *annotées*, *numérotées* et *signées*, Musée du Luxembourg (n° 3). M. Th. van
           Rysselberghe, puis, postérieurement, à 24 épreuves, *timbrées* et *numérotées*. **L'État reproduit.**

Cuivre détruit.

(L. 243 millim. H. 156)

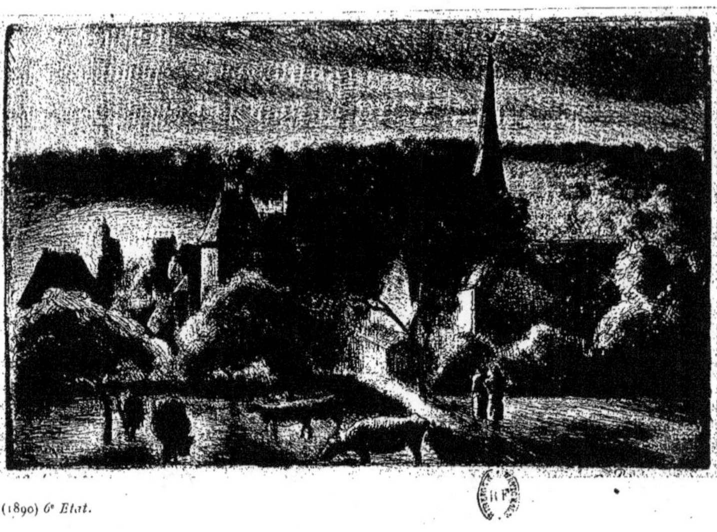

(1890) *6ᵉ Etat.*

1ᵉʳ Etat. Au ciel blanc et avant de nombreux travaux sur les terrains, les arbres et les pignons des maisons. Cet état offre de vigoureuses oppositions de noir et de blanc. De toute rareté. Deux épreuves, *numérotées* (le nᵒ 1 *signé*).

2ᵉ — Avec des grattages dans la plupart des grands noirs des maisons et des arbres. Avec de nouveaux travaux à la pointe, notamment sur les arbres des premiers plans et sur le mur de l'enclos, qui est alors légèrement surélevé. De toute rareté. Deux épreuves, *numérotées* et *signées*.

3ᵉ — Des tailles horizontales sont ajoutées sur le tertre à gauche, puis dans l'enclos et sur le terrain à droite; quelques travaux nouveaux également sur les arbres, ainsi que sur les pignons de plusieurs maisons. Une épreuve *numérotée* (1) et *signée*. Encore au ciel *blanc*.

4ᵉ — Avec de nouveaux travaux sur le tertre du fond à droite et sur les terrains; le ciel est gravé en partie vers la droite, mais avant les peupliers derrière l'église. Une épreuve *numérotée* (1) et *signée*.

5ᵉ — Avec de nouveaux travaux dans le ciel qui s'étend maintenant presque sur toute la longueur de la planche; une rangée de peupliers est ajoutée derrière l'église. Une épreuve *annotée* par l'artiste : *état intermédiaire entre le 4ᵉ et le 5ᵉ*.

6ᵉ — Les peupliers derrière l'église sont effacés; avec de nouveaux grattages, plus spécialement sur les maisons et les arbres de droite, ainsi que sur les terrains du premier plan. **L'État reproduit.** Tiré à 4 épreuves, *numérotées* et *annotées* par l'artiste : 5ᵉ état. Musée du Luxembourg (nᵒ 4), M. A. Teissier.

Il existe en outre de cette pièce, en dehors des états et des épreuves désignés ci-dessus, des exemplaires imprimés en couleurs au moyen de quatre planches : planche-mère ou *trait, rouge, jaune* et *bleu*. Les épreuves *annotées* par l'artiste, 1er, 2e, 3e, 4e et 5e état, diffèrent entre elles par la tonalité et forment, pour ainsi dire, des épreuves uniques ; ces variantes dans le tirage ne permettent même guère de caractériser les états ; indiquons toutefois à cette place qu'il existe : du 1er état, 3 épreuves non signées, mais *numérotées* (1 à 3) et *annotées* des couleurs ; du 2e état, 4 épreuves (1 à 4) en même condition ; du 3e état, 2 épreuves (1 et 2), en même condition ; du 4e état, 2 épreuves (1 et 2) ; enfin du 5e état, 4 épreuves (1 à 4), toujours dans les mêmes conditions que les épreuves des états précédents.

Il existe de cette pièce une épreuve rehaussée de pastel et qui a servi de modèle pour les épreuves en couleurs.

(H. 255 millim. L. 200)

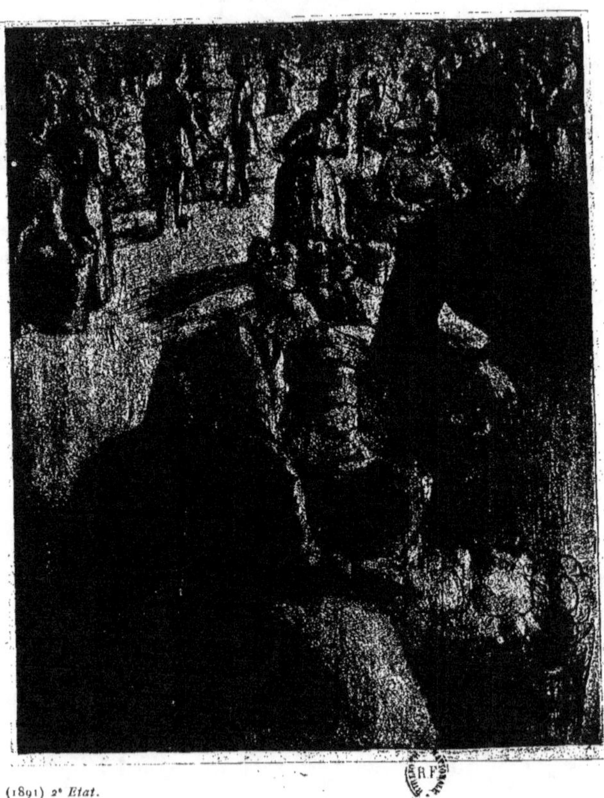

(1891) 2ᵉ *Etat*.

1ᵉʳ État. Le visage de la paysanne debout, au 1ᵉʳ plan à droite, est noir. Etat tiré à 3 épreuves annotées :
1ᵉʳ *état* et *numérotées* et *signées*.

2ᵉ — Le visage de la paysanne debout, au 1ᵉʳ plan à droite, est éclairci, ainsi que le panier de cette
paysanne, la coiffe de la femme assise à gauche, etc. **L'État reproduit.** Etat tiré à 2 épreuves,
annotées : *2ᵉ état, numérotées* (1 et 2) et *signées*, à 4 épreuves annotées : *2ᵉ état définitif,
numérotées* (3 à 6) et *signées*. (Musée du Luxembourg n° 4), puis à 43 épreuves *timbrées
et numérotées*, enfin à 76 exemplaires sur japon et 500 sur hollande pour le Tome XVII, du
Peintre-Graveur Illustré.

Zinc détruit.

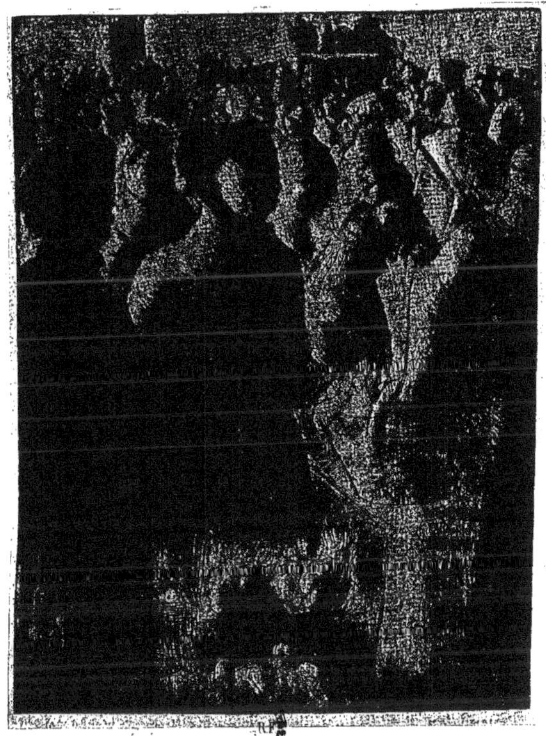

(1891) *1er État.*

1er État.   **Celui reproduit.** Avant que les visages des quatre femmes de gauche n'aient été éclaircis au moyen du brunissoir. Etat annoté : *1er état* et tiré à 3 épreuves, *numérotées et signées.*

2e   —   Les visages des quatre femmes, à gauche, ont été éclaircis au brunissoir. Etat annoté : *2e état*, et tiré à 7 épreuves, *numérotées* (1 à 7) et *signées* (Musée du Luxembourg, n° 3), puis, postérieurement, à 43 épreuves, *timbrées* et *numérotées.*

Zinc détruit.

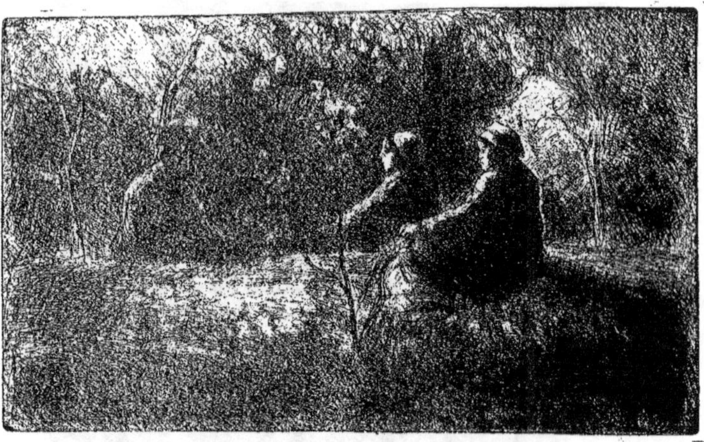

(1891) 3ᵉ *État.*

1ᵉʳ État. Presque au trait. Esquissé à la pointe sèche. Fort rare. Deux épreuves.

2ᵉ   Avec l'addition de nombreux travaux sur diverses parties de la planche, mais avant que la planche n'ait été amenée à l'effet. La seule épreuve connue de cet état, non encrée sur le bord latéral gauche, porte la mention manuscrite suivante de l'artiste : *1ᵉ épr. d'état entre le 1ᵉʳ et le 2ᵉ état Repos dans le bois.*

3ᵉ   —   Des travaux ont été ajoutés dans le feuillé des arbres, sur les personnages, le terrain, etc. ; les deux angles de droite, qui étaient clairs dans l'état précédent, sont recouverts de travaux. L'État reproduit. État indiqué 2ᵉ par l'artiste et tiré à 14 épreuves *numérotées* et *signées* (Musée du Luxembourg (nᵒ 1), Kupferstich Kabinett, Berlin, M. Ch. B. Eddy), puis, postérieurement, à 18 épreuves *timbrées* et *numérotées.*

Zinc détruit.

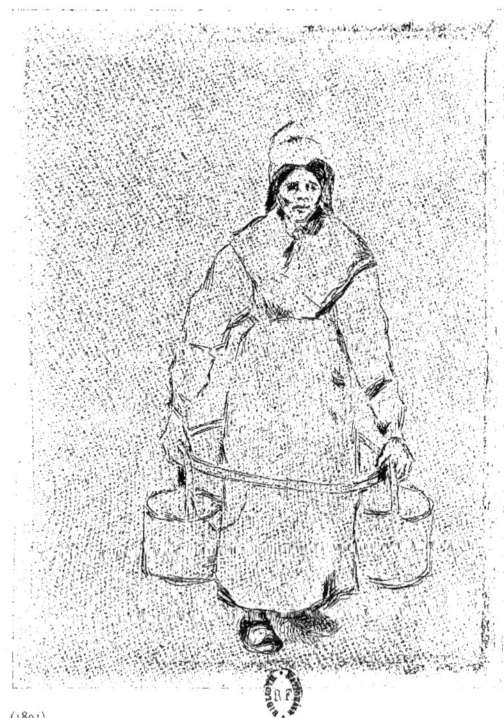

(1891).

Première pensée de la **Paysanne au puits**, cataloguée ci-après. De toute rareté.

Bibliothèque de l'Université, Paris (épreuve *signée*).

Planche perdue.

(H. cuivre 230 millim. L. 193)

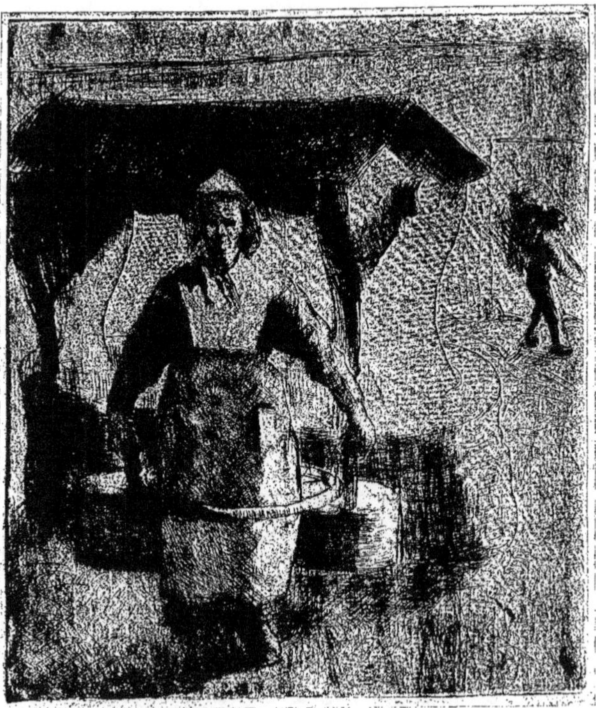

(1891) *3ᵉ Etat.*

1ᵉʳ Etat. Avant de nombreux grattages sur la robe de la paysanne et avec quatre coulures d'eau-forte
très apparentes, vers le bas à gauche. Etat tiré à 1 épreuve, annotée : *1ᵉʳ état* et *numérotée* (1).

2ᵉ — Avec des grattages sur la robe de la paysanne, ainsi que sur son visage et sa main droite ; la
forme de son bonnet est changée et mieux délimitée ; les coulures d'eau-forte sont encore
apparentes. Etat tiré à 3 épreuves *annotées :* 2ᵉ état, *numérotées* et *signées* (sauf une).

3ᵉ — Celui reproduit. La robe de la paysanne est encore éclaircie par de nouveaux grattages ; des
grattages ont été faits également au bas à gauche, à l'endroit des coulures d'eau-forte qui ne
sont presque plus visibles. Etat tiré à 5 épreuves, annotées : *3ᵉ état, numérotées* et *signées,*
Musée du Luxembourg (n° 4), puis, en 1920, à 10 épreuves sur papier du Japon et
40 épreuves sur hollande, *timbrées* et *numérotées.* Cabinet des Estampes, Paris, British
Museum, Musée royal des Beaux-Arts, Copenhague, Bibliothèque publique de New-York,
M. Georges Lecomte.

Le cuivre de cette pièce, *percé* après tirage, a été offert au **Cabinet des Estampes de Paris.**

102. — LA PAYSANNE

H. 132 millim. L. 103)

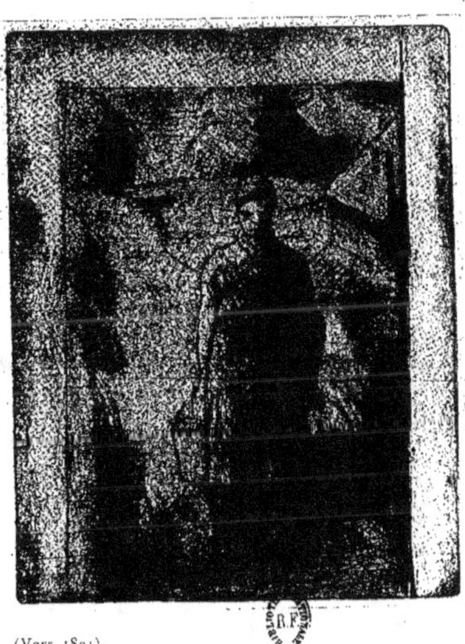

(Vers 1891).

Il existe de la **Paysanne**, deux épreuves dont une annotée : *1er état 1*, et *signée*, puis 18 épreuves de tirage postérieur, *timbrées* et *numérotées*.

———

Zinc détruit.

103. — PAYSANNES DANS UN CHAMP DE HARICOTS

(H. 175 millim. L. 137)

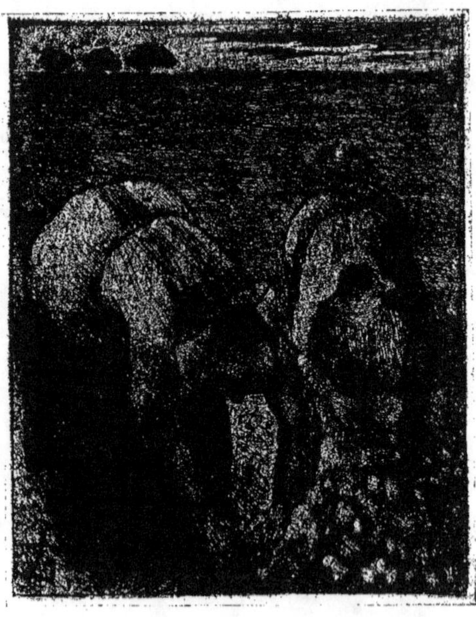

(1891).

Cette planche a été tirée à 14 épreuves *annotées*, *numérotées* et *signées*, puis, postérieurement, à 18 épreuves, *timbrées* et *numérotées*.

Musée du Luxembourg (n° 6), MM. Ch.-B. Eddy, A. Teissier.

VENTE : Atelier C. Pissarro (juin 1906), 20 fr.

Zinc détruit.

104. — PAYSANS DANS LES CHAMPS

L. 150 millim. H. 72)

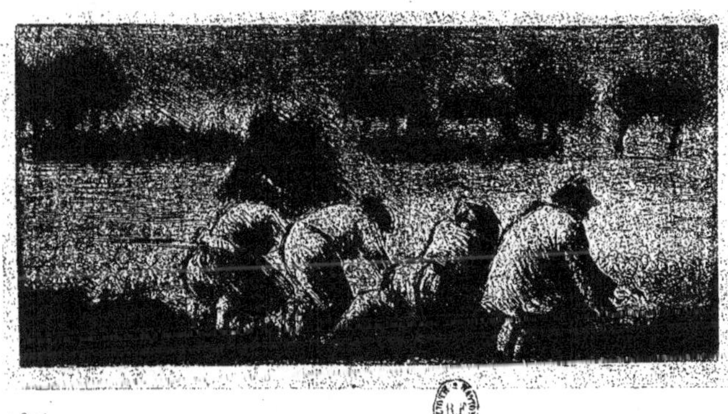

(1891).

Il a été tiré de cette eau-forte, d'abord 6 épreuves *numérotées* et *signées*, puis, en 1920, 10 exemplaires sur papier du Japon et 35 sur papier de Hollande *timbrés* et *numérotés*.

1er tirage : Musée du Luxembourg (n° 3). Exemplaires du 2e tirage : Cabinet des Estampes, Paris, British Museum, New-York, Public Library, Musée des Beaux-Arts, Copenhague.

Le zinc, *percé* après tirage, a été offert au Cabinet des Estampes de Paris.

105. — QUAI DE PARIS, ROUEN

(L. 183 millim. H. 122)

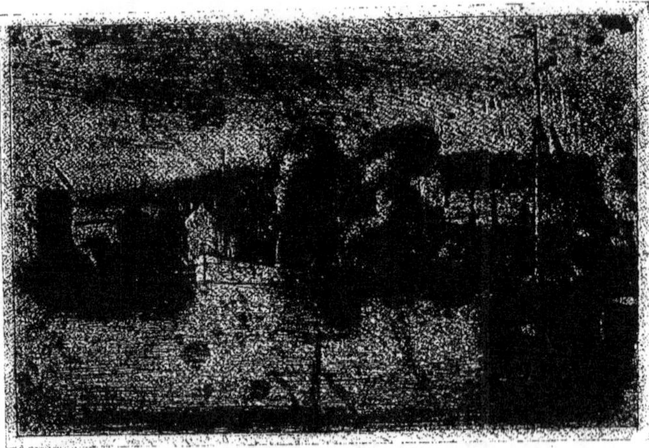

(Vers 1891).

Planche abandonnée par l'artiste.

———

Le zinc existe.

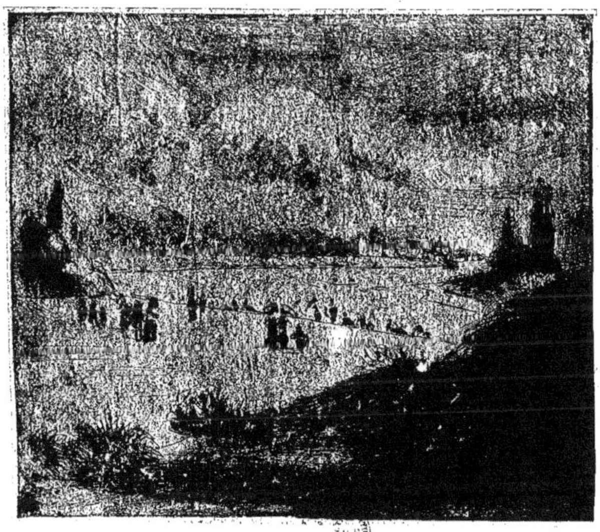

(1893) *2ᵉ état.*

1ᵉʳ État.   Avant une figure d'enfant auprès du groupe des deux femmes que l'on aperçoit au milieu de
l'estampe ; avant quelques tailles obliques sur le terrain en amont des deux arbres à droite,
avant quelques nouveaux travaux sur les herbes du 1ᵉʳ plan à gauche, etc. État tiré à 2 épreuves
annotées : *1ᵉʳ état n° 1* et *2*.

2ᵉ   —   Avec l'addition des travaux mentionnés ci-dessus. **L'État** reproduit. État tiré à 1 épreuve annotée
1ᵉʳ état (n° 3), puis, postérieurement, à 6 épreuves *timbrées* et *numérotées*.

Zinc détruit.

107. — LES BERGES, A ROUEN

(L. 195 millim. H. 150)

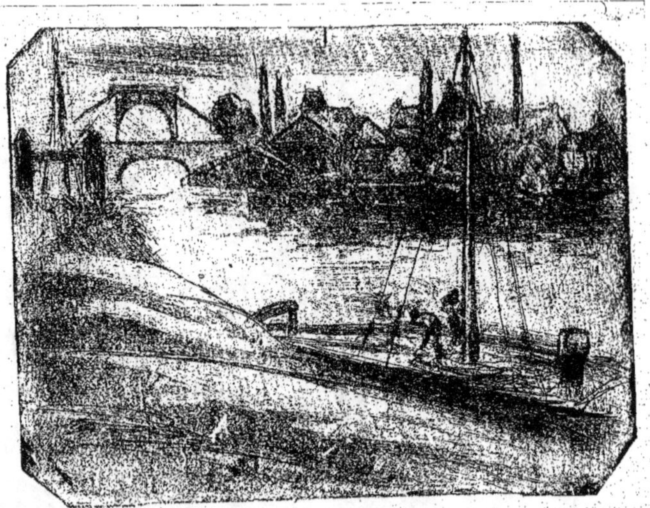

(Vers 1893).

Eau-forte et aqua-tinte. Les angles du cuivre sont à pans coupés. Cette pièce a d'abord été tirée à 2 épreuves *numérotées* 1 (au Musée du Luxembourg) et 1 *bis*, puis, postérieurement, à 6 épreuves *timbrées* et *numérotées*.

Zinc détruit.

(L. 158 millim. H. 118)

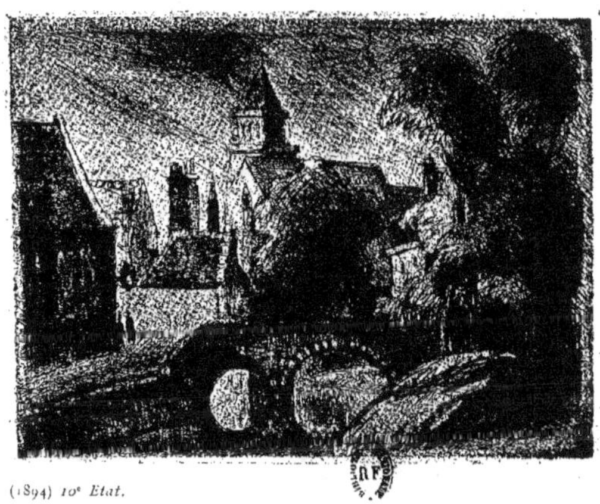

(1894) 10ᵉ Etat.

1ᵉʳ Etat. Avant le ciel, avant le grain d'aqua-tinte, avant l'ombre sur la route et les reflets dans l'eau, etc. De toute rareté, sinon unique.

2ᵉ — Avec l'addition d'un grain d'aqua-tinte sur diverses parties de la planche. La route est ombrée par des tailles à la pointe sèche, mais encore avant le ciel et divers autres travaux. Musée du Luxembourg, épreuve annotée : *n° 1 de 10 épr. d'état.*

3ᵉ — Avec l'addition d'un ciel indiqué à la pointe sèche ; le pignon de la maison du fond à gauche est ombré ; il était blanc dans les deux états précédents ; l'ombre portée dans l'eau sous la grande arche du pont, est effacée, etc. Une ou deux épreuves.

4ᵉ — Nous n'avons pas rencontré d'épreuves de cet état.

5ᵉ — La planche est en grande partie grattée. Une épreuve *annotée* et *signée.*

6ᵉ — Avec quelques reprises à la pointe sur les arbres et sur le pont. Deux épreuves *annotées, numérotées* et *signées.*

7ᵉ — Les arbres sont repris à la pointe et se silhouettent plus vigoureusement. Les noirs de la grande cheminée la plus rapprochée de la gauche sont accentués. Une épreuve *annotée, numérotée* (1) et *signée.*

8ᵉ — Encore avec quelques nouvelles accentuations des parties sombres, notamment dans les arbres et sur le pont. Une épreuve *annotée, numérotée* (1) et *signée.*

9ᵉ — Avec quelques grattages partiels, plus particulièrement sur le pont. Une épreuve *annotée, numérotée* (1) et *signée.*

10ᵉ — Avec quelques accents nouveaux ; la petite arche du pont est d'une forme différente et l'ombre portée des deux arbres dans l'eau est très fortement accusée. L'État reproduit. Etat tiré à une dizaine d'épreuves, puis, postérieurement, à 19 épreuves *timbrées* et *numérotées.*

Cuivre détruit.

(H. cuivre 214 millim. L. 142)

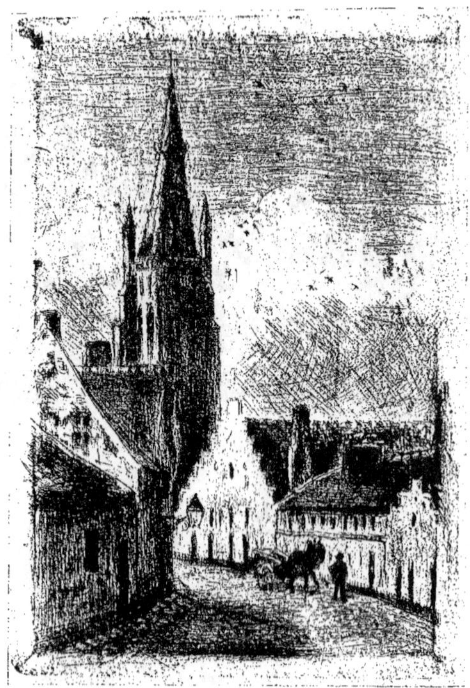

(1894) 6e État.

1er État. Avant le ciel et avant l'ombre portée des maisons de gauche. Fort rare, sinon unique.

2e — Avec l'indication d'un ciel et avec l'ombre portée des maisons à gauche, mais avant quelques retouches au clocher de l'église. Une épreuve *annotée, numérotée* (1) et *signée*.

3e — Avec quelques retouches sur le clocher de l'église ; avec l'indication d'un nouveau toit, dans le fond vers la droite, avant l'ombre portée du cheval et de la voiture. État tiré à 2 épreuves, *annotées, numérotées* et *signées*.

4e — La plupart des ombres sont reprises et l'ombre portée des maisons de gauche est renforcée. La roue de la voiture est mieux exprimée, et avec une ombre portée de la voiture. État tiré à 2 épreuves, *annotées, numérotées* et *signées*.

5e — L'ombre portée des maisons de gauche est atténuée ; la grande verrière de l'église, la plus proche du clocheton de gauche, à peine indiquée dans les états précédents, est complétée dans toute sa longueur. Une ou deux épreuves.

6e — Avec l'indication d'oiseaux dans le ciel. L'État reproduit. État *annoté*, 5e état ou *Épr. d'artiste*. En dehors de quelques *essais*, il a été tiré de cet état 12 épreuves, *timbrées* et *numérotées*.

La planche existe.

(H. 200 millim. L. 150)

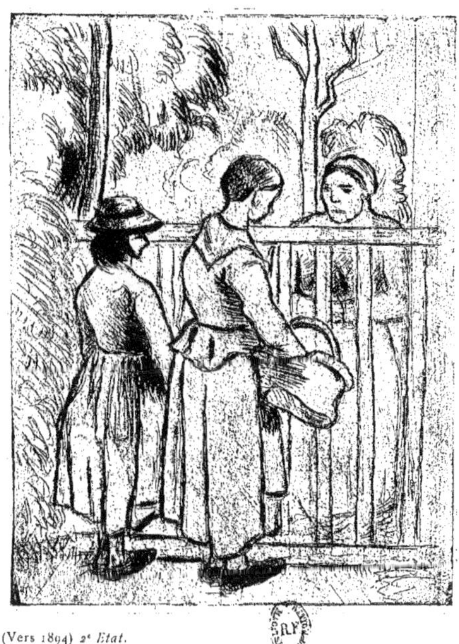

(Vers 1894) 2ᵉ État.

1ᵉʳ État. Au trait. Avant divers travaux dans le feuillage de l'arbre de gauche, ainsi que sur les vêtements des trois personnages. De toute rareté, sinon unique.

2ᵉ — Les contours sont fortement renforcés et des travaux sont ajoutés sur les corsages et les cheveux
des personnages; de nouveaux travaux sont ajoutés dans le feuillé des arbres ; le bonnet de
la paysanne derrière la barrière est réduit sur sa hauteur. L'État reproduit. Il a été tiré de
cet état, 4 épreuves en noir et 4 ou 5 épreuves tirées en couleurs, soit au repérage, soit en
manière de monotypes. Collection de M. A. Teissier (épreuve tirée en *couleurs*).

111. — PAYSANNES A L'HERBE

(L. 140 millim. H. 98)

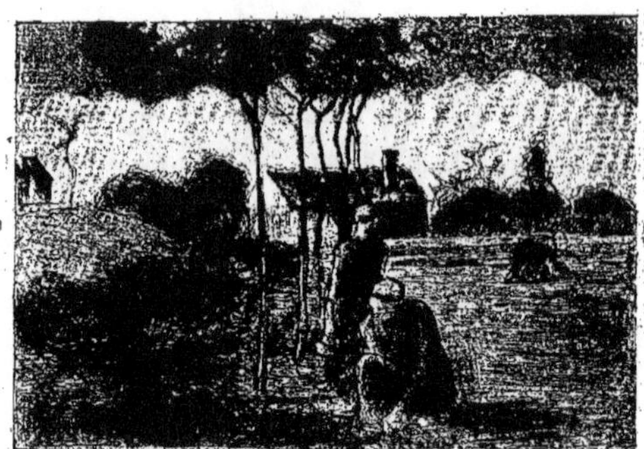

(Vers 1894)

Cette petite pièce compte un certain nombre d'états ou de variantes dans le tirage des planches de *couleurs* ; l'artiste ayant apporté des modifications à chaque épreuve, soit par des ajoutages ou des suppressions de planches, soit par des modifications dans les tons, il nous a été impossible d'établir nettement la succession de ces états ou variantes. Notons que les épreuves d'essai sont *annotées des couleurs* et portent également en marge *1re Epreuve d'Etat*, 2e, etc., jusqu'au n° 6, puis à partir de ce numéro *Ep. d'état n° 7*, jusqu'au n° 11, enfin *épr. d'artiste* numérotées 1 à 12, puis une épreuve sans numéro. Toutes ces épreuves sont *imprimées en couleurs*. Il existe des épreuves *avec* ou *sans* le petit arbre dans le fond, à gauche. Musée du Luxembourg (n° 8, sans le petit arbre).

Les cuivres existent.

112. — MARCHÉ DE GISORS (RUE CAPPEVILLE)

(H. 170 millim. L. 110)

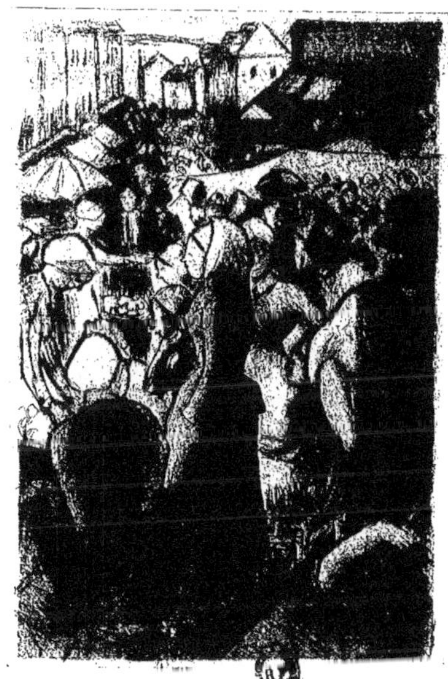

(Vers 1894) 6ᵉ *État.*

1ᵉʳ État. Presque au trait. Avant de nombreux travaux sur les vêtements des personnages et avant l'indication de 9 croisées sur la seconde maison de gauche. État tiré à 3 épreuves, *numérotées* (1
à 3) ; ces 3 épreuves sont rehaussées d'aquarelle.

2ᵉ — Encore avant les croisées à la seconde maison de gauche, mais avec de fortes tailles horizontales, à la pointe sèche, ajoutées sur les deux paniers du 1ᵉʳ plan à droite, et avec quelques
autres travaux. Des silhouettes de personnages sont ajoutées dans la foule du fond, vers le
milieu. Une épreuve *numérotée* (4).

3ᵉ — Avec indication de 9 croisées à la seconde maison de gauche ; avec de nouveaux travaux sur
les vêtements de la paysanne debout au 1ᵉʳ plan, ainsi que sur quelques autres parties de la
composition. État tiré à 3 épreuves, *numérotées* (5, 6 et 7 *bis*).

4ᵉ — La composition est poussée à l'effet ; les vêtements du paysan et des deux paysannes du
1ᵉʳ plan sont recouverts de nombreux travaux ; avec quelques tailles sur les parasols et à
la base des maisons de gauche, etc. État tiré à 1 épreuve *numérotée* (7).

5° Etat. Les contours des principaux personnages sont accentués. La colline du fond qui n'était silhouettée que par un trait, dans les états précédents, est maintenant limitée par *trois* traits. Etat tiré à 1 épreuve *numérotée* (8).

6° — Les valeurs des maisons du fond sont atténuées ; une nouvelle taille, plus courte, est ajoutée sur la colline du fond. Etat tiré à 1 épreuve *numérotée* (9).

7° — L'effet un peu lourd des trois états précédents est fortement atténué par un polissage général de la planche. Etat tiré à 2 épreuves d'essai, *numérotées* (10 et 11), puis à 9 épreuves imprimées en 4 couleurs, *numérotées* (1 à 9). Musée du Luxembourg (n° 4).

Les cuivres existent.

113. — BAIGNEUSE METTANT SES BAS

(L. 114 millim. H. 80)

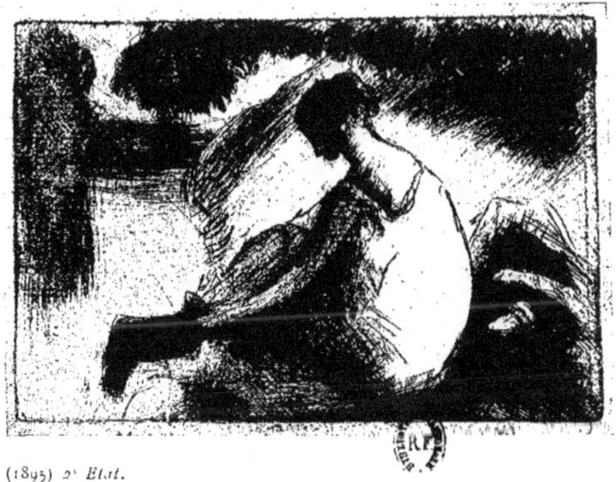

(1895) 2ᵉ Etat.

1ᵉʳ Etat.   Avant quelques effaçages sur diverses parties de la planche. Etat tiré à 3 épreuves annotées :
1ᵉʳ ou *2ᵉ état* et *numérotées* (une *coloriée*).

2ᵉ   —   Avec des effaçages sur le visage de la baigneuse, sur son genou droit, sur son bras gauche et
au-dessous son bras, ainsi que sur le bouquet d'arbres du fond, à gauche. Cet état a été tiré
à 1 épreuve d'*essai*, non numérotée, puis à 4 ou 5 épreuves *numérotées* et *signées* (Musée du
Luxembourg n° 1), enfin à 25 épreuves, *timbrées* et *numérotées*. L'État reproduit.

Cuivre détruit.

114. — BAIGNEUSE VUE DE DOS

(H. 87 millim. L. 73)

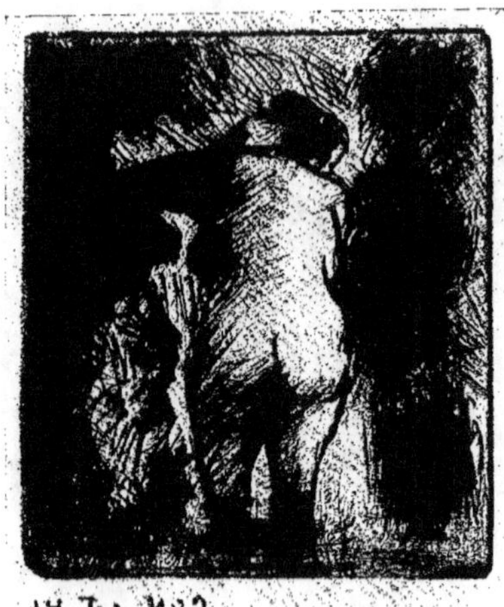

(1895) *1ᵉʳ État.*

1ᵉʳ État. Celui reproduit. Etat tiré à 2 épreuves, *numérotées* (1 et 2) et *annotées.*

2ᵉ — Avec de nombreux polissages sur toute la planche qui présente un aspect grisâtre. Une épreuve, *annotée.*

3ᵉ — Avec quelques nouveaux travaux. Le contour droit de la baigneuse au-dessus de la hanche, est corrigé. L'espace blanc compris entre le corps de cette baigneuse et le massif de gauche, est recouvert de travaux depuis son bras jusqu'à la hanche. Quelques tailles sont ajoutées dans l'eau, sous la jambe droite de cette baigneuse. Etat tiré à 2 épreuves.

4ᵉ — Avec l'addition de légères tailles verticales dans l'eau, autour des hanches et des cuisses de la baigneuse. Deux épreuves. Musée du Luxembourg, épreuve annotée : *4ᵉ état.* Collection de M. A. Teissier.

5ᵉ — Quelques travaux sont ajoutés sur la baigneuse, et une tache qui se voyait à la naissance des fesses est effacée. Etat tiré à 4 ou 5 épreuves d'*essai*, puis, en 1920, à 10 exemplaires sur japon et 40 sur hollande, *numérotés* et *timbrés.* Cabinet des Estampes, Paris, British Museum, Public Library, New-York, Musée Royal des Beaux-Arts, Copenhague, MM. Georges Lecomte, A. Teissier.

———

Le cuivre de cette pièce, *percé* après tirage, a été offert au **Cabinet des Estampes de Paris.**

———

115. — BAIGNEUSE AUX OIES

(L. plaque 179 millim. H. 127)

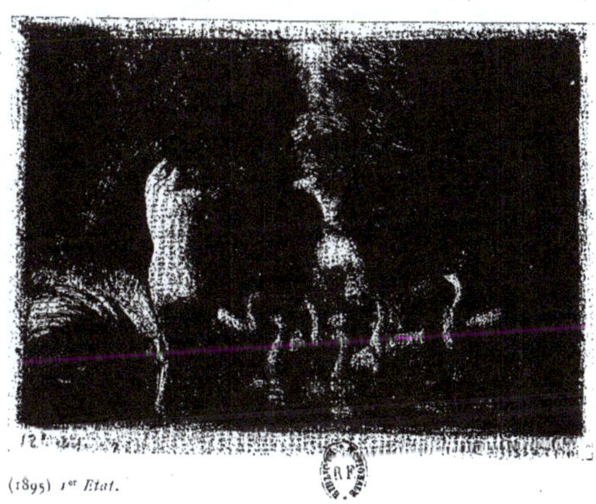

(1895) *1er État.*

1er Etat. Avant de très nombreux travaux. État **reproduit**. Etat annoté : *1er état.* De toute rareté.

2e — Avec quelques nouveaux travaux sur le corps de la baigneuse, mais avant l'addition de branchages aux saules. Etat annoté : *2e état, n° 1.*

3e — Avec des branchages ajoutés au saule de gauche, à l'angle supérieur gauche ; des nouveaux travaux étendent le feuillage du saule de droite. Egalement avec des travaux sur la baigneuse dont les contours sont mieux délimités. Etat tiré à 2 épreuves, et annoté ; *2e état, n° 2 et 3.*

4e — Avec de nombreux effaçages, plus particulièrement sur les parties les plus noires du sujet. Les canards sont à demi effacés. Etat annoté par l'artiste : *état entre le 2e et le 3e.*

5e — Avec l'addition de nouvelles branches et de feuillages aux saules ; le torse de la baigneuse est baissé de ton ; par contre, le dessous des arbres ainsi que les canards sont très poussés au noir. Les troncs des saules de droite sont complètement ombrés. Etat annoté par l'artiste : *3e état* (n° 1 et 2).

6e — Les troncs des saules de droite sont éclaircis, mais le dessous des feuillages qui les surmontent est fortement ombré par des travaux qui forment une masse noire. Avec des grattages sur les oies et dans l'eau. Etat annoté par l'artiste : *état entre le 3e et le 4e.*

7e — Toute la composition est très poussée au noir ; le sujet paraît plongé dans l'obscurité. Etat annoté par l'artiste : *n° 4, ép. d'état.*

8e — Les oies qui étaient très noires dans l'état précédent sont éclaircies par des grattages ; également avec quelques grattages dans l'eau, au premier plan. Etat annoté par l'artiste : *état entre le 5 et le 6e.*

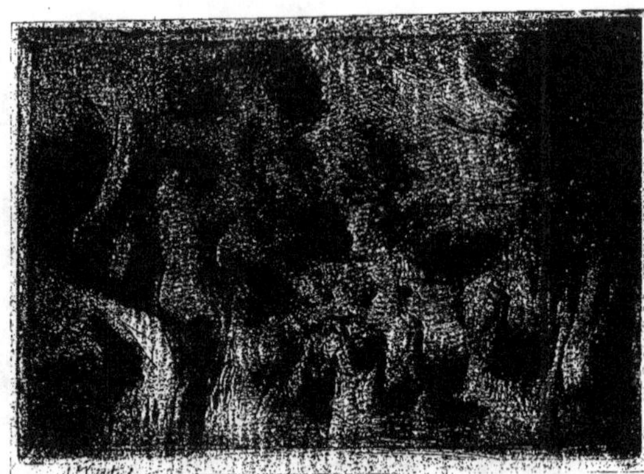

16ᵉ Etat.

9ᵉ Etat.   Les troncs des sau'es de droite sont éclaircis au moyen du brunissoir, et des branchages sont ajoutés au saule de gauche, à l'angle supérieur gauche. Etat annoté par l'artiste : *nᵒ 5, ép. d'état.*

10ᵉ —   La planche est en grande partie presque effacée et martelée. En cet état, la pièce offre l'aspect d'une planche exécutée au maillet. Etat annoté par l'artiste : *6ᵉ état,* nᵒˢ 1 et 2.

11ᵉ —   La planche est reprise, notamment dans les arbres; d'autres endroits sont inachevés et une partie du premier plan est d'un ton gris, provenant d'un brunissage imparfait. Etat tiré à 5 épreuves, annotées : *7ᵉ état* et *numérotées : (1, 2, 2 bis, 3 et 4).*

12ᵉ —   Encore avec quelques effaçages : avec un grain d'aqua-tinte ajouté sur les masses d'arbres; quelques branchages sont ménagés en clair, à droite. Etat tiré à une épreuve, annotée : *8ᵉ état,* nᵒ 1.

13ᵉ —   Avec quelques légères différences ; les sandales de la baigneuse, au premier plan à gauche, qui étaient à moitié blanches dans les états précédents, sont maintenant presque complètement ombrées par de nouvelles tailles obliques. Etat tiré à une épreuve, annotée : *8ᵉ état,* nᵒ 2.

14ᵉ —   Encore avec quelques très légères différences. Quelques tailles sont ajoutées sur les herbes du premier plan, à droite. Etat tiré à une épreuve, annotée : *9ᵉ état,* nᵒ 1.

15ᵉ —   Avec l'addition d'une quinzaine de traits horizontaux dans le ciel entre les masses d'arbres, qui était resté blanc dans les états qui précèdent. Etat tiré à une épreuve annotée : *10ᵉ état.*

16ᵉ —   Des traits obliques sont ajoutés sur le tronc du saule à gauche. Les tailles indiquant le ciel sont atténuées au brunissoir. Etat tiré à 3 ou 4 épreuves, annotées indifféremment par l'artiste : *11ᵉ état* et *12ᵉ état,* puis, postérieurement, à 31 épreuves, *timbrées* et *numérotées.* État reproduit.

———

Planche détruite.

116. — LES DEUX BAIGNEUSES

(H. cuivre 180 millim. L. 127)

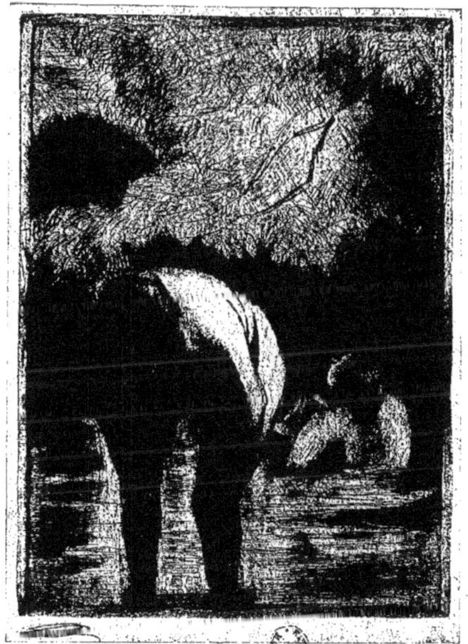

(1895) *8ᵉ Etat.*

1ᵉʳ Etat. Le corps de la baigneuse debout est de forme très indécise dans les parties ombrées, et l'on n'aperçoit pas ses mains ; avant l'addition de quelques légers travaux dans les feuillages. Etat annoté : *1ᵉʳ état* et tiré à 2 épreuves, *numérotées.*

2ᵉ — Les parties ombrées du corps de la baigneuse debout, sont très atténuées au brunissoir et l'on devine mieux le contour des bras et des mains. Etat annoté par l'artiste : *entre le 1ᵉʳ et le 2ᵉ état.*

3ᵉ — Les contours de la tête de la baigneuse, ainsi que de ses seins, son ventre, ses jambes et ses bras, sont mieux précisés ; le dos de la baigneuse du second plan est éclairci. Encore avant les nouveaux travaux dans les feuillages. Etat annoté : *3ᵉ état* (4 épreuves *numérotées*).

4ᵉ — Les contours de la baigneuse debout sont encore plus précisés et l'on distingue dans le visage les yeux et le nez ; avec quelques légères additions dans le feuillage vers le milieu, puis dans l'angle supérieur droit. Etat annoté par l'artiste : *2ᵉ* (le chiffre surcharge un 4) *état.* Deux ou trois épreuves.

5ᵉ Etat.   Les contours et les modelés de la baigneuse debout sont repris et un peu modifiés ; le bras droit,
           qui était dans la pénombre, est éclairé à jour frisant ; d'assez fortes tailles recouvrent, dans les
           ombres, les tons gris des modelés ; avec de nouveaux travaux sur les jambes et le torse de la
           baigneuse du second plan, et quelques nouvelles tailles horizontales dans l'eau, à droite. Etat
           annoté : *6ᵉ état*. Une ou deux épreuves.

6ᵉ   —   La tête de la baigneuse debout a subi à nouveau des modifications, ainsi que son torse ; de
           nouveaux travaux ont recouvert la lumière à jour frisant du bras droit de cette baigneuse ; la
           forte ombre du bras de la baigneuse du second plan est en grande partie enlevée, et avec
           quelques autres effaçages partiels. Etat annoté : *7ᵉ état*. Une ou deux épreuves.

7ᵉ   —   Avec un grain d'aqua-tinte sur les parties ombrées de la baigneuse debout ; la figure et le
           modelé intérieur des bras et des jambes est opaque ; avec de nouveaux travaux à l'aqua-tinte
           sur les jambes, sous le bras et à la chevelure de la baigneuse du second plan. Etat annoté :
           8ᵉ état. Une ou deux épreuves.

8ᵉ   —   La chevelure, le visage, le torse, les bras et les jambes de la baigneuse debout sont repris, et des
           atténuations au brunissoir modèlent des demi-teintes dans les ombres. Etat annoté : *9ᵉ état*.
           L'État reproduit. Une ou deux épreuves.

9ᵉ   —   Des effaçages au brunissoir ont encore atténué les noirs ombrant le corps de la baigneuse
           debout ; son bras droit se détache en clair sur le fond. Etat annoté : *épr. d'artiste* et tiré à
           6 épreuves, *numérotées* (1 à 6) et *signées* (Musée du Luxembourg, M. A. Teissier), puis, pos-
           térieurement, à 49 épreuves, *timbrées* et *numérotées*.

——————

Il existe des **Deux baigneuses** une épreuve pastellisée.

——————

Planche détruite.

(H. 170 millim. L. 129)

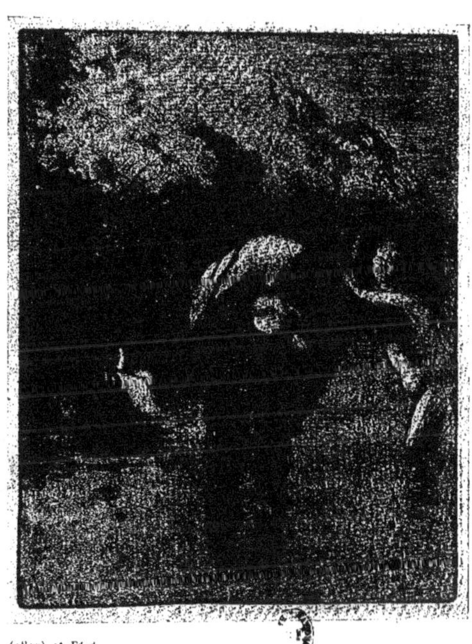

(1895) 2ᵉ *Etat.*

1ʳ Etat. Avant le bras droit de la seconde baigneuse et avant quelques légers travaux. L'aspect général est grisâtre. Fort rare, sinon unique.

2ᵉ — Le bras droit de la baigneuse est gravé. L'aspect général est plus foncé. **L'État** reproduit. Etat tiré à quelques *essais*, puis, postérieurement, à 20 épreuves, *timbrées* et *numérotées*.

VENTE : A. Beurdeley (1921), essai, 115 fr.

Zinc détruit.

118. — LES QUATRE BAIGNEUSES

(H. 220 millim. L. 179)

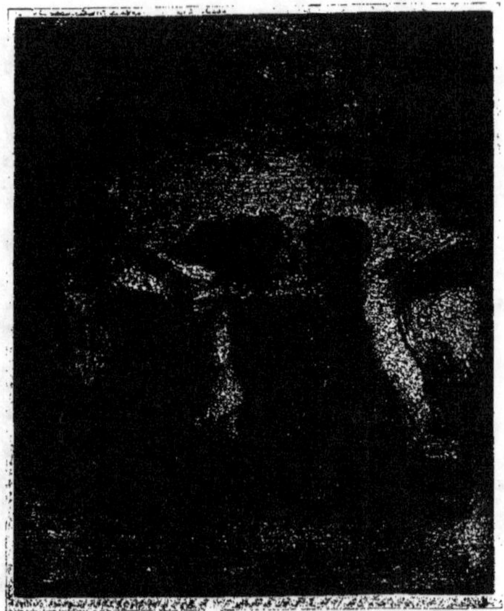

(1895) 2ª *Etat.*

1ᵉʳ Etat. Le zinc, plus grand sur sa hauteur, mesure 249 millim. (au lieu de 220). Fort rare. Deux
épreuves.

2ª — Le zinc est diminué dans le haut, et ne mesure plus que 220 millim. **L'État** reproduit. Etat
tiré à sept épreuves d'*essai*, puis à 25 épreuves, *timbrées* et *numérotées.*

Zinc détruit.

(L. 150 millim. H. 90)

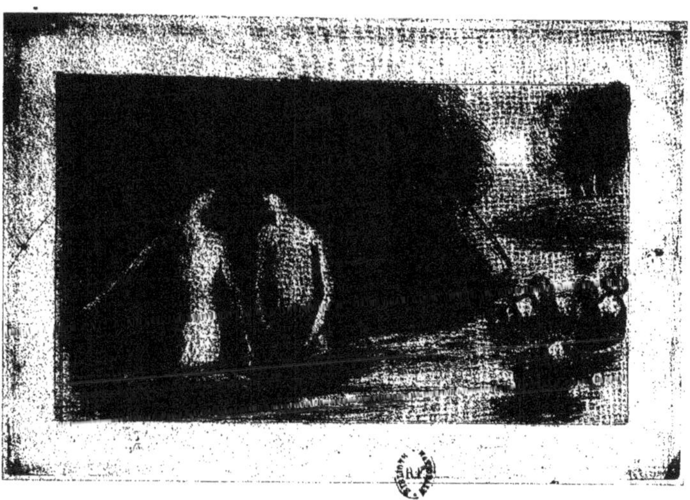

(Vers 1895) *9ᵉ Etat.*

1ᵉʳ Etat. Avant l'ombre portée de la berge du fond, à droite ; la forme de la tête de la baigneuse de gauche est très imparfaitement délimitée ; le modelé des torses des deux baigneuses est violent. Etat tiré à 1 épreuve en 4 couleurs, *annotée* et *numérotée* (1).

2ᵉ — Le modelé des torses des deux baigneuses est atténué, et leurs bras sont mieux indiqués. La forme de la tête de la baigneuse de gauche a été reprise et se silhouette mieux. Quelques légers travaux ont été ajoutés sur la berge du fond, à droite. Etat tiré à 4 épreuves, en couleurs, *annotées* et *numérotées* (1 à 4).

3ᵉ — Les contours des deux baigneuses sont repris et détachent les deux figures du fond. Etat tiré à 1 épreuve en 3 couleurs, *annotée : 3ᵉ* état.

4ᵉ — Avec quelques légères retouches sur les torses des baigneuses. Etat tiré à 1 épreuve en 4 couleurs, *annotée : 4ᵉ* état.

5ᵉ — Avec des retouches dans l'eau, puis sur les canards, qui sont beaucoup plus modelés. Etat tiré à 2 épreuves en 3 couleurs, *annotées : Epreuve d'état 5ᵉ.*

6ᵉ — Avec quelques légères différences. Etat tiré à 2 épreuves en couleurs, *annotées : nᵒ 6 et 6 bis épr. d'art,* et *signées.*

7ᵉ Etat. Encore avec quelques très légères modifications. Etat tiré à 1 épreuve en couleurs, *annotée* : 7ᵉ état.

8ᵉ — Toujours avec quelques très légères modifications, mais inanalysables. Etat tiré à 8 épreuves en couleurs, *annotées* : 8ᵉ état.

9ᵉ — Etat définitif avec d'infimes modifications. Etat tiré à une dizaine d'épreuves en couleurs, *annotées* (une : *9ᵉ état*, les suivantes *Ep. d'art*, nᵒ..., ces dernières *signées*.) **L'État reproduit.** Musée du Luxembourg (nᵒ 9).

Il nous a été impossible de décrire plus clairement les différences caractérisant une partie des états de cette pièce, différences qui résident même le plus souvent dans les changements faits par l'artiste dans la présentation des couleurs, que par l'addition ou la suppression de travaux.

(H. 189 millim. L. 133)

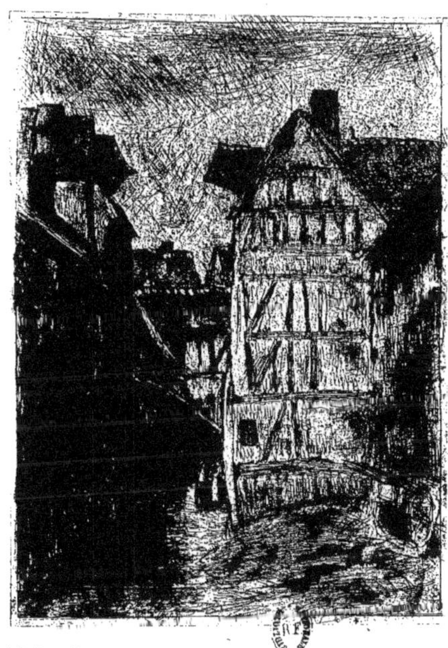

(1896) 7° *Etat.*

1ᵉʳ Etat. Avant un trait échappé oblique dans le haut de la maison contre le trait carré de gauche, et avant le ciel. 1 épreuve annotée : *Etat n° 1 - n° 1*, et *signée.*

2ᵉ — Avec un trait échappé oblique vers le faîte de la maison accotée au trait carré de gauche, mais avant divers travaux et avant le ciel. 1 épreuve annotée : *2° état n° 1*, et *signée.*

3ᵉ — Avec l'addition de tailles verticales et obliques sur les maisons de gauche, dans les parties élevées restées blanches dans les deux précédents états. Le trait échappé est noyé dans ces nouveaux travaux. De plus, les montants en bois du grand pignon sont fort atténués au brunissoir, ainsi que les deux figures qui s'aperçoivent dans l'ombre, à gauche, sur le pas d'une porte. Enfin, quelques travaux ont été ajoutés sur les parties lumineuses du terrain. 1 épreuve annotée : *3° état, n° 1* et *signée.*

4ᵉ — Toutes les maisons ont été baissées de ton, au moyen du grattoir et du brunissoir. Un petit nombre de courtes tailles obliques sont ajoutées à la base de la grande maison à pignon. 1 épreuve annotée : *4° état n° 1*, et *signée.*

5ᵉ État. Avec quelques très légères différences dans l'effet général, inanalysables. 1 épreuve annotée :
        5ᵉ état n° 1, et *signée*.

6ᵉ   —   Avec quelques nouveaux grattages sur les maisons atténuant l'effet, mais encore avant le ciel.
        1 épreuve, annotée : 6ᵉ état n° 1 et *signée*.

7ᵉ   —   Avec le ciel et reprises à la pointe sur diverses parties de la planche. L'État reproduit. État tiré
        à 5 épreuves annotées : *Ep. d'art.*, et *numérotées et signées* (Musée du Luxembourg. n° 5),
        puis, postérieurement, à 12 épreuves, *timbrées* et *numérotées*.

Il existe une lithographie du même motif (voir le n° 173 de notre catalogue).

Zinc détruit.

(H. 226 millim. L. 148)

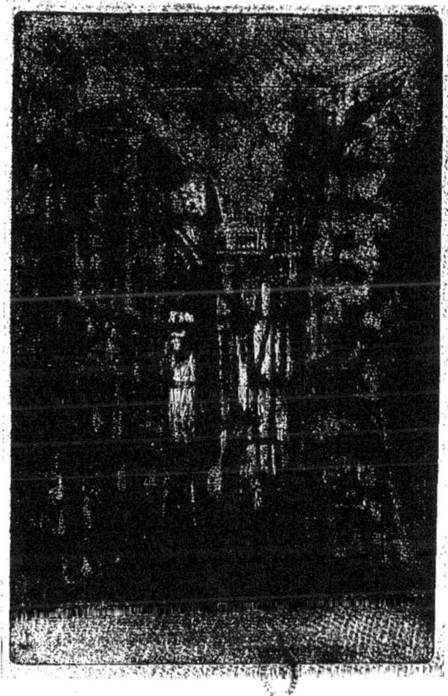

(1896)

Cette piece a été tirée à 2 ou 3 épreuves d'*essai*, annotées : *1er état*, puis, postérieurement, à 6 épreuves, *timbrées* et *numérotées*.

———

C'est une vue, prise *Rue Molière*, à Rouen ; le même motif a été également traduit en lithographie par Camille Pissarro (voir le n° 174 de notre catalogue).

———

Zinc détruit.

122. — PETITE RUE NATIONALE, A ROUEN

(H. plaque 168 millim. L. 130)

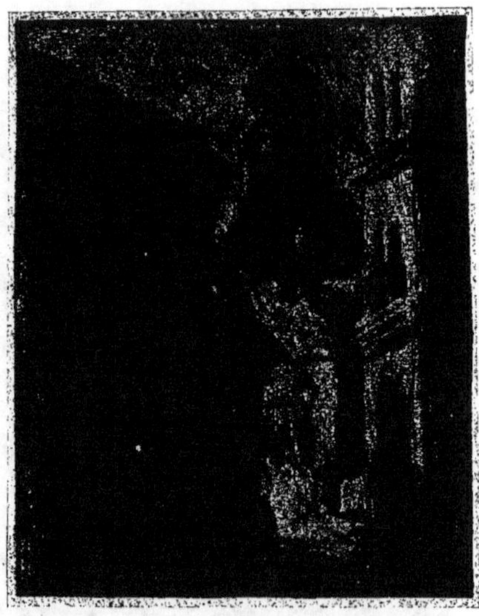

(1896) 3ᵉ *Etat.*

1ᵉʳ État. L'aspect général est très gris. Avant le ciel et avant de nombreux travaux sur l'église et les maisons. Etat annoté : *1ᵉʳ état n° 1.*

2ᵉ — Encore avant le ciel, mais avec de nouveaux travaux sur l'église et les maisons. L'aspect général est encore très gris. Etat annoté : *2ᵉ état n° 1.*

3ᵉ — Avec le ciel et des nouveaux travaux sur diverses parties de la planche, dont l'aspect est noirâtre. Etat tiré à 8 ou 9 épreuves annotées : *épr. défi.*, et *numérotées* et *signées.* (Musée du Luxembourg, n° 2), puis, postérieurement, à 13 épreuves, *timbrées* et *numérotées.*

Zinc détruit.

123. — QUAI DE PARIS, A ROUEN

(H., cuivre, 180 millim. L. 175.)

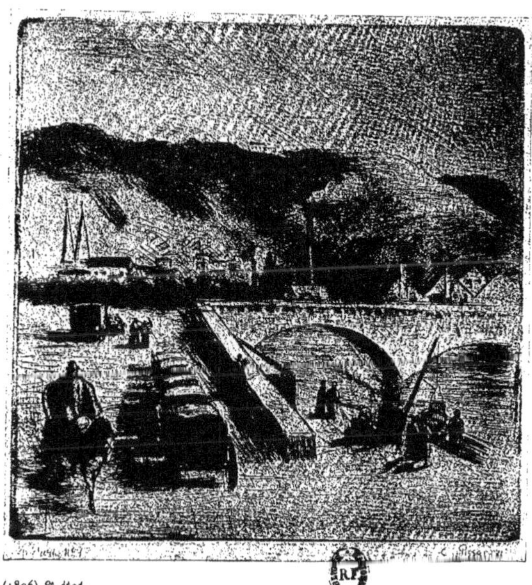

(1896) *8ᵉ état.*

1ᵉʳ Etat. Au ciel blanc ; avant de nombreux travaux sur les collines du fond, avant l'indication de l'eau sous les arches, etc. Etat tiré à 1 épreuve annotée : *1ᵉʳ Etat nᵒ 1* et *signée.*

2ᵉ — Encore avant de nombreux travaux. Les tailles obliques sur la colline qui atteignaient le double clocher qu'on voit à gauche, sont en partie effacées au brunissoir. On en aperçoit les traces. L'ombre portée de la voiture qu'on aperçoit vers le fond est effacée également en partie. Etat tiré à 1 épreuve, annotée : *2ᵉ état nᵒ 1* et *signée.*

3ᵉ — Avec de nombreux travaux ajoutés sur les collines du fond, ainsi que dans l'eau. Les ombres portées des fiacres en station, sont renforcées. Avec quelques travaux autour de la voiture qui s'avance au 1ᵉʳ plan à gauche, notamment avec une demi-douzaine de traits obliques derrière le cocher, etc. Etat tiré à 1 épreuve, annotée : *3ᵉ état nᵒ 1* et *signée.*

4ᵉ — Les traits obliques derrière le cocher sont effacés ; la fumée de la grande cheminée est éclaircie. Toujours au ciel blanc. Etat tiré à une épreuve, annotée : *4ᵉ état nᵒ 1* et *signée.*

5e Etat. Avec une légère indication de ciel, plus spécialement sur la gauche. La voiture du 1er plan, à gauche, le cocher et le cheval sont repris, et les contours plus nettement accusés. Etat tiré à 3 épreuves, annotées : *5e* et *signées*.

6e — Les travaux sur les collines du fond ont été très baissés de ton et forment une tonalité générale grisâtre. Etat tiré à 1 épreuve, annotée : *6e n° 1* et *signée*.

7e — Un certain nombre de traits horizontaux sont ajoutés sur le terrain à gauche, autour du fiacre qui s'avance vers le spectateur ; quelques tailles obliques sont également ajoutées au-dessus des maisons qu'on aperçoit derrière l'église. Les ombres portées des figures sur le quai sont renforcées. Etat tiré à 1 épreuve, annotée : *7e état n° 1* et *signée*.

8e — Avec quelques nouvelles tailles obliques dans le ciel, vers la droite. La jambe d'avant du cheval qui n'était pas terminée, est maintenant précisée. Enfin, quelques personnages sont indiqués entre la voiture du fond à gauche et un couple s'éloignant. Etat tiré à 3 ou 4 épreuves, annotées : *Ep. d'art n° 1*, puis, postérieurement, à 13 épreuves, *timbrées* et *numérotées*. **L'Etat** reproduit.

Camille Pissarro a exécuté une lithographie du même motif, que nous cataloguons ci-après, sous le n° 170, avec la dénomination donnée par l'artiste : **Pont Corneille à Rouen**.

Cuivre détruit.

124. — FANEUSES D'ÉRAGNY

(H. 201 millim. L. 151)

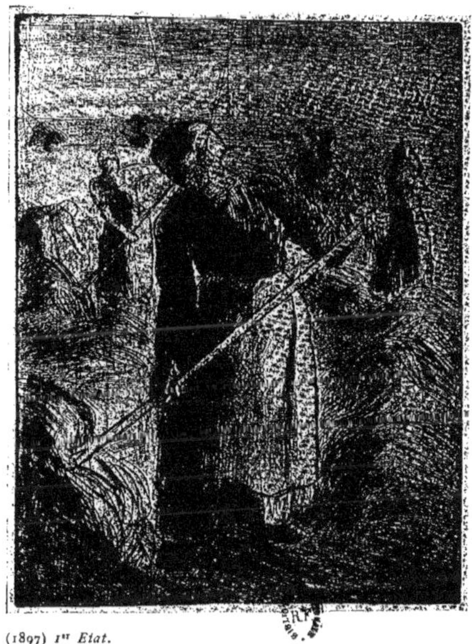

(1897) *1ᵉʳ État.*

1ᵉʳ Etát.   Avant divers travaux, notamment avant l'indication des nuages dans le ciel ; la faneuse du
1ᵉʳ plan a les cheveux *blancs* au-dessus et derrière l'oreille. L'État reproduit. État tiré à
2 épreuves, *signées* et *numérotées*.

2ᵉ   —   Encore avant les nuages, mais avec un certain nombre de traits obliques ombrant la chevelure
de la femme du 1ᵉʳ plan, au-dessus et derrière son oreille. État tiré à 2 épreuves.

3ᵉ   —   Avec l'indication de quelques petits nuages dans le ciel; plusieurs des contours des figures, ont
été repris et accentués ; de nouveaux traits obliques ont été ajoutés sur les vêtements de la
femme du 1ᵉʳ plan et celle du second plan à gauche tenant une fourche. Il a été tiré de cet
état, outre 3 ou 4 épreuves d'essai, une quinzaine d'épreuves d'artiste, avant la publication de
cette planche dans *Art et Nature*, par L. Roger Milès, 1897. Musée du Luxembourg (n° 8).
MM. C.-B. Eddy, A. Teissier.

VENTE : Anonyme, 24 février 1922 (n° 13), 80 fr.

Le zinc existe.

125. — COUPLE DE PAYSANS

(H. 120 millim. L. 81)

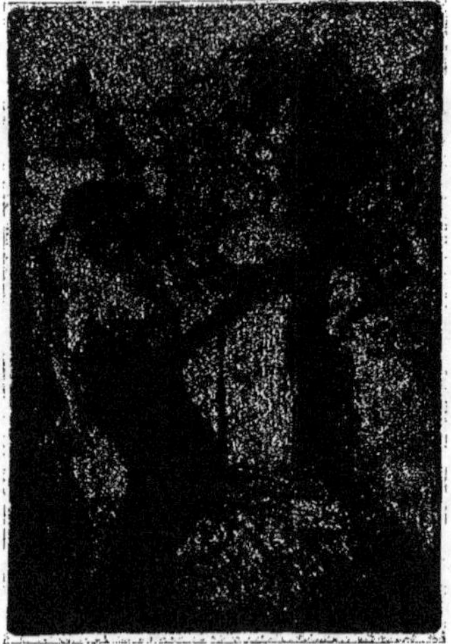

(Vers 1899).

Cette pièce a été tirée à une quinzaine d'épreuves, dont 6 *numérotées*.

Zinc détruit.

126. — PAYSANS PORTANT DU FOIN

(H. 119 millim. L. 81)

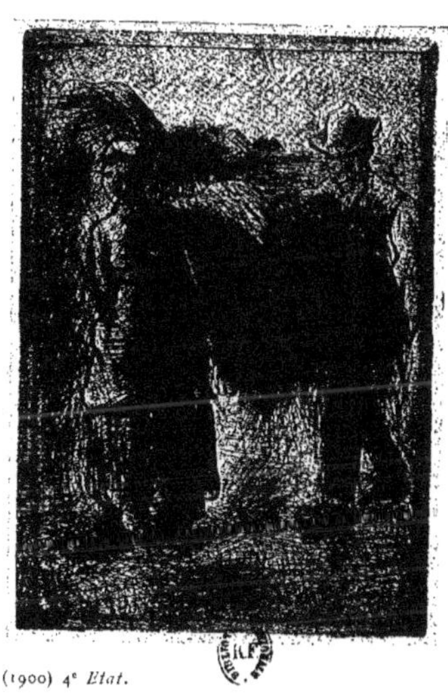

(1900) 4ᵉ *Etat*.

1ᵉʳ Etat. Au trait. Avant les indications d'ombres et de demi-teintes. Etat tiré à une ou deux épreuves.

2ᵉ — Avec de nombreux travaux indiquant les ombres et les demi-teintes, mais avant diverses retouches. Une épreuve (numérotée 2).

3ᵉ — Le bras gauche de la paysanne est fortement accentué. (Deux épreuves numérotées 3 et 3 *bis*.)

4ᵉ — Avec d'assez nombreuses reprises à la pointe sèche ; le terrain est plus ombré, et le visage de l'homme est éclairci. **L'État reproduit.** Etat *annoté* par l'artiste : *2ᵉ état nᵒ 1.*

5ᵉ — Un grattage dessine une ligne lumineuse le long du bras gauche de la paysanne. Etat *annoté* par l'artiste : *3ᵉ état nᵒ 1.*

6ᵉ — Avec de nouveaux travaux sur la meule de foin couvrant un blanc laissé dans l'état précédent, le long de l'épaule et d'une partie du bras droit de la paysanne. Etat *annoté* par l'artiste : *4ᵉ état.* Deux ou trois épreuves.

7ᵉ — Avec quelques nettoyages dans les figures, notamment sur le nez de la paysanne qui est éclairci. Etat tiré à quelques épreuves d'*essai*, annotées par l'artiste . *5ᵉ état*, puis à plusieurs épreuves d'artiste, avant la publication de la planche dans le 6ᵉ volume de la *Vie artistique*, par Gustave Geffroy, H. Floury, 1900. L'édition de luxe contient cette pièce en triple exemplaire : en noir, en bistre et en vert. Collections de MM. Campbell Dodgson, C.-B. Eddy, P. Gachat,

(H. cuivre 268 millim. L. 221)

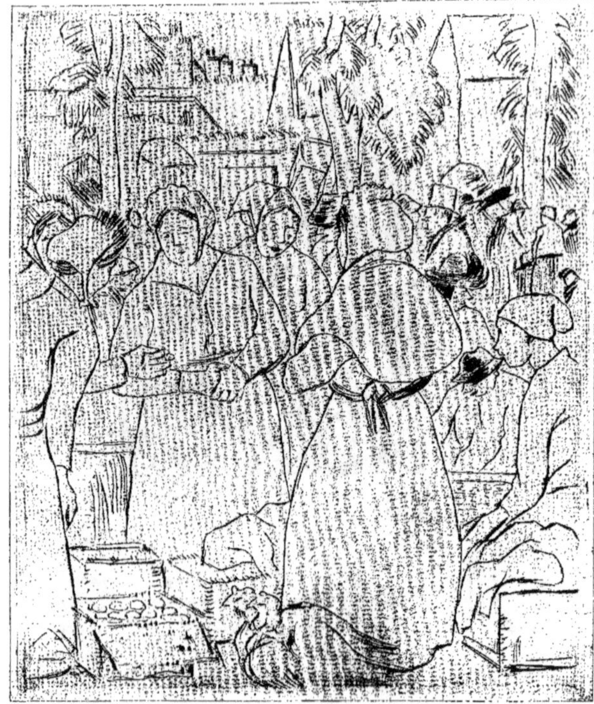

(1902).

Cette pièce restée inachevée a été mordue, après la mort de l'artiste, et tirée seulement à 12 épreuves *timbrées* et *numérotées*.

LITHOGRAPHIES

L. 280 millim. H. 210)

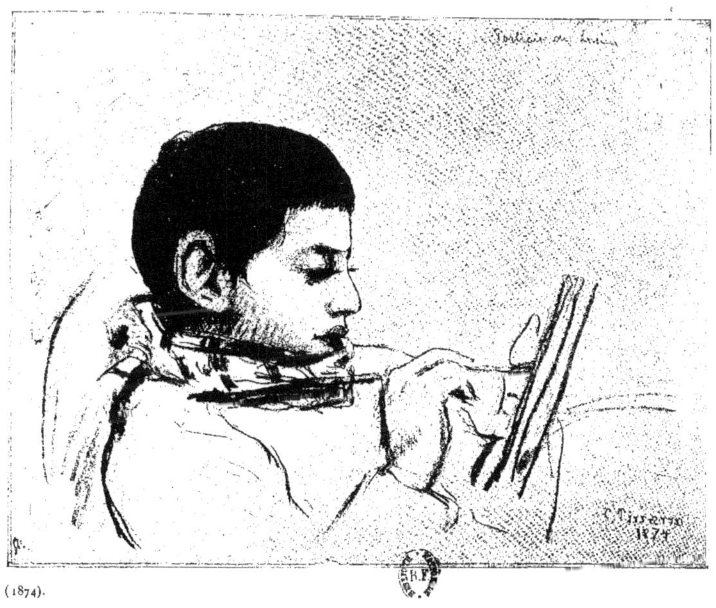

(1874).

Lithographie exécutée sur papier à report. Nous n'en connaissons que 4 épreuves.

———————

Bibliothèque publique de New-York.

———————

Pierre égarée.

129. — ENFANT MORT

(L. 275 millim. H. 215)

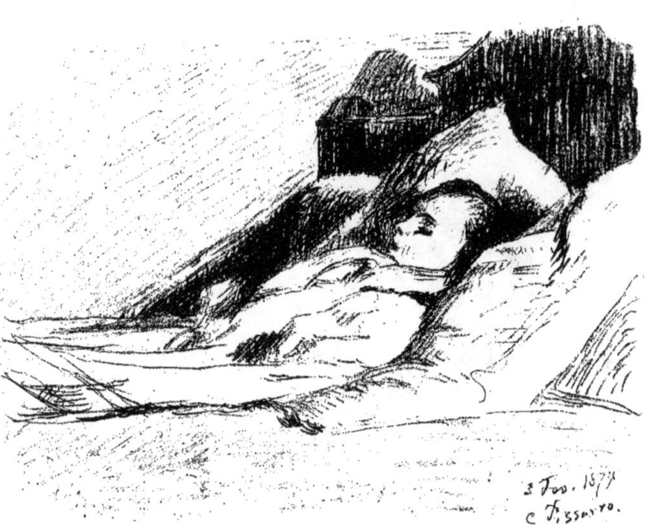

(1874).

Nous ne connaissons que quatre épreuves de cette lithographie exécutée sur papier à report.

———

Collection de Mme veuve Lebœuf.

———

Pierre égarée.

130. — UNE RUE AUX PATIS, PONTOISE
(H. 265 millim. L. 220)

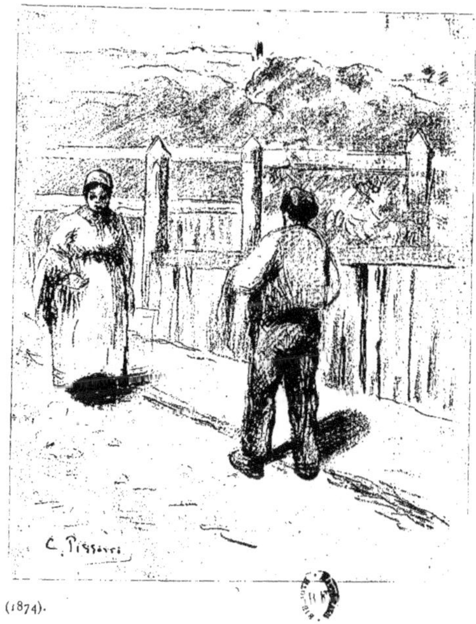

(1874).

Nous ne connaissons que quatre épreuves de cette lithographie, exécutée au crayon sur papier à report ; l'une d'elles fait partie de la collection de M. Paul Gachet, une autre se trouve à la Bibliothèque publique de New-York.

Pierre égarée.

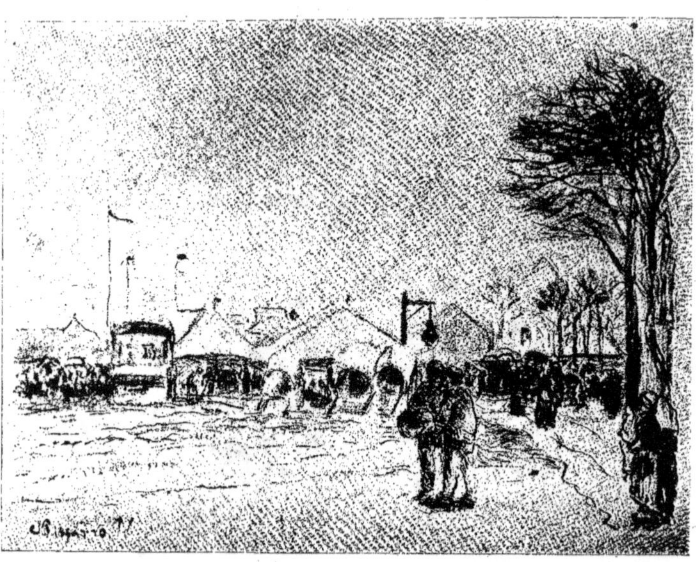

(1874).

Lithographie exécutée sur papier à report. Il n'a été tiré de cette pièce que l'épreuve reproduite ci-dessus et qui est *annotée* au crayon, par l'artiste, en marge : *épreuve unique C. P.*

Cette pièce présente une grande analogie avec les premiers états de la planche figurant sous le n° 21 de notre catalogue.

Pierre égarée.

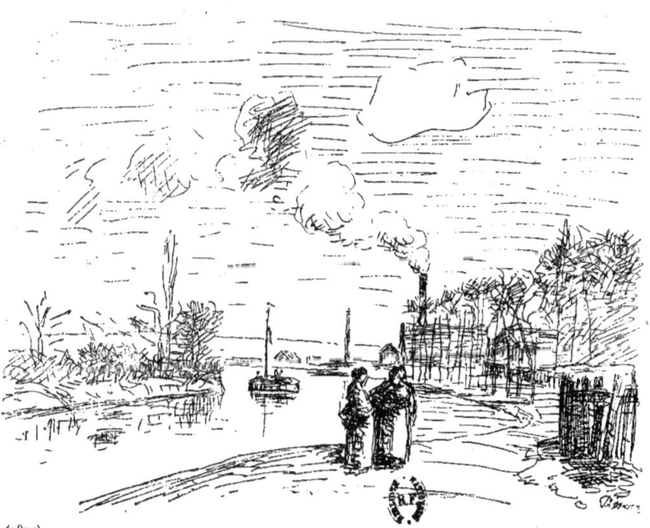

(1874)

Nous ne connaissons qu'un exemplaire de cette lithographie exécutée à la plume sur papier à report.

Pierre égarée.

133. — MAISON A L'HERMITAGE

(L. 185 millim. H. 210)

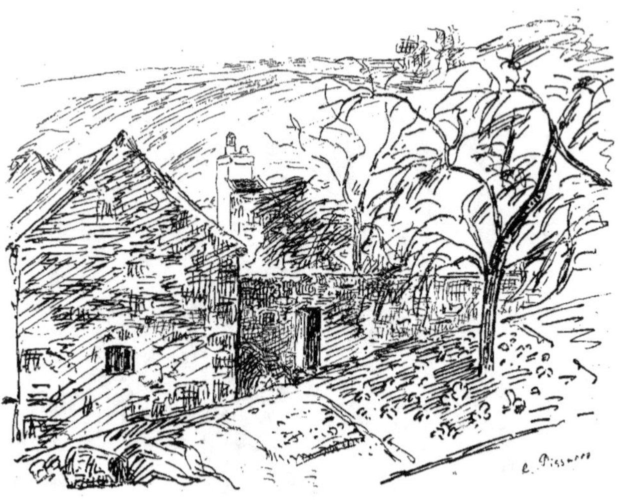

(Vers 1874).

Lithographie exécutée à la plume, sur papier à report. Nous n'en connaissons qu'une épreuve.

———

Cette lithographie est le même motif qu'une peinture de C. Pissarro : **L'Hiver** à **Auvers,** passée à la vente de Mme L. Ferrey (18 avril 1921), puis à celle du comte de X. (6 avril 1922).

———

Pierre égarée.

(L. 292 millim. H. 215)

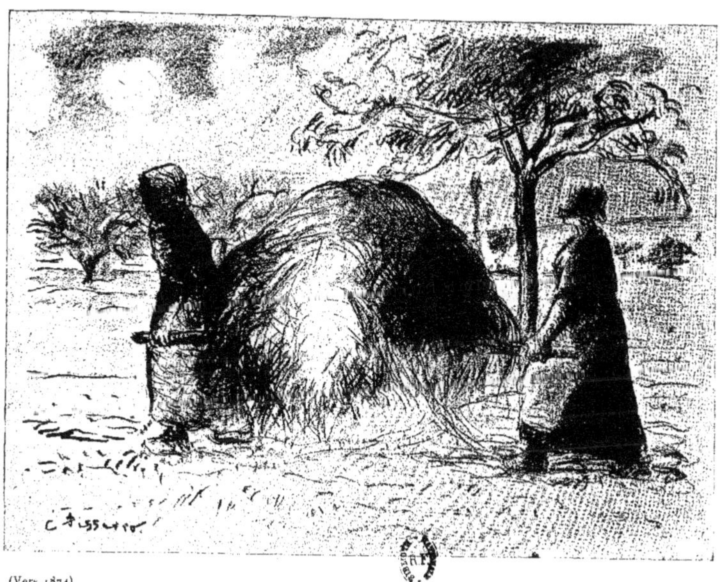

(Vers 1874).

Lithographie exécutée sur papier à report. Nous n'en connaissons que 4 épreuves.

———————

Bibliothèque publique de New-York, M. Paul Gachet.

———————

Pierre égarée.

135. — FEMME ET ENFANT DANS LES CHAMPS

(L. 192 millim. H. 139)

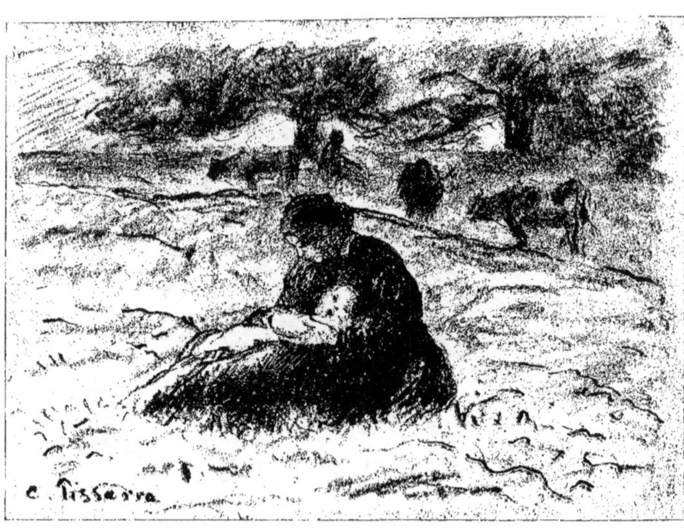

(Vers 1874).

Lithographie exécutée sur papier à report. Nous n'en connaissons que 7 ou 8 épreuves.

———

Bibliothèque publique de New-York, Mme Lebœuf, M. Paul Gachet.

———

Pierre égarée.

(H. 199 millim. L. 194)

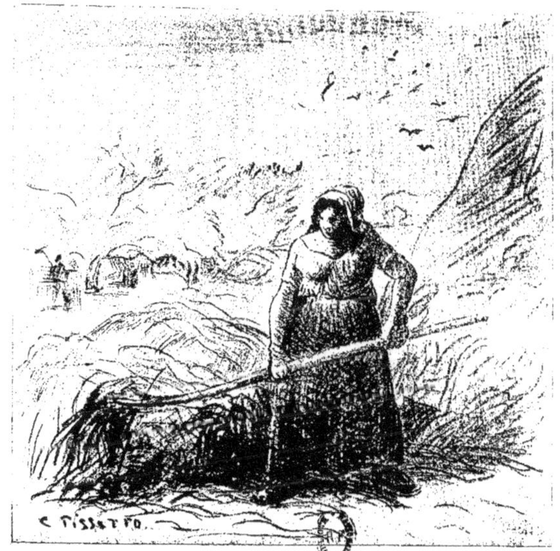

(Vers 1874).

Fort rare.

Nous ne connaissons qu'une épreuve de cette lithographie, exécutée au crayon sur papier à report.

Pierre égarée.

(H. 265 millim. L. 210)

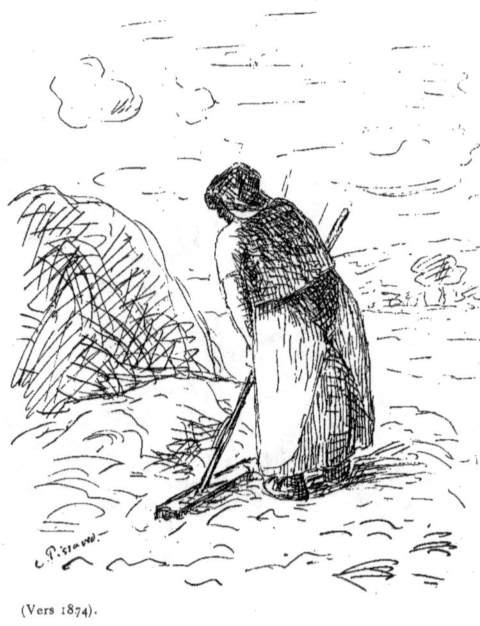

(Vers 1874).

Fort rare.

Nous ne connaissons qu'une épreuve de cette lithographie à la plume, exécutée sur papier à report.

Pierre égarée.

(H. 272 millim. L. 242)

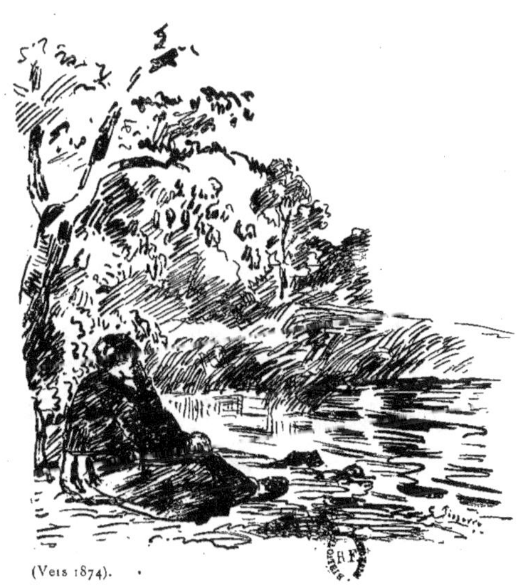

(Vers 1874).

Lithographie a la plume sur papier à report. Nous ne connaissons que deux épreuves de cette pièce.

Pierre égarée.

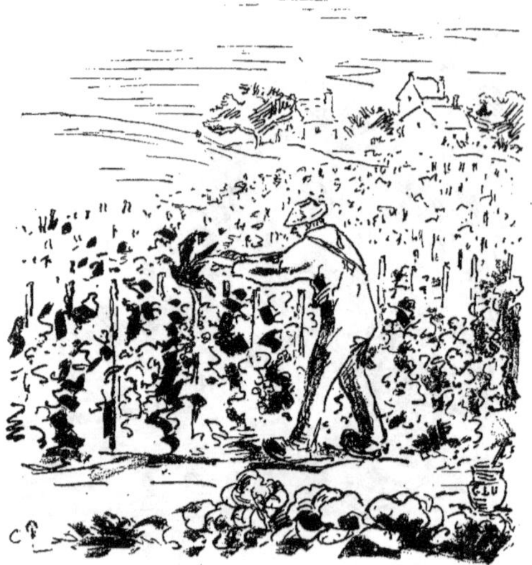

(Vers 1874).

Fort rare.

    Cette lithographie, exécutée à la plume et au lavis sur papier à report, devait servir de couverture à une chanson de Cabaner, intitulée : la *Glu*. Malgré toutes nos recherches, nous n'avons pu trouver aucun exemplaire de ce titre de romance avec le texte.

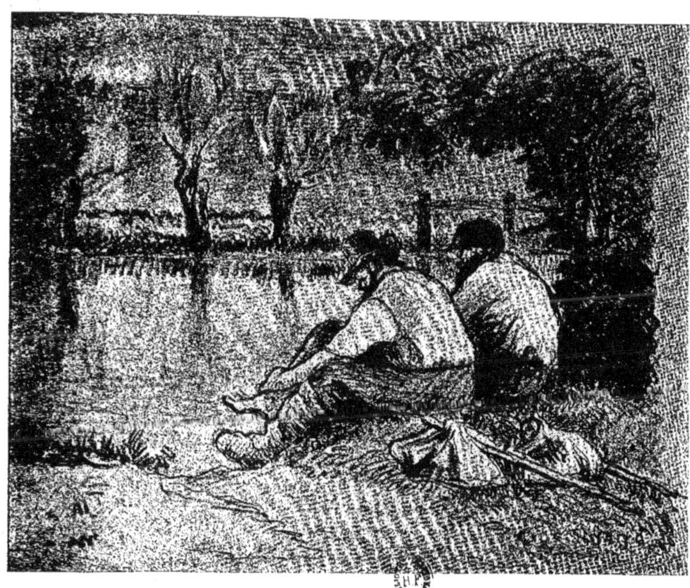

(Vers 1894).

Lithographie exécutée sur papier à report, tirée d'abord à deux épreuves dites d'état, *annotées*, non signées, puis à 4 épreuves définitives, *numérotées* (la 4ᵉ *signée*), enfin, à 12 épreuves *timbrées* et *numérotées*.

Collections de MM. Rousseau, Tailliardat (n° 4).

VENTE : Anonyme (24 février 1922) n° 1, 202 fr.

Cette lithographie n'a pas été publiée par les *Temps nouveaux*, comme l'indique par erreur Th. Duret dans son *Histoire des Peintres Impressionnistes*.

Zinc détruit.

141. — FAUCHEUR

L. 330 millim. H. 250)

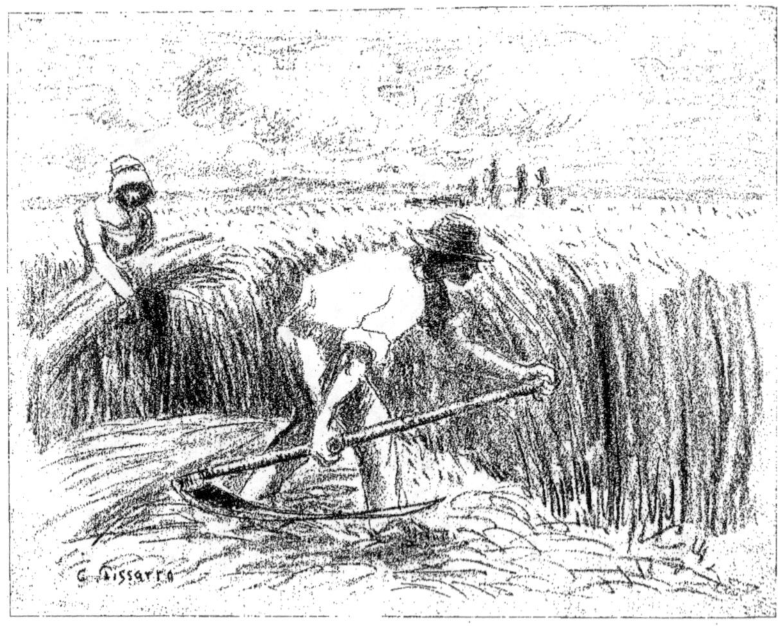

(Vers 1894).

Lithographie exécutée sur papier à report, tirée à 5 épreuves, *numérotées* (1 à 5), la plupart non signées, puis, postérieurement, à 6 épreuves *timbrées* et *numérotées*.

Collections de MM. Tailliardat (n° 5), A. Teissier (n° 2).

Zinc détruit.

142. — BAIGNEUSES A L'OMBRE DES BERGES BOISÉES

(L. 216 millim. H. 152)

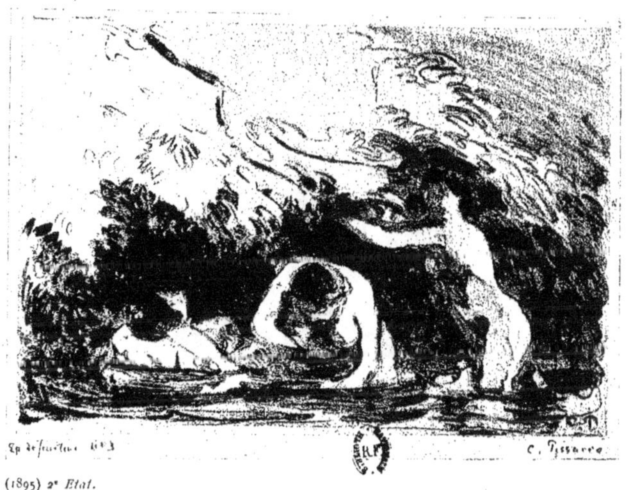

(1895) 2ᵉ *Etat.*

1ᵉʳ Etat.   Le bras de la baigneuse de droite est moins délimité. Etat tiré à 14 épreuves sur papier de Chine
fixé, non signées (sauf une), mais *numérotées*

2ᵉ   —   Le bras étendu de la baigneuse de droite, est délimité par un ton de lavis. L'État reproduit. Etat
tiré d'abord à quelques épreuves d'*essai*, puis à 100 exemplaires pour l'**Estampe Originale** (fascicule de mars 1895), enfin à 12 épreuves après ce tirage, *numérotées* de 101 à 112. Bibliothèque de l'Université, Paris, British Museum, Kupferstiche Kabinet, Berlin, Kupferstiche
Kabinet Dresde, Musée des Beaux-Arts, Budapest, Metropolitan Museum of Art. New-York,
Albertina Museum (anciennement Hofbibliothek, Vienne), MM. F.-E. Bliss, C.-B. Eddy.

VENTES : Anonyme (27 mars 1914), 42 fr.; Anonyme (24-25 juin 1921), 80 fr. ; Sarah Bernhardt (1923),
150 fr.

Zinc détruit.

143. — GRAND'MÈRE (LA FEMME DE L'ARTISTE)

(H. 150 millim. L. 112)

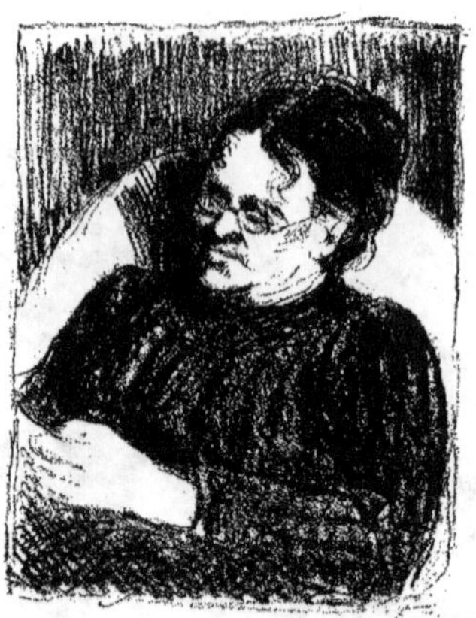

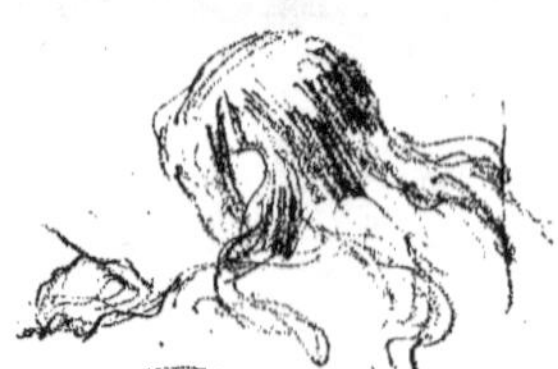

(Vers 1895).

Lithographie tirée à 10 épreuves soit sur papier blanc, soit sur papier de Chine, *numérotées*, la plupart *signées*.

———————

Collection de M. Tailliardat (n° 10).

———————

Zinc détruit.

144. — PORTRAIT DE JEANNE PISSARRO

(H. 275 millim. L. 250)

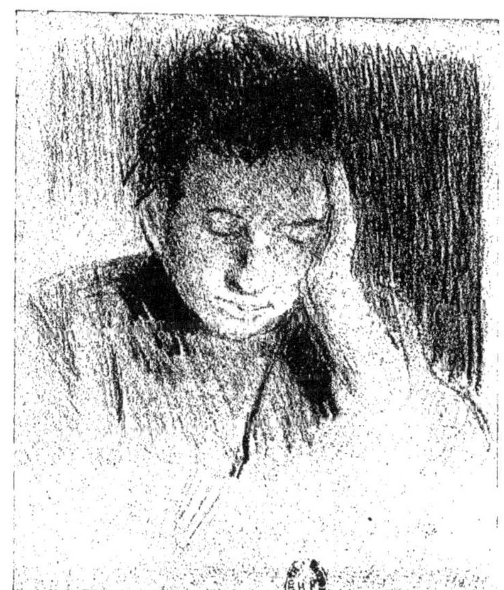

(Vers 1895).

Nous ne connaissons que deux épreuves de cette lithographie.

———

Mlle Jeanne Pissarro, fille de Camille Pissarro, est aujourd'hui Mme Alexandre Bonin.

———

Pierre égarée.

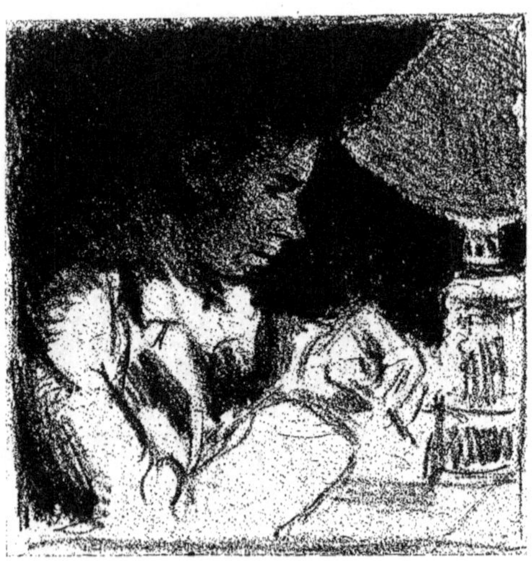

(Vers 1895).

Il a été tiré de cette pièce, en dehors de 2 ou 3 essais, 12 épreuves *timbrées* et *numérotées* (6 avec le n° 146 de notre cat.).

Ce portrait de Ludovic Rodolphe Pissarro, né à Paris le 21 novembre 1878, peintre et graveur sous le pseudonyme de Ludovic Rodo, a été exécuté sur le même zinc que celui de Paul-Emile, son frère (n° 146 de notre catalogue). Ajoutons que L.-R. Pissarro a assisté son père dans le tirage des eaux-fortes et spécialement pour les eaux-fortes en couleurs.

Zinc détruit.

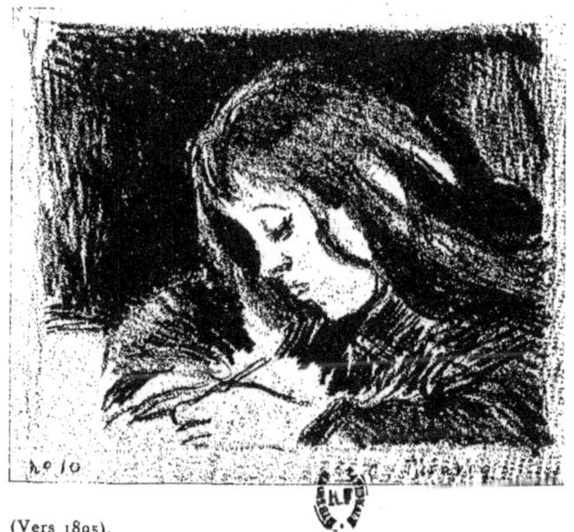

(Vers 1895).

Lithographie tirée à 11 épreuves sur papier blanc ou sur papier de Chine, *signées* et *numérotées* (1 à 11), puis, postérieurement, à 12 épreuves, dont 6 avec le portrait de Rodolphe Pissarro, tiré sur la même feuille.

Collections de Mme Veuve Lebœuf, MM. C.-B. Eddy, G. Lecomte, O. Reinhart, Rousseau, Tailliardat (n° 11), Teissier (n° 4).

VENTE : Anonyme, 24 février 1922, 165 fr.

Ce portrait a été exécuté sur le même zinc que le *Jeune Homme écrivant* (n° 145 de notre catalogue).

Paul-Émile Pissarro, peintre et graveur, est né à Eragny (Oise), le 22 août 1884.

Zinc détruit.

(H. 308 millim. L. 227)

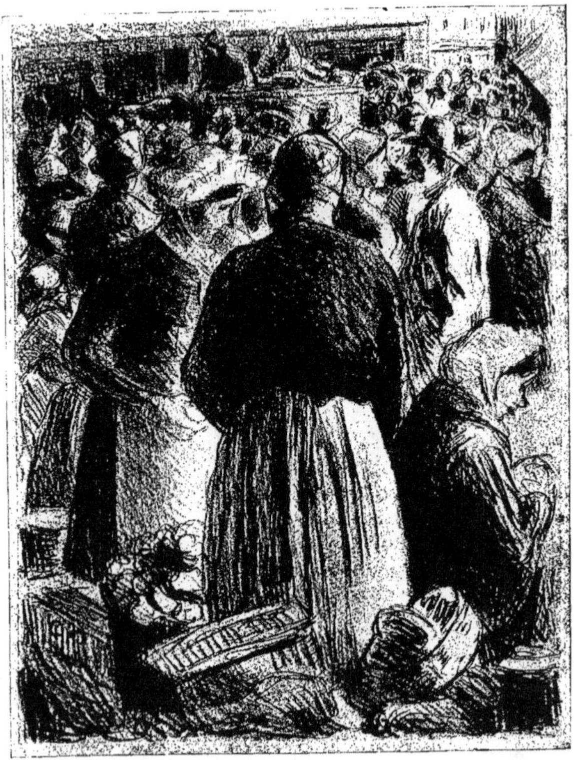

(Vers 1895) *1er État.*

1er État. Avant que le corsage et la jupe de la paysanne vue de dos, au 1er plan, n'aient été renforcés. L'État reproduit. État annoté : *1er état* et tiré à 13 épreuves, *numérotées* (1 à 13).

2e — Le corsage et la jupe de la paysanne de dos, au 1er plan, sont renforcés au lavis lithographique; mais avant de nombreuses autres additions. État annoté : *2e état* et tiré à 12 épreuves, *numérotées* (1 à 12).

3e — Avec de très nombreuses additions au lavis lithographique sur diverses parties de la planche. Le contour du bonnet de la paysanne du 1er plan est modifié sur la nuque. Le corsage de la paysanne vue de profil à gauche est également modifié et éclairci sur le devant de la poitrine, etc. État tiré à 2 épreuves annotées : *3e état n° 1 et 2*, puis à 18 épreuves annotées : *ép. déf.* et *numérotées* (3 à 20). Musée des Beaux-Arts, Budapest. MM. Tailliardat (n° 14), A. Teissier, enfin, postérieurement, à 6 épreuves, *timbrées* et *numérotées*.

Zinc détruit.

(L. 237 millim. H. 142)

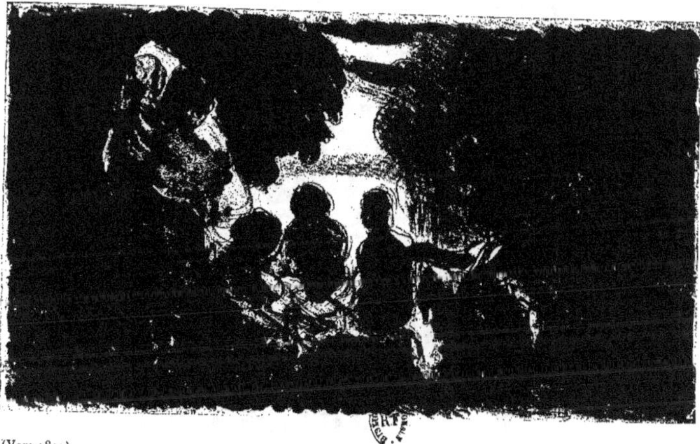

(Vers 1895).

Lithographie (crayon et lavis), tirée à quelques épreuves seulement ; nous n'en connaissons que 5 ou 6 épreuves, dont une fait partie des collections du British Museum.

Zinc égaré.

(H. 243 millim. L. 167)

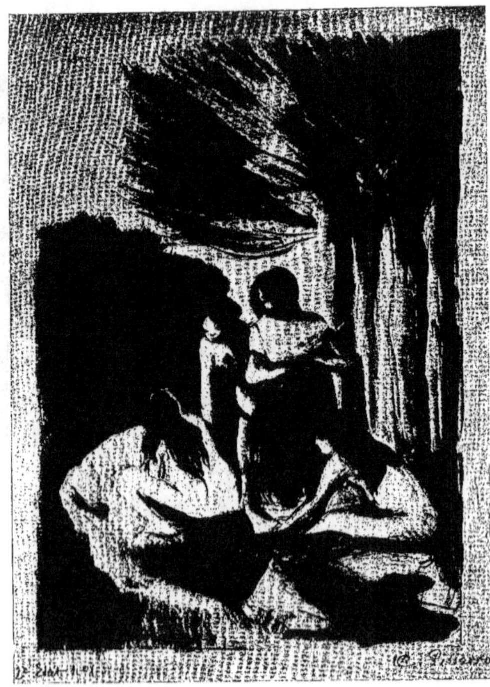

(Vers 1895) 2ª *État.*

1ᵉʳ Etat. Avant divers grattages sur plusieurs parties de la planche ; les masses d'ombres sont beaucoup plus noires. Nous n'en connaissons qu'une épreuve, *signée, annotée* et *numérotée* (1).

2ᵉ   —   Avec des grattages sur les figures, dans le feuillage des saules et sur le terrain, atténuant l'opacité des masses d'ombres. L'Etat reproduit. Nous ne connaissons qu'une épreuve de cet état *signée, annotée* et *numérotée* (1).

Zinc égaré.

150. — BAIGNEUSE, LE SOIR

(L. 163 millim. H. 133)

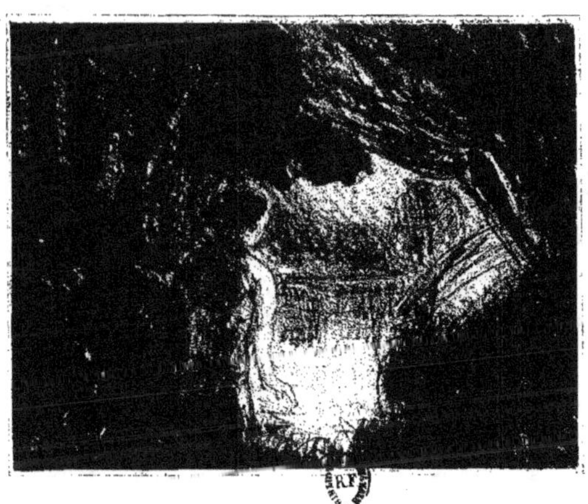

(Vers 1895).

Lithographie tirée à une quinzaine d'épreuves sur papier blanc ou sur chine monté ; quelques-unes seulement ont été *numérotées* et *signées*.

British Museum (n° 1), MM. F.-E. Bliss (n° 8), Tailliardat, A. Teissier (n° 4).

VENTE : Anonyme (27 mars 1914), 60 fr.

Bine détruit.

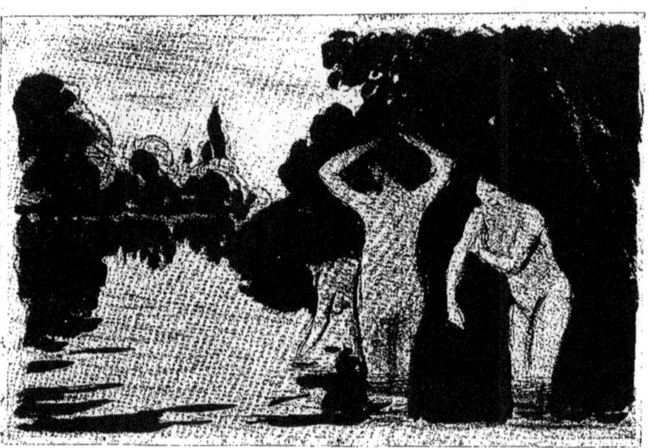

151. — BAIGNEUSES (LE JOUR)

(L. 202 millim. H. 132)

(Vers 1895).

Cette lithographie, exécutée sur zinc et tirée à 2 ou 3 *essais*, puis à 20 épreuves sur papier de Chine fixé ou sur Ingres de couleur remonté, *numérotées* et *signées*, a été reproduite dans le *Graphischen Kunste*, de Vienne (tome 31, année 1908).

Collections de MM. F.-E. Bliss, C.-B. Eddy, O. Reinhart (n° 13), Tailliardat (n° 14), Th. van Rysselberghe.

VENTES : Anonyme (11-12 mai 1914), n° 6, 72 fr.; Anonyme (13 février 1920), n° 6, 42 fr.; Anonyme (24 février 1922), n° 13, 145 fr.

Zinc détruit.

<h1 style="text-align:center">152. — PAYSANNES PORTANT DES FAGOTS</h1>

(L. 284 millim. H. 210)

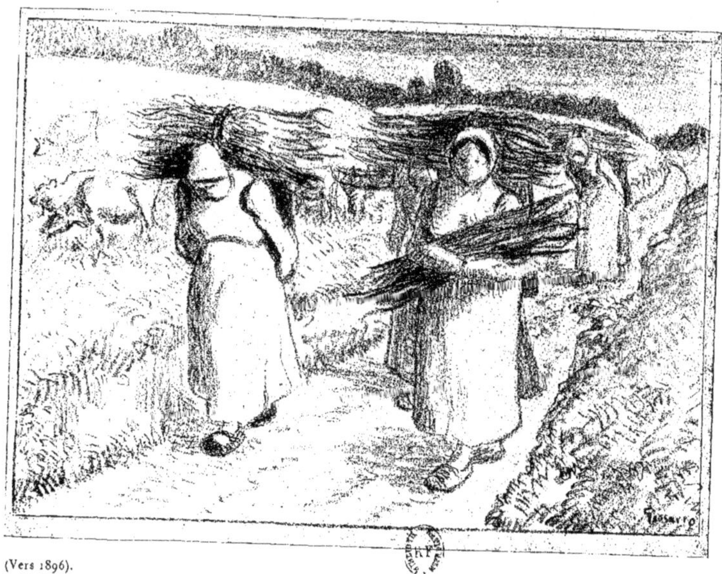

(Vers 1896).

Lithographie exécutée au crayon sur papier à report, et tirée à 5 ou 6 épreuves, *numérotées*, puis, postérieurement, à 18 épreuves *timbrées* et *numérotées*; c'est la *première pensée* de la pièce cataloguée ci-après.

———

Collections de MM. A. Ragault, Tailliardat (n° 5) et épreuve d'essai.

———

Zinc détruit.

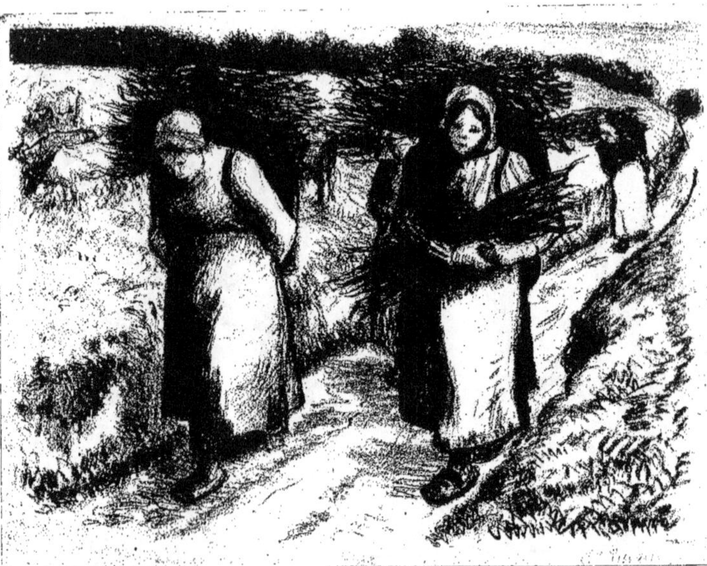

(1896).

Lithographie publiée par **Les Temps nouveaux**, avec un tirage de luxe de 20 exemplaires sur papier de Chine.

Il a été tiré, précédemment à cette édition, plusieurs épreuves dites d'*état* ou d'*artiste*, au nombre de sept, puis 24 *épreuves de choix*, numérotées de 1 à 24 (6 sur hollande, 6 sur chine et 12 sur Ingres, et *signées* à partir de l'épreuve nº 13).

———————

Kupferstiche Kabinet, Berlin, Mme Veuve Lebœuf, MM. C.-B. Eddy, Dr Mac Nish, Tailliardat, A. Teissier, G. Teyssier.

———————

VENTES : Anonyme (2-3 juin 1919), en bistre, 32 fr.; Anonyme (21 nov. 1921), sous le titre : *les Bûche-ronnes*, 120 fr.

———————

M. Georges Teyssier possède un dessin, encre de Chine et gouache, première pensée pour les Porteuses de fagots.

———————

Le zinc existe.

154. — LES TRIMARDEURS

(L. 302 millim. H. 250)

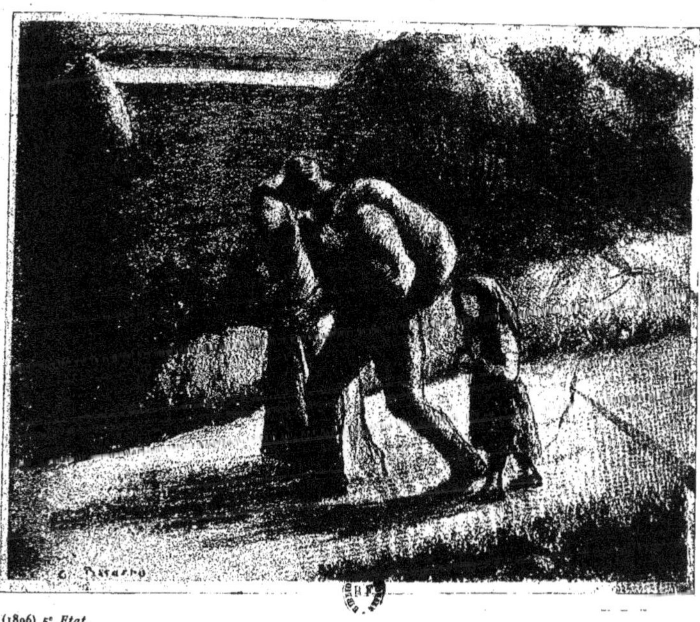

(1896) 5° *Etat.*

1er Etat. Avant la signature et avant que la bande de ciel n'ait été prolongée à la gauche de la meule ; avant l'ombre portée des arbres sur la gauche, avant des travaux au grattoir sur le pantalon et le chapeau de l'homme, etc. Etat tiré à 2 épreuves annotées : *Épr. d'essai, numérotées* (1 et 2) et *signées.*

2° — Encore avant la signature et avant que la bande de ciel n'ait été prolongée, et avant les travaux au grattoir sur l'homme ; mais avec l'ombre portée des arbres à gauche, sur le terrain ; de plus, la meule est agrandie et ses contours mieux définis. Le bâton de l'homme est *noir.* Quelques traits sont ajoutés sur le bras de la fillette, etc. Etat tiré à 2 épreuves annotées : *Etat* et *numérotées* (5 et 6) et *signées.*

3° — Avec de nombreux grattages sur les trois figures. Avec la *grande* signature au B. à G. Etat tiré à une épreuve annotée : *n° 8, Épr. d'essai* et *signée.*

4° — Toujours avant que la bande de ciel n'ait été prolongée ; encore avec la grande signature ; avec des travaux au grattoir sur le chapeau et le pantalon de l'homme, et de nouveaux travaux accentuant les noirs. Egalement avec des traces de grattoir sur la chevelure et la robe de l'enfant pour en atténuer les valeurs. Le bâton de l'homme, noir dans les trois états précédents, est éclairci. Etat tiré à 2 ou 3 épreuves annotées : *épr. d'essai* et *numérotées* (3 et 4) et *signées.*

5' État. La bande de ciel est prolongée à gauche, au delà de la meule. Le visage de la femme est légèrement modifié. Des travaux sont ajoutés sur le terrain, à gauche. La signature est retranscrite
légèrement plus bas et en plus petits caractères, etc. **L'État reproduit.** État tiré d'abord à une
épreuve annotée : *épr. d'essai, numérotée* (7) et *signée*, puis à 13 épreuves annotées : *Épr.
défini n°* *tirée à part*, sur divers papiers Ingres de couleurs.

VENTES : Alf. Bourdeley (1921), avec les *Porteuses de fagots*, 155 fr.: Anonyme (25 novembre 1921),
sous le titre : *les Errants*, 120 fr.

Cette pièce, également connue sous les titres suivants : les **Miséreux** ou les **Errants**, a été publiée
par les **Temps nouveaux**.

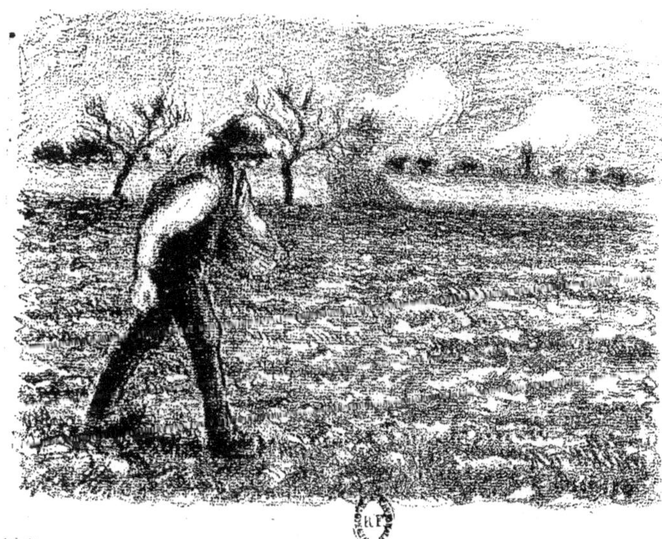

(1806)

Lithographie sur zinc tirée à une dizaine d'épreuves, *numérotées*, puis « 18 épreuves *timbrées et numérotées*.

Collections de MM. Parizot, Tailliardat (n° 5).

VENTE : Anonyme. 24 février 1922, n° 1. 290 fr.

Zinc détruit.

(H. 170 millim. L. 147)

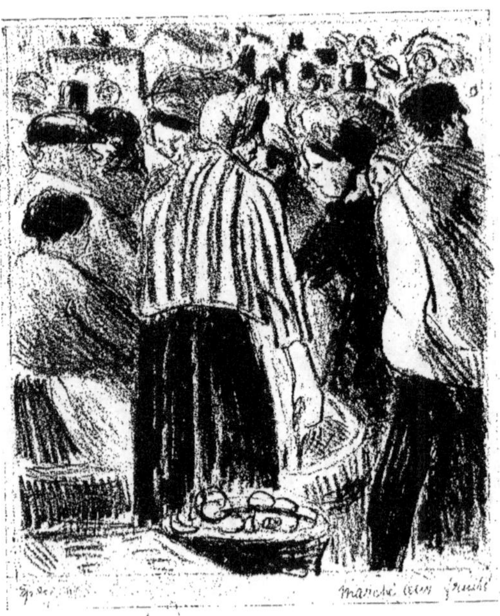

(Vers 1896).

Lithographie tirée à 8 épreuves, *numérotées* (dont 3 signées), puis, postérieurement, à 6 épreuves *timbrées* et *numérotées*.

———

Collections de MM. M. Luce, A. Teissier (n° 6).

———

Zinc détruit.

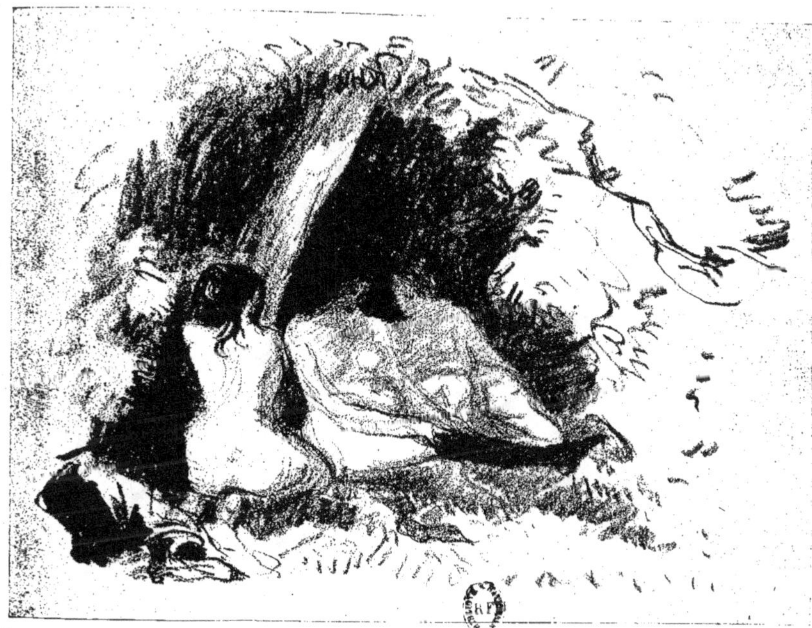

(Vers 1896).

Lithographie sur zinc, tirée à quelques épreuves *d'essai*, puis à 18 épreuves *timbrées* et *numérotées*.

Collections de MM. Tailliardat (nº 5), A. Teissier.

Zinc détruit.

158. — BAIGNEUSE PRÈS D'UN BOIS

(H. 207 millim. L. 125)

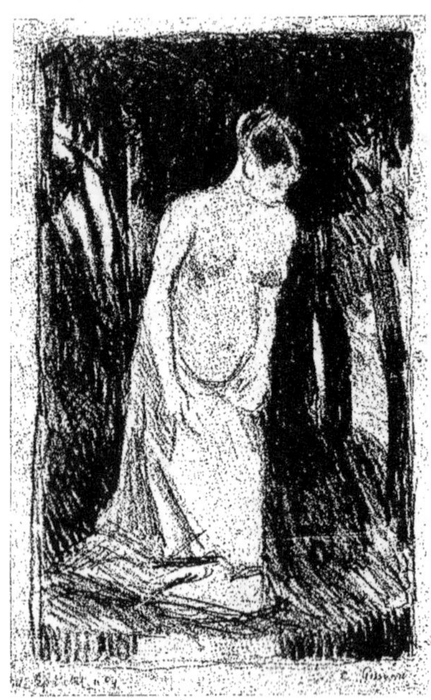

(Vers 1896) 1er État.   4e État.

1er État. Avant de nombreux travaux. Deux épreuves, une avec l'indication : *1re Épr. d'État, n° 1. C. Pissarro*, la seconde dans la collection de M. Tailliardat. **État reproduit.**

2e — Le fond est repris, et la chemise de la baigneuse est moins large. Encore avant de nombreux travaux. La baigneuse donne l'aspect d'une statue. Etat tiré à 2 épreuves, *numérotées* et *signées*.

3e — Avec des travaux ajoutés sur le torse de la baigneuse et sur sa chemise. Avec des feuillages nouveaux aux arbres. Etat tiré à 4 épreuves dont 3 *numérotées* et *signées*.

4e — La chemise de la baigneuse, modifiée, est encore plus étroite. Le reflet dans l'eau est plus lumineux ; avec quelques grattages sur le torse de la baigneuse et dans les arbres. **État reproduit.** Tiré à 4 épreuves dont 3 *numérotées* et *signées* (collection de M. O. Reinhart n° 1), puis postérieurement, à 18 épreuves, *timbrées* et *numérotées*.

VENTE : Anonyme (24 février 1922), 4e état (n° 1), 195 fr.

Zinc détruit

159. — BAIGNEUSES LUTTANT

(L. 233 millim. H. 185)

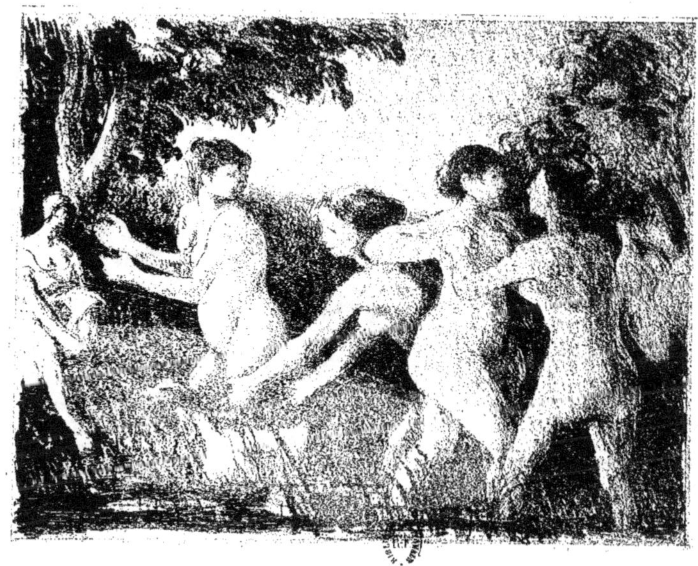

(Vers 1890) 3ᵉ *État.*

1ᵉʳ État. Avant quelques modifications. La seconde baigneuse luttant, en partant de la droite du sujet,
a un profil différent et son chignon est plus volumineux. De plus, la baigneuse la plus rapprochée de la droite, a ses deux jambes en partie cachées par des herbes, et des indications sur
son dos et ses fesses forment taches. On n'aperçoit pas les seins de la 3ᵉ baigneuse, etc.
État tiré à 3 épreuves, annotées : *Épr. d'état* et *signées.*

2ᵉ — Le visage de la seconde baigneuse de droite est modifié et son chignon réduit. Diverses indications sur les baigneuses et qui formaient tache ont été effacées ou atténuées ; l'une des
jambes de la première baigneuse de droite est dégagée de quelques herbes qui la masquaient
en partie, etc. État tiré à 2 épreuves, annotées : *Deux ép. d'état extra* (nᵒˢ 1 *bis* et 2 *bis*), et
signées.

3ᵉ — Encore avec quelques nouvelles modifications : des travaux sont ajoutés sur la chevelure et les
corps des quatre baigneuses nues. État définitif tiré à 5 ou 6 épreuves, annotées : *Épr. d'état*,
numérotées (4 à 8) et *signées*, puis, postérieurement, à 6 épreuves, timbrées et numérotées.
L'État reproduit. Collection de M. Tailliardat (nᵒ 8).

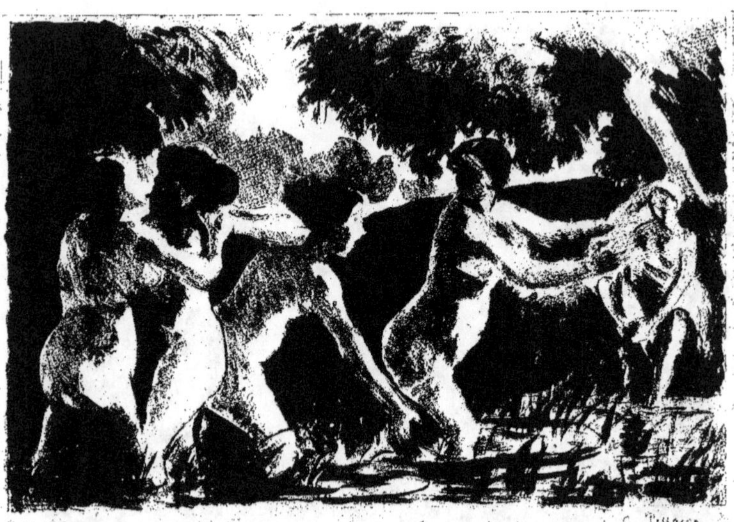

160. — BAIGNEUSES LUTTANT (VARIANTE)

(L. 263 millim. H. 180)

(Vers 1896)

Lithographie exécutée au lavis, sur zinc. C'est la même composition que la lithographie cataloguée ci-avant sous le n° 159, mais en sens inverse.

Cette lithographie a été tirée d'abord à 6 ou 7 épreuves, 2 *numérotées* (1 et 2) et *signées*, puis, postérieurement, à 13 épreuves, *timbrées* et *numérotées*.

Collection de M. Tailliardat (n° 1).

Zinc détruit.

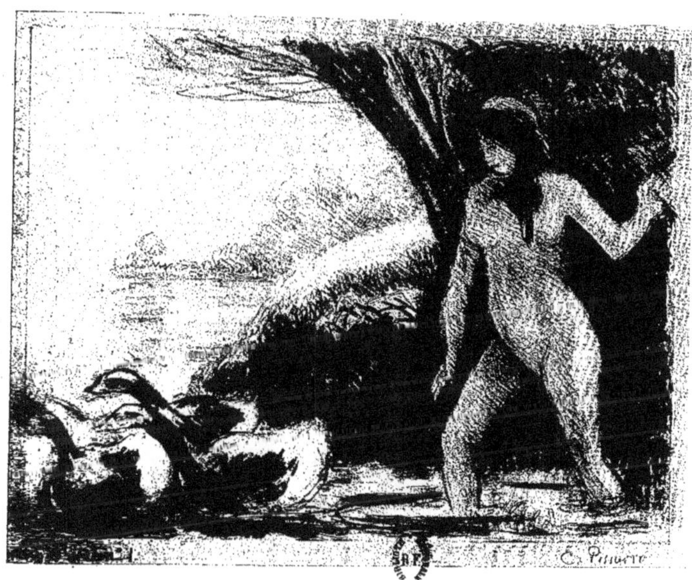

(Vers 1896) *3ᵉ Etat.*

1ᵉʳ Etat. Avec de fortes taches au lavis lithographique, sur la tête et le corps de la paysanne; le fond et
le ciel sont largement esquissés. Etat tiré à 3 épreuves, annotées par *erreur*, par l'artiste : *3ᵉ état
et numérotées* (1 à 3).

2ᵉ — Le profil du visage de la paysanne est modifié; les fortes taches sur son corps sont enlevées; le
ciel et le fond sont plus modelés. L'eau au 1ᵉʳ plan est éclaircie. Etat tiré à 1 épreuve, annotée : *2ᵉ état, numérotée* (1) *et signée.*

3ᵉ — Le ciel est effacé. D'autres travaux ont été enlevés sur le corps de la baigneuse, qui se dégage
alors en blanc sur un fond noir presque opaque. Les arbres du fond à l'horizon après avoir
été effacés sont rétablis, mais esquissés très légèrement. Etat annoté par *erreur*, par l'artiste :
1ᵉʳ épr. d'état et signée. En sus des quelques épreuves d'*essai*, il existe 6 épreuves, *timbrées
et numérotées.* **L'État reproduit.**

Zinc détruit.

(H. 241 millim. L. 165)

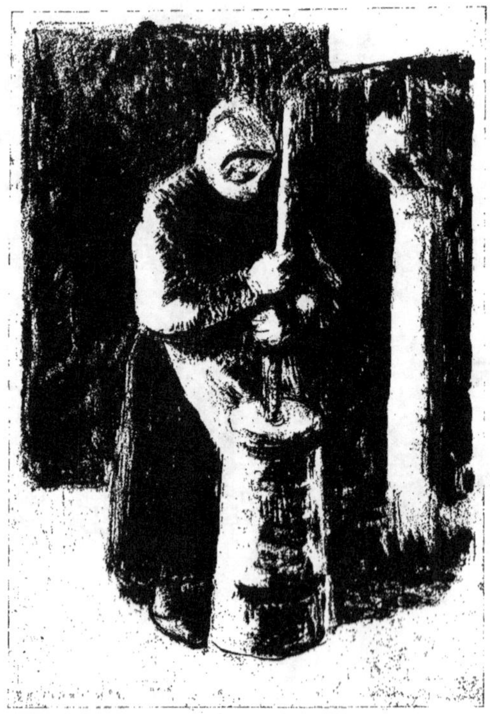

(Vers 1896)

Cette lithographie n'a été tirée qu'à trois exemplaires, deux sont *signés* et *numérotés*; l'épreuve numérotée 1 porte l'annotation manuscrite : *Il n'existe que deux épreuves C. P.* La troisième n'est ni signée, ni numérotée. Elle appartient à M. Tailliardat, qui possède également l'un des deux exemplaires *signés*.

Pierre effacée.

163. — FANEUSES D'ÉRAGNY

(H. 220 millim. L. 167)

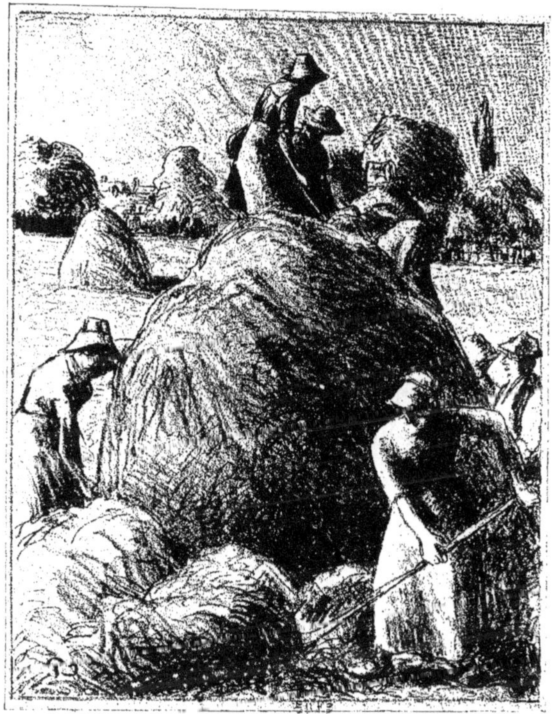

(Vers 1896).

Lithographie sur zinc, tirée d'abord à 15 épreuves, *numérotées*, puis, postérieurement, à 12 épreuves *numérotées* et *timbrées*.

Collections de MM. Tailliardat (n° 15), A. Teissier.

Zinc détruit.

(H. 130 millim. L. 103)

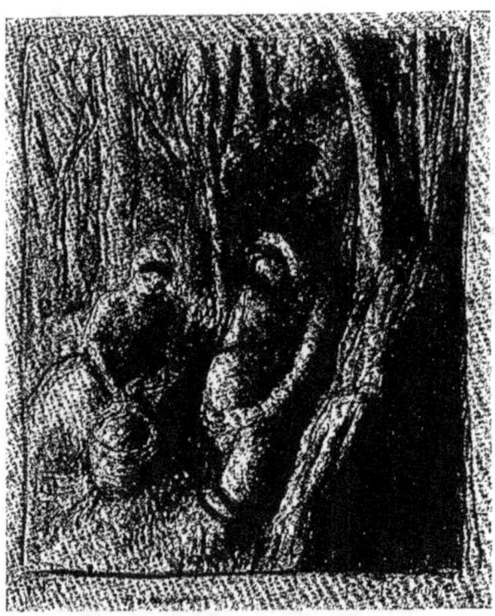

(Vers 1896)

Cette lithographie, exécutée sur la même plaque de zinc grainée que le **Groupe de paysannes** (n° 165 de notre cat.), a d'abord été tirée à 5 épreuves sur papier ordinaire et à 6 épreuves sur papier de Chine, *signées* pour la plupart, et *numérotées* (1 à 5, et 1 à 6), puis à 18 épreuves, *timbrées* et *numérotées*.

Collections de MM. Campbell Dodgson (n° 3), G. Lecomte, Tailliardat (n° 6), A. Teissier (n° 4).

VENTE : Anonyme (24 février 1922), n° 5, 80 fr.

Zinc détruit.

(H. 132 millim. L. 112)

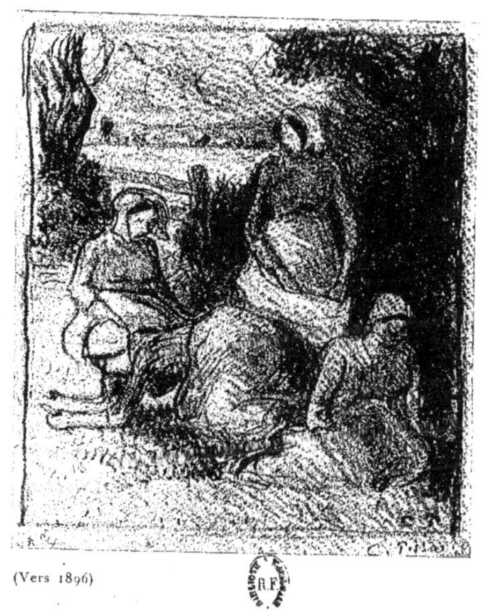

(Vers 1896)

Lithographie tirée à 11 épreuves, *annotées, numérotées et signées.* Collections de MM. Campbell Dodgson, Georges Lecomte, A. Teissier, puis, postérieurement, à 18 épreuves, *timbrées* et *numérotées.*

———

Cette lithographie a été exécutée sur la même plaque que les Bûcheronnes (n° 164 de notre cat.), mais on la trouve toujours tirée à part.

———

Zinc détruit.

166. — PAYSANNES

(H. 166 millim. L. 132)

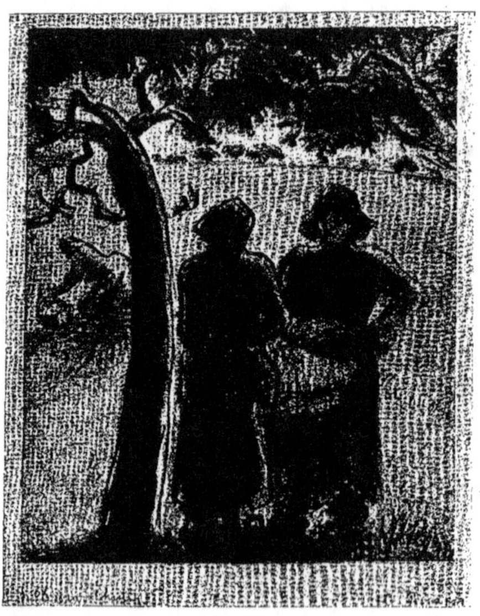

(Vers 1896)

Lithographie tirée à 5 épreuves sur papier blanc, et à 6 épreuves sur chine fixé, *annotées, numérotées* (1 à 11) *et signées*.

Collections de MM. Campbell Dodgson, C.-B. Eddy, Tailliardat (n° 11), Teissier.

VENTE : Anonyme (26 juin 1906), avec la *Gardeuse d'oie nue*, 26 fr.

Cette lithographie a été reproduite dans *The Print Collector's Quartely* (n° d'octobre 1922).

(H. 210 millim. L. 182)

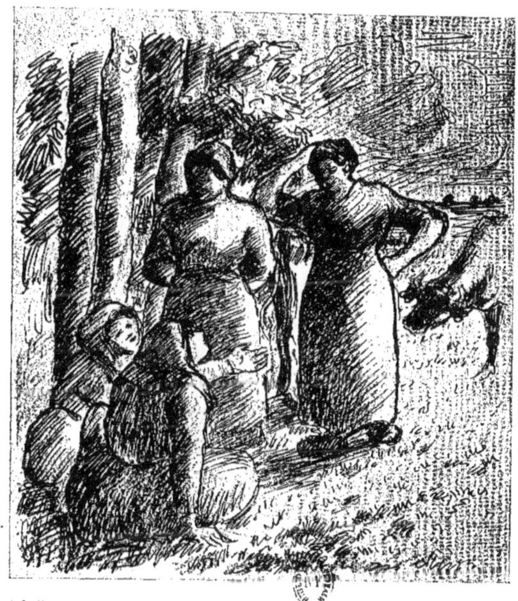

(1896)

Fort rare.

Nous ne connaissons que deux épreuves de cette lithographie (plume et crayon), tirées sur Ingres de couleur ; elles font partie des collections de MM. Tailliardat et Teissier.

Zinc égaré.

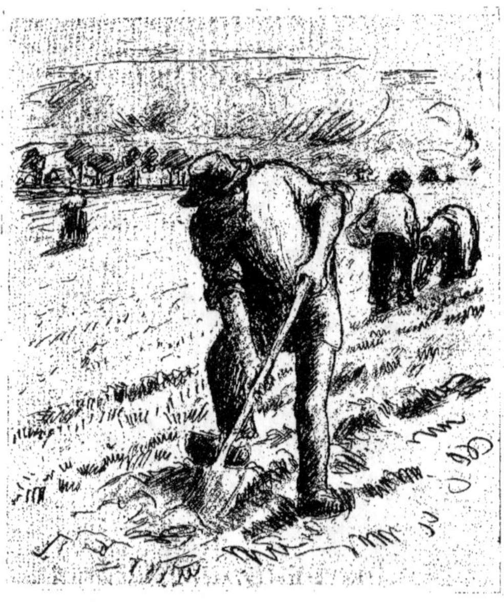

(1896)

Lithographie (plume et crayon), tirée d'abord à 1 épreuve d'*essai* ou d'état, puis à 6 épreuves définitives sur Ingres fixé, *numérotées* et *signées* (sauf une).

———

Collections de MM. Tailliardat (*épr. d'état* n° 1), A. Teissier.

169. — QUAI BOIELDIEU, A ROUEN

(L. 224 millim. H. 175)

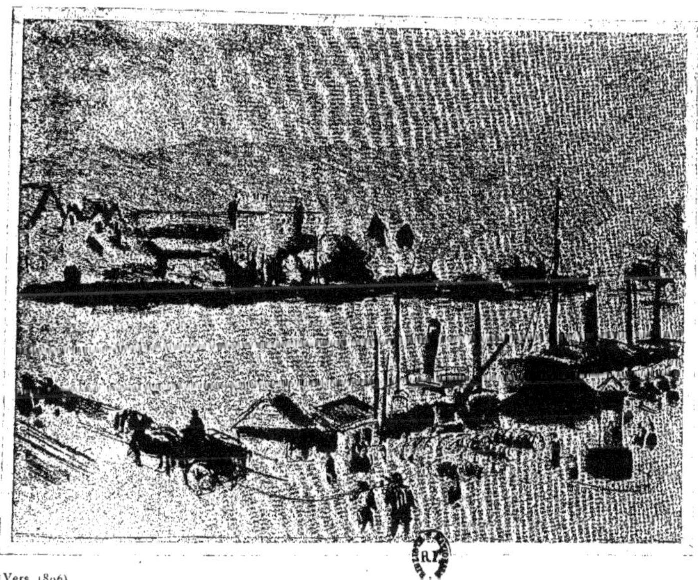

(Vers 1896)

Lithographie sur zinc, tirée d'abord à 6 épreuves d'état ou d'artiste, *numérotées* (1 à 6) et *signées* puis à 10 épreuves sur Ingres verdâtre fixé, enfin, postérieurement, à 14 épreuves, *timbrées* et *numérotées*.

Collections de MM. O. Reinhart, Tailliardat (n° 6), A. Teissier.

VENTE : Anonyme (24 février 1922), 255 fr.

Zinc détruit.

170. — PONT CORNEILLE, A ROUEN

(L. 300 millim. H. 217)

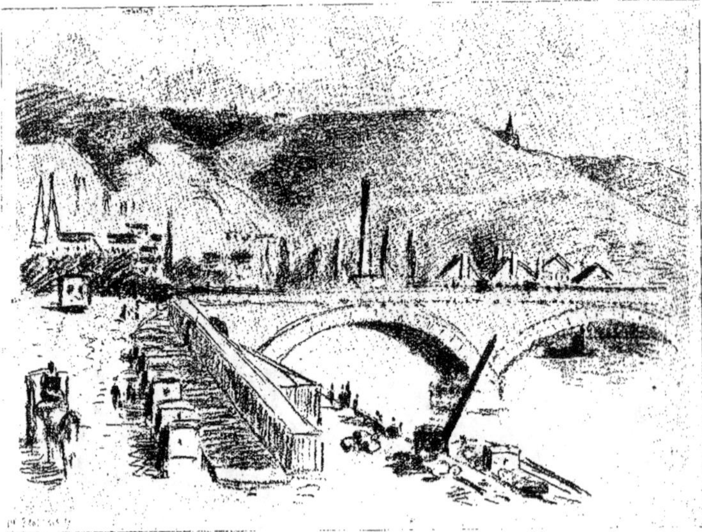

(1896)

Cette lithographie a été tirée à 7 épreuves sur papier Ingres de divers tons, contrecollé *numérotées* et *signées* (1 à 7) (collections de MM. Campbell Dodgson, O. Reinhart, A. Teissier), puis, postérieurement, à 12 épreuves, *timbrées* et *numérotées*.

VENTE : Anonyme (24 février 1922), n° 1, 180 fr.

Le même motif a été *gravé* par C. Pissarro (c'est le n° 123 de notre catalogue, désigné sous le titre donné par l'artiste : **Quai de Paris, à Rouen**).

Zinc détruit.

171. — LE PONT CORNEILLE (RIVE GAUCHE)

(L. 164 millim. H. 121)

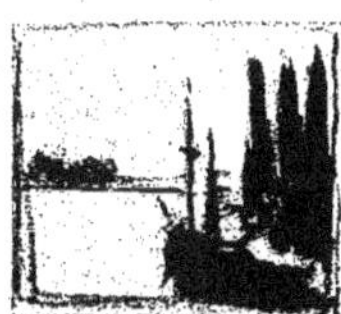

(Vers 1896)

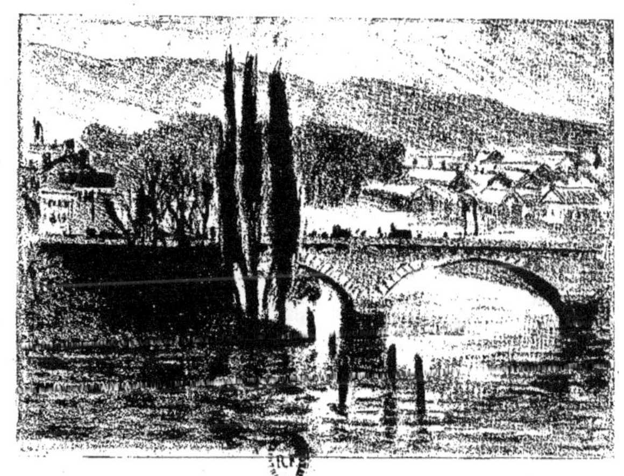

Lithographie tirée à 5 épreuves, *numérotées* (l'épreuve nº 3, *signée*), puis, postérieurement, à 18 épreuves *timbrées* et *numérotées*.

Collection de M. Tailliardat (nº 3).

Zinc détruit.

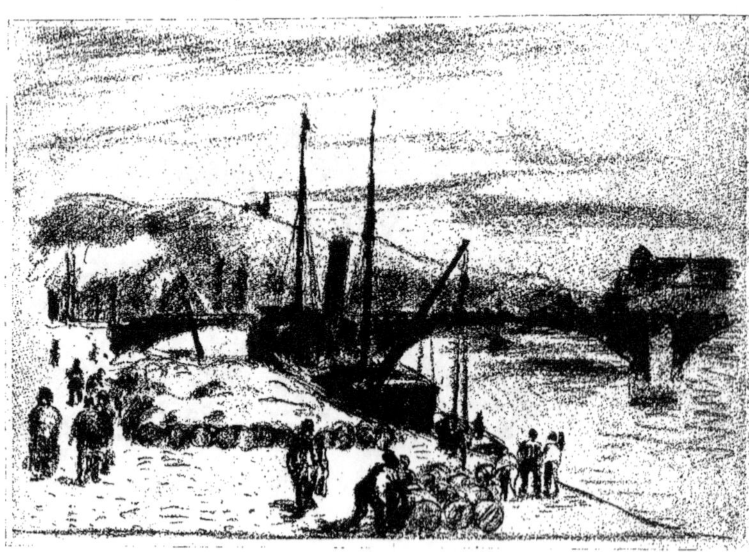

(1896)

Lithographie tirée à 7 épreuves, *numérotées* (les 5 premières *signées*), puis à 12 épreuves, *timbrées* et *numérotées*.

Collections de MM. Tailliardat, A. Teissier.

VENTE : Anonyme (24 février 1922), n° 6, 121 fr.

Zinc détruit.

173. — RUE GÉRICAULT, A ROUEN

(H. 186 millim. L. 140).

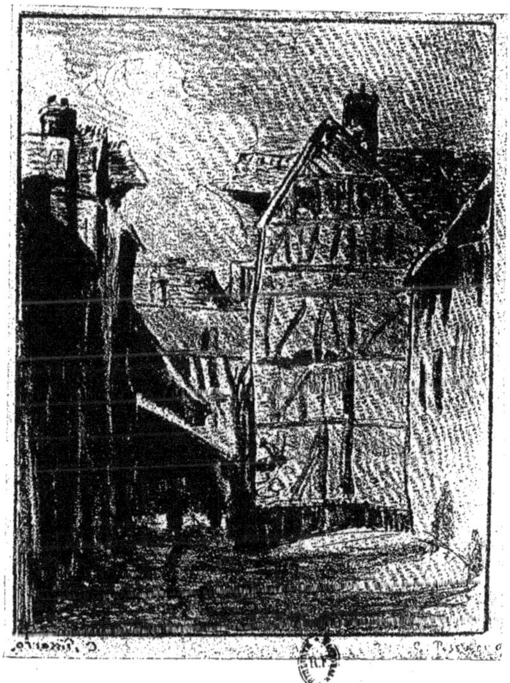

(1896)

Lithographie tirée d'abord à 3 épreuves, annotées : *Ep. d'état* et *numérotées* (1 à 3), puis à 18 épreuves sur papier Ingres de couleur, annotées : *Ep. défi* [nitive], *numérotées* (1 à 16) et *signées*, et enfin à 2 ou 3 sans n°.

———

Nous n'avons constaté aucune différence matérielle entre les épreuves annotées par l'artiste : épreuves d'*état* ou épreuves *définitives*.

———

Il existe une eau-forte du même motif (voir le n° 120 de notre catalogue).

Le zinc existe.

(H. 188 millim. L. 140)

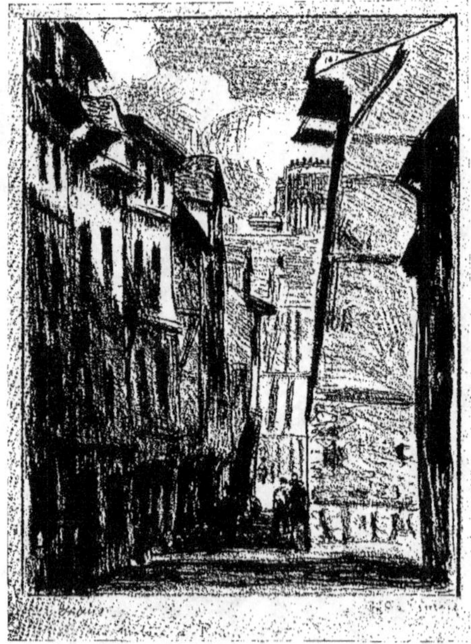

(1896) *1er Etat.*

1er Etat.   Celui reproduit. Etat tiré à 2 épreuves, *signées, numérotées* (1 et 2), et *annotées.*

2e   —   Les traits sur le pignon de la maison à droite, et ceux de la maison au fond sont atténués. Etat tiré à 16 épreuves sur divers papiers, *signées* et *numérotées*, et a 2 ou 3 sans n°. Collections de MM. O. Reinhart, Tailliardat.

VENTE : Anonyme (24 février 1922), 2e état, 121 fr.

Camille Pissarro a *gravé* le même motif (voir le n° 121 de notre catalogue, où cette pièce est désignée sous le titre : le **Vieux Rouen**).

Zinc détruit.

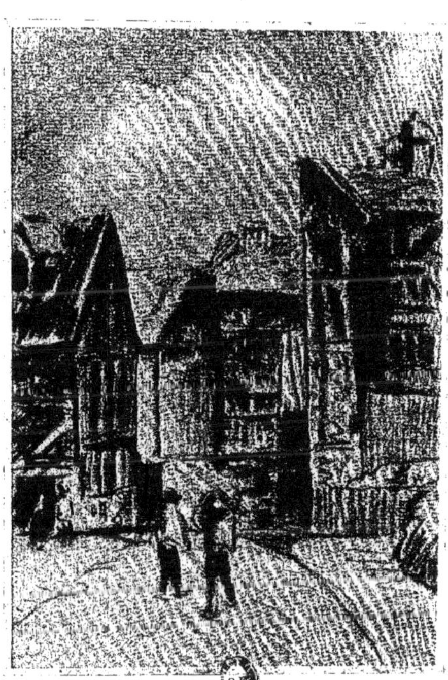

175. — RUE EUGÈNE-DUTUIT, A ROUEN

(H. 222 millim. L. 148)

(1896)

Lithographie exécutée sur papier à report, tirée d'abord à 9 épreuves sur Ingres de couleur remonté, *numérotées* et *signées*, puis, postérieurement, à 6 épreuves, *timbrées* et *numérotées*.

Collection de M. Tailliardat (n° 8).

Zinc détruit.

176. — RUE SAINT-ROMAIN, A ROUEN, 1ʳᵉ planche

(H. 190 millim. L.140)

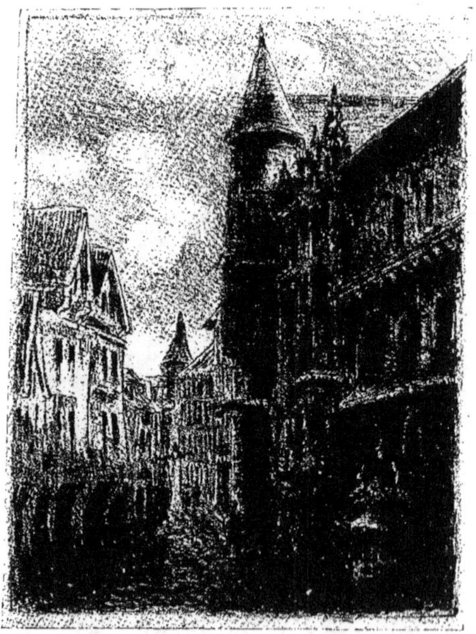

(1896) 1ᵉʳ Etat.

1ᵉʳ Etat.   Celui reproduit. Avant divers effaçages. Etat tiré a 5 épreuves, *numérotées*.

2ᵉ   —   Avec de nombreux effaçages sur les maisons et la chaussée ; le ciel est à peine visible. Le personnage devant la tourelle d'angle se détache en noir. Dans le fond, on ne voit plus qu'un personnage ; on en apercevait deux dans l'état précédent. Etat tiré à 19 épreuves annotées : *épr. déf. 1ʳᵉ série* et *numérotées* (1 à 19) et *signées* (collections de MM. Tailliardat, nᵒ 7, A. Teissier (nᵒ 9), E. Weyhe (nᵒ 10), puis, postérieurement, à 6 épreuves *timbrées* et *numérotées*.

Zinc détruit.

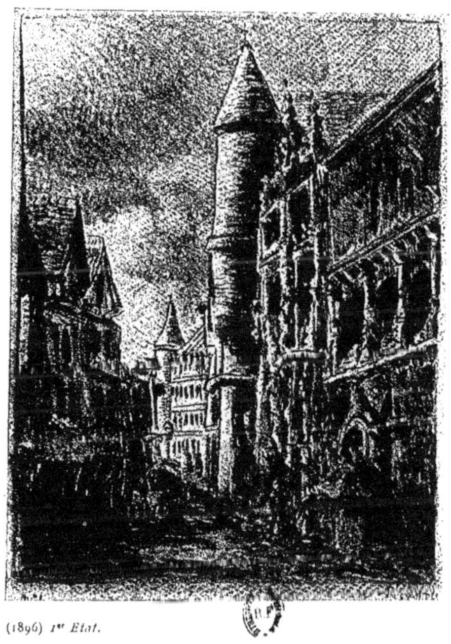

(1896) *1ᵉʳ Etat.*

1ᵉʳ Etat.   Celui reproduit. Avant quelques nouveaux travaux. Etat tiré à 2 épreuves, *annotées, numérotées* et *signées* (1 et 2).

2ᵉ   —   Le ciel est effacé en partie. Avec de nouveaux travaux ombrant plus fortement la base des maisons, ainsi que la voiture. Etat tiré à une douzaine d'épreuves, dont 5 épreuves, *numérotées* (1 à 5), puis, postérieurement, à 6 épreuves *timbrées* et *numérotées.*

Zinc détruit.

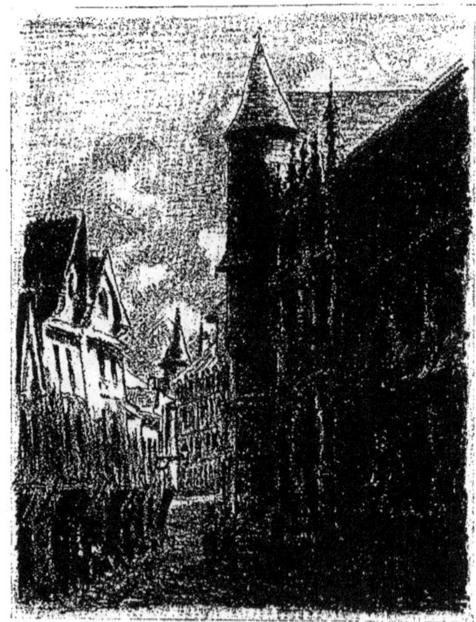

(1896).

Lithographie sur papier à report, tirée à 10 épreuves *numérotées* (1 à 10), puis, postérieurement, à 6 épreuves *timbrées* et *numérotées*.

Zinc détruit.

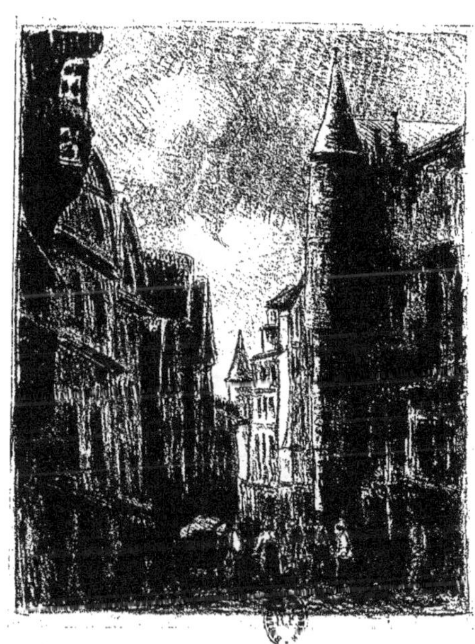

(1896).

Lithographie tirée à 2 épreuves *numérotées* (1 et 2), puis, postérieurement, à 12 épreuves *timbrées* et *numérotées*.

Zinc détruit.

(H. 169 millim. L. 131)

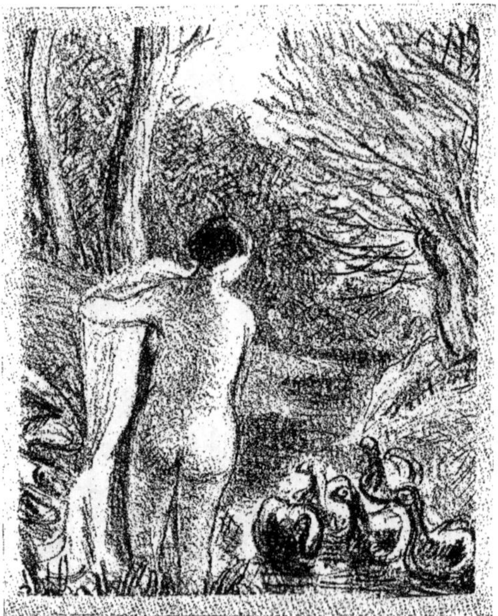

(Vers 1897).

Cette lithographie a été tirée à 5 épreuves sur papier blanc, *numérotées* et *signées* (1 à 5), et à 6 épreuves sur chine, *numérotées* (6 à 11), British Museum (n° 8), Kupferstiche Kabinet, Berlin (n° 1). MM. F.-E. Bliss, Tailliardat (n° 11), A. Teissier (n° 4), puis, postérieurement, à 28 épreuves, *timbrées* et *numérotées*.

VENTES : Atelier C. Pissarro (juin 1906), avec une autre pl., 26 fr.; G. Viau (1909), n° 1, 19 fr.

Zinc détruit.

181. — THÉORIE DE BAIGNEUSES

(L. 200 millim. H. 130)

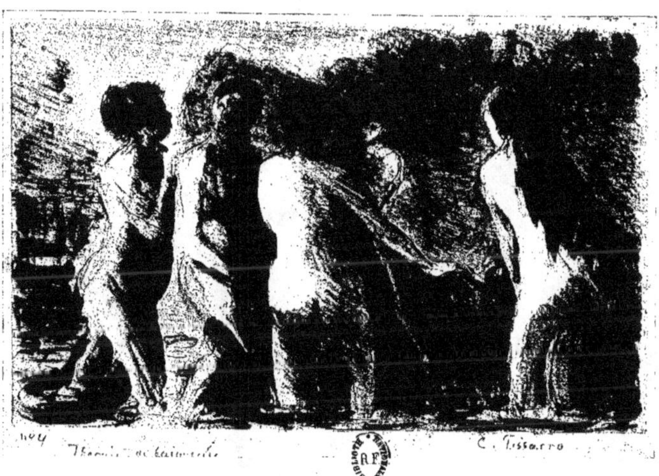

(1897).

Lithographie tirée à 20 épreuves sur papier de Chine ou papiers teintés, *numérotées* et *signées*, British Museum (n° 9), MM. F.-E. Bliss, Tailliardat (n° 15), Teissier, puis, postérieurement, à 6 épreuves, *timbrées* et *numérotées*.

Cette lithographie a été reproduite dans *L'Esame*, Milan (n° de février 1923).

VENTE : Atelier C. Pissarro (juin 1906), avec une autre pl., 26 fr.; Anonyme (24 février 1922), avec une autre pl., 150 fr.

Zinc détruit.

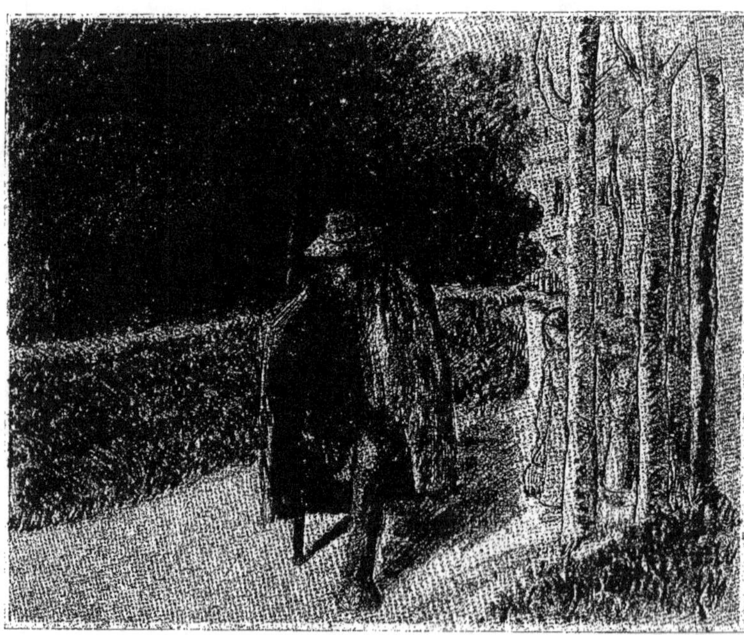

(1897) 2ᵉ *Etat.*

1ᵉʳ Etat. Avant quelques travaux dans la haie, sur le visage et sur le vêtement du chemineau qui a *deux* béquilles. Etat tiré à 2 épreuves, une annotée : *ép. d'essai.* Collection de M. Tailliardat.

2ᵉ — Avec l'addition de traits obliques de gauche à droite sur la haie ; la *seconde* béquille du mendiant est effacée. L'État reproduit. Etat tiré à 3 ou 4 épreuves seulement.

Pierre détruite.

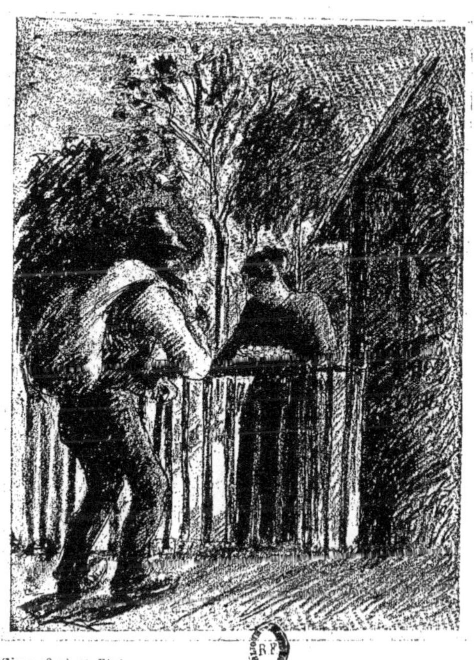

(Vers 1897) *2ᵉ Etat.*

1ᵉʳ Etat. Avant quelques travaux à droite sur la cahute. Etat tiré à 2 épreuves, annotées : *épr. d'essai* *n° 1* et *2*, et *signées.*

2ᵉ — Avec l'addition d'un certain nombre de travaux, tout le long de la cahute pour en renforcer l'effet. Le contour du sac du mendiant dépasse légèrement sa main à droite. L'État reproduit. Etat tiré à 5 ou 6 épreuves annotées : *ép. d'essai*, puis *signées* et *numérotées* (sauf 3 ou 4). Collection de M. Tailliardat (2 épreuves sans n°).

Zinc détruit.

184. — RUE SAINT-LAZARE, PARIS

(H. 210 millim. L. 142)

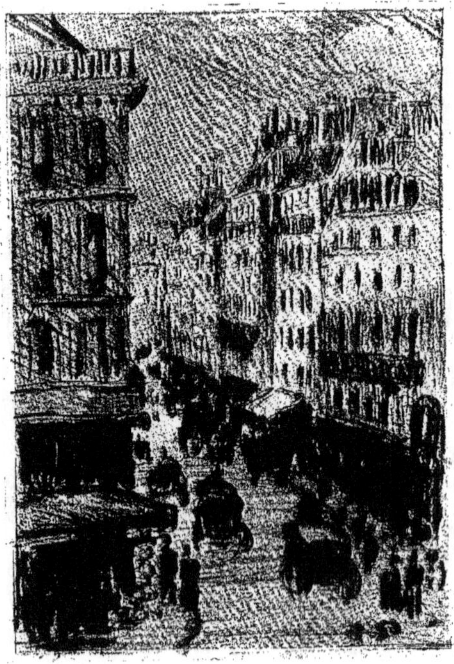

(1897).

Lithographie sur zinc, tirée à 27 épreuves sur Ingres ou papier de Chine, *numérotées* et *signées*, et à 2 ou 3 non numérotées.

———

Kupferstiche Kabinet (nᵒ 4), Berlin, MM. Tailliardat (nᵒ 14), A. Teissier (nᵒ 11), G. Teyssier (nᵒ 5).

———

VENTES : Atelier C. Pissarro (juin 1906), avec une autre pl., 26 fr. ; Anonyme (21 février 1911), nᵒ 5, 39 fr. ; Anonyme, (24 février 1922), 150 fr.

Zinc égaré.

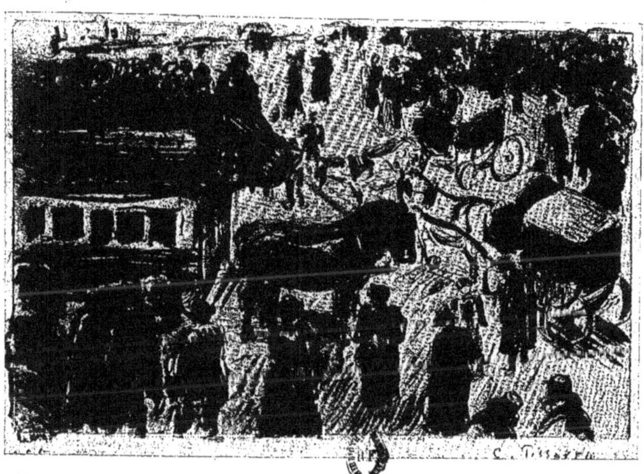

(Vers 1897) *1er Etat.*

1er Etat. Celui reproduit. Le contour supérieur du fiacre, vers le fond, à droite, n'est pas indiqué par un trait; avant l'indication des essieux des roues, et avant quelques légères retouches ou additions dans le fond, sur les chevaux de l'omnibus, etc. Etat tiré à 11 épreuves annotées : *ép. d'essai,* puis *numérotées* et *signées,* et 2 ou 3 non signées. Collection de M. Tailliardat.

2e — Le contour du fiacre qu'on aperçoit vers le fond, à droite, est délimité par un trait; les essieux des roues des deux fiacres sont vaguement tracés; de plus, deux indications *au lavis* sont ajoutées au-dessus des deux femmes qu'on voit à droite du fiacre, et des noirs ont été enlevés sur les chevaux de l'omnibus. Etat tiré à 12 épreuves annotées : *épr. défi* [nitive], *numérotées* et *signées,* et 2 ou 3 non signées. Collections de MM. Tailliardat, A. Teissier.

VENTE : Atelier C. Pissarro (juin 1906), avec une autre pl., 26 fr.; Anonyme (24 février 1922), 2e état (n° 1), 200 fr.

Zinc égaré.

186. — LE PARLEMENT, A LONDRES

(L., 225 millim. H. 146)

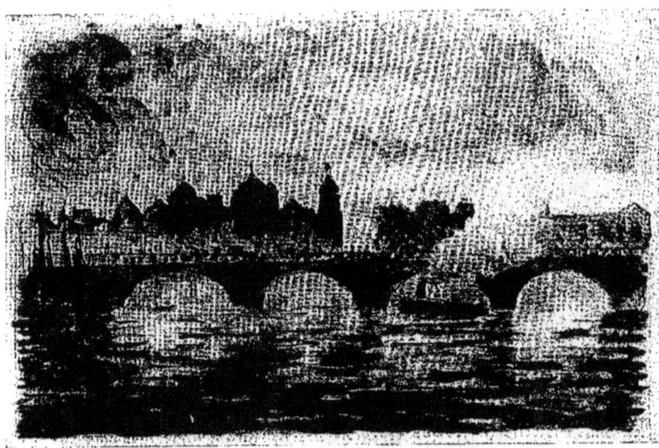

(Vers 1897)

Lithographie tirée à 5 ou 6 épreuves.

Collections de MM. A. Tailliardat (n° 1), A. Teissier (n° 2).

Cette lithographie intitulée par l'artiste « le Parlement à Londres », ne représente en définitive que le pont de Waterloo, avec quelques maisons au fond sur « l'Embarkment » ; le motif est en sens inverse.

(L. 169 millim. H. 130)

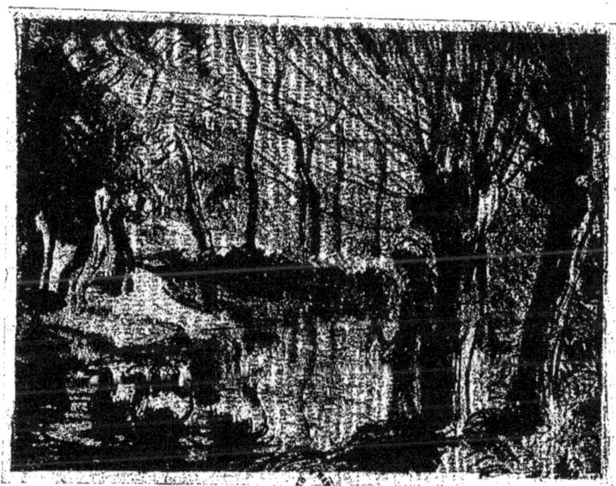

(Vers 1898)

Il existe de cette lithographie, en dehors de 5 ou 6 épreuves d'*essai* sur papier blanc, un tirage à 50 épreuves sur chine fixé (ces dernières, la plupart non signées, ni numérotées mais en partie timbrées : *Atelier C. Pissarro*).

Bibliothèque de l'Université, Paris, MM. F.-E. Bliss, Campbell Dodgson, Tailliardat, A. Teissier, Carl Zigrosser (n° 1).

Cette lithographie a été reproduite dans le *Graphischen Kunste*, de Vienne (année 1908).

Zinc détruit.

188. — GROUPE DE PAYSANS

Ire PLANCHE

(L. 130. millim. H. 115)

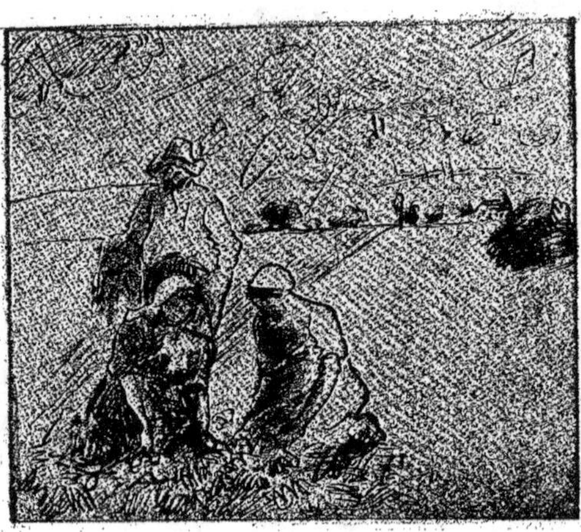

(Vers 1899)

Lithographie sur zinc, tirée à 14 ou 15 épreuves sur Ingres de couleur, remontées, *numérotées* et *signées* (sauf une ou deux).

Collections de MM. Tailliardat, Parizot, A. Teissier (n° 6).

VENTE : Anonyme, 24 février 1922, 245 fr.

Zinc égaré.

189. — GROUPE DE PAYSANS

2ᵉ PLANCHE (VARIANTE)

(H. 130 mill. L. 105).

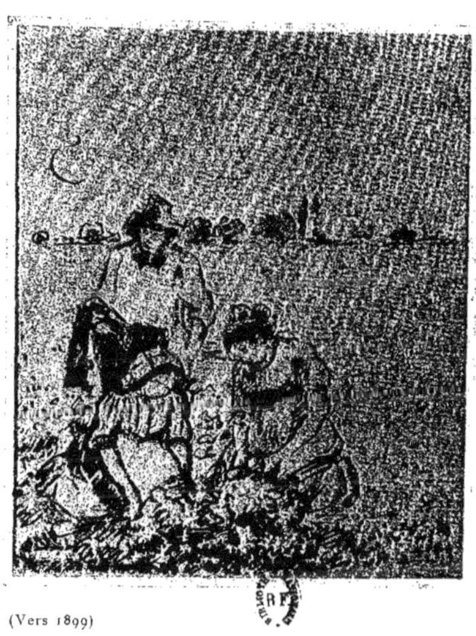

(Vers 1899)

Lithographie sur zinc, tirée à 14 ou 15 épreuves sur Ingres de couleur, remontées, *numérotées* et *signées* (sauf une ou deux).

Collections de MM. Tailliardat, A. Teissier.

VENTE : Anonyme, 24 février 1922, 100 fr.

190. — VACHÈRE
(H. 130 millim. L. 110)

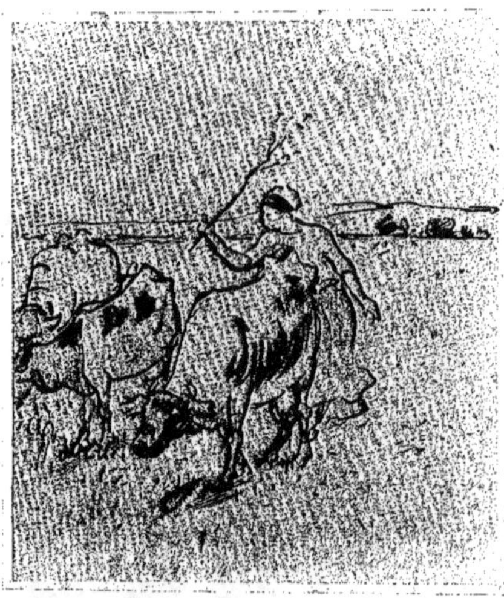

(Vers 1899)

Lithographie sur zinc, tirée à 14 épreuves sur Ingres de couleur, remontées, *numérotées* et *signées*, ainsi qu'à 3 ou 4 de passe ou d'essai.

Metropolitan Museum of Art, New-York (n° 2). MM. Campbell Dodgson (n° 3), Tailliardat (n° 8), A. Teissier (n° 5).

VENTE : Anonyme, 24 février 1922, 150 fr.

Zinc perdu.

191. — BOULEVARD MONTMARTRE

(H. 143 millim. L. 110)

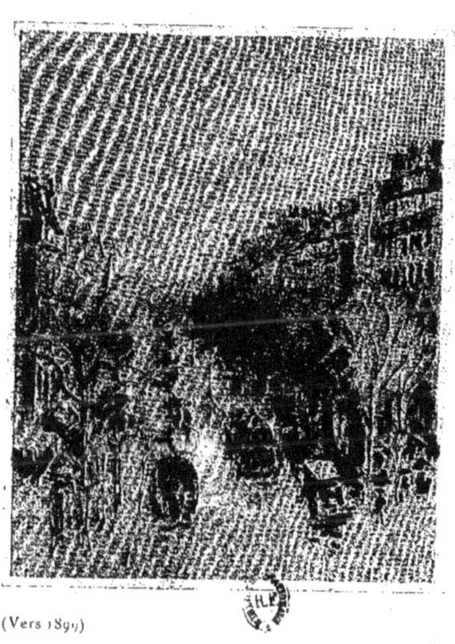

(Vers 1890)

Lithographie exécutée sur zinc grainé, et tirée à 14 épreuves sur Ingres de couleur, remontées, *numérotées* et *signées*, ainsi qu'à 2 ou 3 de passe ou d'essai.

Collections de MM. Tailliardat (n° 8), A. Teissier (n° 6).

Zinc égaré.

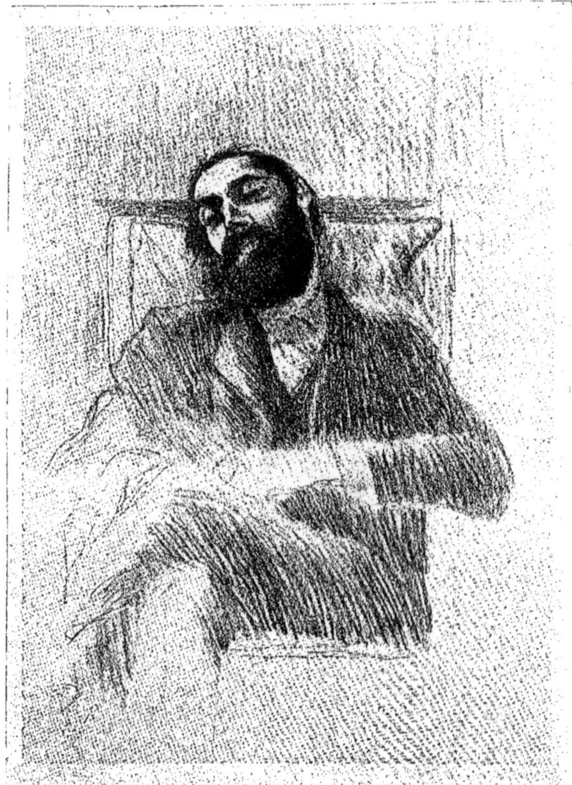

(Vers 1900)

Cette lithographie a été tirée à 13 épreuves sur papier de Chine fixé, *numérotées* et *timbrées*.

Le zinc existe.

(L. 305 millim. H. 228)

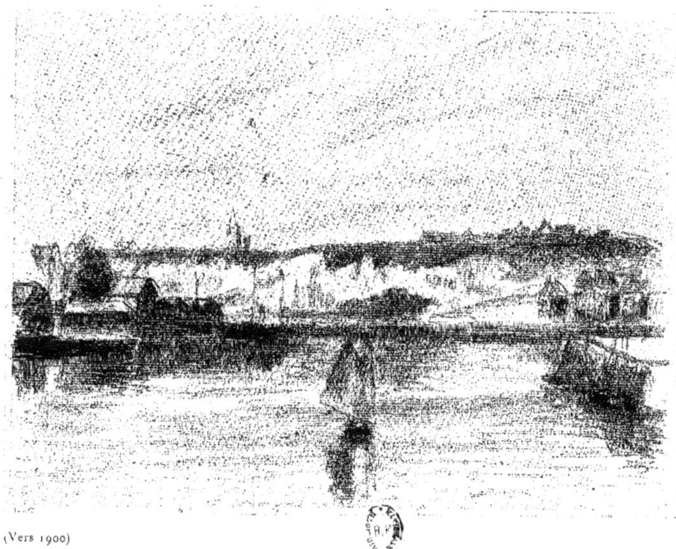

(Vers 1900)

Lithographie exécutée sur papier à report, et tirée à 6 épreuves seulement, *numérotées* (1 à 6) et timbrées.

Pierre égarée.

194. LA CHARRUE

(H. 215 millim. L. 151)

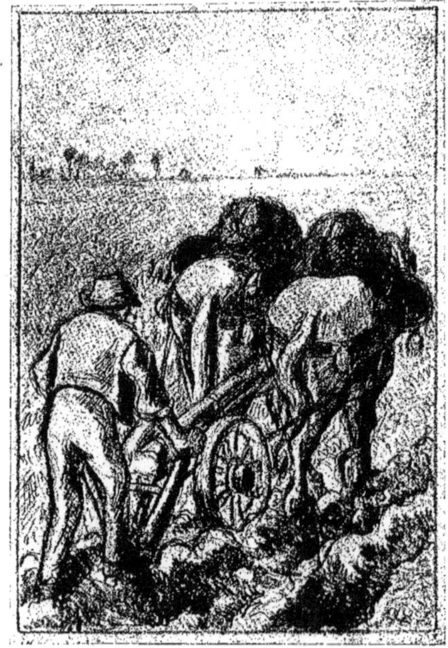

(1901) *1er État.*

1er État.   **Celui reproduit.** Avant que les contours des harnachements des chevaux n'aient été repris et
arrêtés plus nettemement, et avant quelques autres retouches. Etat tiré à 1 épreuve, annotée :
1er état n° 1, puis à 12 épreuves d'*essai*, dont 6 en 3 couleurs, *numérotées*.

2e   —   Les contours des harnachements des chevaux sont plus nettement arrêtés; il en est de même
des pieds du cheval de droite, dont les sabots sont plus visibles; la queue du cheval de gauche
est élargie, etc. Etat tiré à 14 ou 15 épreuves de la planche de trait seule, annotées : *2e Etat*
ou *ép. déf. au trait*, *numérotées* et *signées* (sauf une ou deux), puis à 14 épreuves, *imp. en
couleurs* (numérotées de 7 à 20), avant le tirage pour Les Temps nouveaux.

Cabinet des Estampes, Paris, San-Francisco, Museum of Fine Arts, Metropolitan Museum, New-
York, MM. C. Dodgson, Gachet, A. Ragault, Tailliardat.

1. — LA PETITE BERGÈRE

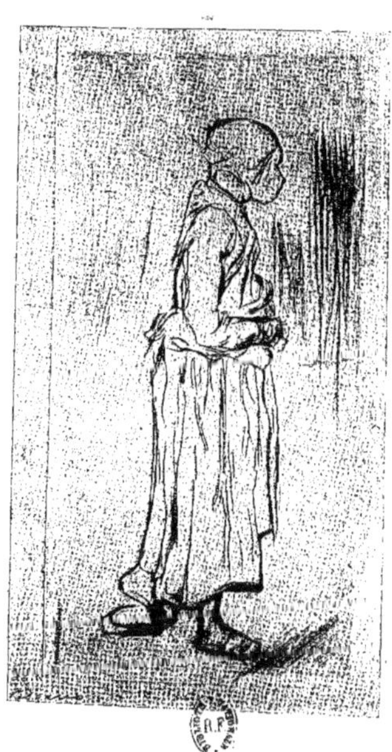

Cette pièce qui figure dans l'œuvre de C. Pissarro, au Kupferstiche Kabinett, à Berlin, n'est certainement pas de cet artiste ; telle est du moins notre opinion qui corrobore celles des fils du maître.

TABLE

Nᵒˢ du Catalogue

Ancienne ferme à Osny (voir la *Ferme à Noël.*

Arbre et terrain labouré 26
Au bord de l'eau, 1ʳᵉ planche 1
Au bord de l'eau, 2ᵉ planche 2
Avant-port de Dieppe 193
Baigneuse aux oies. 115
Baigneuse, le jour. 151
Baigneuse, le soir 150
Baigneuse mettant ses bas. 113
Baigneuse près d'un bois. 158
Baigneuses à l'ombre des berges boisées. . . 142
Baigneuses au bord d'un étang 148
Baigneuses gardeuses d'oies 119
Baigneuses luttant . . . . 159 et 160
Baigneuse, vue de dos 114
Berger (le), à Osny (voir *Paysage avec bergers et moutons, Osny.*
Berges (les), à Rouen. 107
Bonne (la) faisant son marché. 74
Bords de la Seine à Rouen (voir *Cours-la-Reine*).
Boulevard Montmartre 191
Bûcheronnes 164
Bûcheronnes (les) (voir *Porteuses de fagots*).
Cézanne (Paul) 13
Champ (le) de choux. 29
Charrue (la). 194
Château de Busagny, à Osny 71
Château de la Roche-Guyon 27
Chemin sous bois, à Pontoise. 19
Chemineaux (les) 140
Convalescence (Lucien Pissarro) 192
Coteaux à Pontoise 7
Côte Stᵉ-Catherine à Rouen (voir aussi *Paysage à Rouen*) 48
Couple de paysans 125
Cours Boieldieu, à Rouen. . . . . . . 46 et 47
Cours-la-Reine (ou Bords de la Seine à Rouen). 49
Cours-la-Reine (voir *Vue de Rouen*).
Crépuscule 23
Dans le bois (voir *Sente des Pouilleux*, petite pl.).
Dans les champs, à Ennery. 14
Deux (les) baigneuses 116
Effet de pluie 24
Eglise d'Osny, près Pontoise 6a
Eglise et ferme d'Eragny 96
Enfant mort. 129
Enfant tétant sa mère. 39

Nᵒˢ du Catalogue

Enfants causant 89
Environs de Pontoise (voir la *Maison Rondest* et *Paysage à l'Hermitage*).
Errants (les) (voir *Trimardeurs*).
Fabrique à Pontoise 10
Faneuse. 136
Faneuses 94
Faneuses d'Eragny. . . . . 124 et 163
Femme à la barrière 84
Femme à la brouette. 36
Femme assise au bord d'un étang 138
Femme cueillant des choux. 77
Femme dans un potager 30
Femme et enfant dans les champs. 135
Femme ratissant du foin 137
Femmes gardant des vaches. 88
Femmes nues 157
Femmes portant du foin sur une civière . . . 134
Femme (la) sur la route. 18
Femme vidant une brouette. 31
Ferme (la) à Noel, Osny. 51
Foire de la Saint-Martin, à Pontoise . . 21 et 131
Frontispice pour les « Temps-Nouveaux » (voir la *Charrue*).
Gardeuse d'oies. . . . . 76 et 187
Gardeuse d'oies nue. 180
Glu (la). 139
Grand'mère dans son fauteuil. 73
Grand'mère (effet de lumière). 80
Grand'mère (la Femme de l'artiste) 143
Groupe de baigneuses 149
Groupe de paysans, 1ʳᵉ pl. 188
Groupe de paysans, 2ᵉ pl. 189
Groupe de paysannes. 165
Hauteurs de l'Hautil (voir *Route de Rouen*).
Herbages à Osny (voir : *Prairie et moulin, à Osny*).
Ile (l') Lacroix, à Rouen 69
Jardins de Kew 106
Jeune homme écrivant (Rodolphe Pissarro) . . 145
Jeune homme lisant (Georges Pissarro) . . . 81
Loqueteux (les) du port de Rouen (voir les *Ouvriers du port, Rouen*).
Maison à l'Hermitage 133
Maison (la) Rondest 35
Marchande de marrons. 15
Marché à la volaille, à Gisors. 98
Marché à Pontoise. 147
Marché aux fruits 156

N^{os} du Catalogue

Marché aux légumes, à Pontoise. 97
Marché aux œufs 127
Marché de Gisors (rue Cappeville). 112
Marché de Pontoise 75
Masure (la) 20
Mendiant à la béquille 182
Mendiantes 110
Mendiant et paysanne 183
Mère (la) de l'artiste (voir *Grand'mère*).
Mère et enfant 38
Meules (les) (voir *Crépuscule*).
Miséreux (les) (voir *Trimardeurs*).
Négresse (la) 6
Notre-Dame de Bruges. 109
Oise (l') à Pontoise. . . . . 9 et 132
Ouvriers (les) du port, à Rouen. 67
Parlement (le) à Londres 186
Paysage à l'Hermitage 28
Paysage à Osny 70
Paysage à Pontoise (pommiers) 8
Paysage à Rouen (côte Ste-Catherine) 55
Paysage avec berger et moutons, Osny. . . . 40
Paysage en long. 17
Paysage sous bois, à l'Hermitage 16
Paysan au repos (voir *Paysan, le père Melon*).
Paysan bêchant 168
Paysan, le père Melon 25
Paysanne (la) 102
Paysanne à la fourche 87
Paysanne au puits . . . . 100 et 101
Paysanne barattant. 162
Paysanne bêchant 95
Paysanne dans le champ, Eragny (voir la *Sarcleuse*.
Paysanne dans les choux 61
Paysanne donnant à manger à un enfant. . . 12
Paysanne marchant. 86
Paysanne nue chassant des oies. 161
Paysanne portant des seaux. 85
Paysannes. 166
Paysannes à l'herbe 111
Paysannes dans un champ de haricots 103
Paysannes portant des fagots 152
Paysans dans les champs. 104
Paysans portant du foin. 126
Père Pascal 83
Petite (la) bergère. . . . . app. 1
Petite rue Nationale, à Rouen. 122
Pissarro (Camille), par lui-même 90
Pissarro (Georges). 81
Pissarro (Jeanne). 144
Pissarro (Lucien) 91-128-192
Pissarro (Paul-Émile). 146
Pissarro (Rodolphe) 145
Place de la République, à Rouen 65
Place de la République, Rouen (effet de pluie). 44
Place du Havre, à Paris 185
Pluie (la) aux champs (voir *Effet de pluie*).
Pont Corneille, à Rouen 170
Pont Corneille (rive gauche) 171

N^{os} du Catalogue

Pont (le) de pierre, à Rouen. 66
Pont (le) du chemin de fer, à Pontoise. . . . 37
Port de Rouen. 56
Port de Rouen (avec cheminées) 57
Port de Rouen (St-Sever). 45
Porteuses de fagots 153
Port (le) près la douane, à Rouen 43
Portraits . . 13, 73, 80, 81, 83, 90, 91, 92, 128, 143,
144, 145, 146 et 192
Prairie et moulin, à Osny 59
Prairie près d'Asnières 3
Prairies de Bazincourt 79
Quai Boieldieu, à Rouen 169
Quai de Paris, Rouen . . . . 105 et 123
Quai de Rouen (grand pont) 172
Quai des Ménétriers, à Bruges 108
Quatre (les) baigneuses. 118
Quatre (les) paysannes causant 167
Récolte des pommes de terre. 63
Rentrée (la) du berger 82
Repos du dimanche dans le bois 99
Roche-Guyon (la) 5
Route de Rouen : les hauteurs de Pontoise. . 11
Route ombreuse (la), voir *Chemin sous bois*.
Rue à Rouen (rue des Arpents) 68
Rue Damiette, à Rouen. 52
Rue de l'Epicerie, à Rouen. 64
Rue du Gros-Horloge, à Rouen. 54
Rue Eugène-Dutuit, à Rouen. 175
Rue Géricault, à Rouen. . . . . . . 120 et 173
Rue Malpalue, à Rouen. . . . . 41 et 53
Rue Molière, à Rouen. 174
Rue Saint-Lazare, Paris. 184
Rue Saint-Romain, à Rouen. . . . . . 176 à 179
Sarcleuse (la). 72
Sein (le) (voir *Enfant tétant sa mère*).
Semeur. 155
Sente des Grouettes, Pontoise. 34
Sente des Pouilleux, grande planche. 32
Sente des Pouilleux, petite planche 33
Signac (Paul). 92
Soleil couchant 22
Théorie de baigneuses 181
Trimardeurs (les). 154
Trois (les) baigneuses 117
Une rue à Montmartre. 4
Une rue aux Patis, Pontoise. 130
Une ruelle à Rouen (rue des Arpents) 42
Vache (la). 58
Vachère. 190
Vachère au bord de l'eau. 93
Vaches dans les prairies d'Eragny, près Gisors. 78
Vieille rue à Rouen (rue Malpalue) 41
Vieux (le) Rouen. 121
Village (le) (voir *Paysage sous bois, à l'Hermitage*).
Village (le) dans les arbres (voir *Paysage sous bois, à l'Hermitage*).
Vue de Rouen (Cours-la-Reine). 50
Vue de Pontoise. 60

ALFRED SISLEY

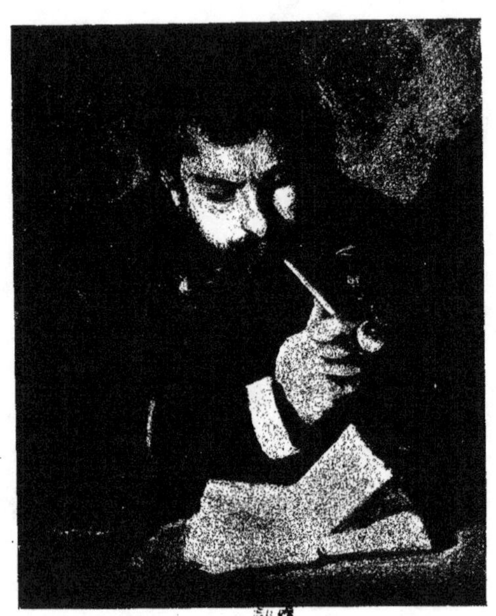

ALFRED SISLEY

d'après

CLAUDE MONET

ALFRED SISLEY

L'œuvre gravé et lithographié d'Alfred Sisley ne compte, à notre connaissance, que quatre eaux-fortes et deux lithographies. Il ne présente donc pas, en raison d'un si petit nombre de pièces, un intérêt capital dans le domaine de l'estampe. Cependant, aux côtés de Camille Pissarro et de Renoir, la silhouette de Sisley évoque et fixe, dans l'esprit de chacun, l'un des maîtres impressionnistes les plus valeureux et les plus sympathiques.

Né à Paris le 30 octobre 1839, Alfred Sisley était d'origine anglaise. A l'âge de dix-huit ans, il fut envoyé en Angleterre par ses parents, dans l'intention bien arrêtée de lui faire poursuivre une profession d'ordre commercial, à laquelle il ne sut d'ailleurs pas se plier. De retour en France, à Paris, il obtint alors de sa famille d'entrer à l'atelier de Gleyre où il se lia d'amitié avec quelques artistes, près desquels il combattit dans la suite le bon combat.

D'abord exposant aux Salons de 1866 et de 1868, Alfred Sisley prit une part des plus actives aux expositions organisées par les Impressionnistes, dont la première eut lieu en 1874, les suivantes en 1876 et en 1877, comme nous l'avons déjà indiqué à propos de Renoir ou de Pissarro. Ses parents, à l'origine aisés, avaient pu l'aider dans une carrière aux débuts et aux résultats si problématiques. La guerre de 1870, survenue entre temps, les ruina. Alfred Sisley se trouva donc tout à coup aux prises avec les difficultés de la vie, qu'il avait espéré pouvoir éviter, et le public continuant à le dédaigner, il alla vers lui. Avec Claude Monet et quelques autres de leurs camarades, il tenta alors la chance aléatoire des enchères, mais sans plus de succès qu'eux. A une vente effectuée en 1877, onze de ses toiles, nous apprend M. Théodore Duret, n'obtinrent qu'un total de 1387 francs !

A cette époque de sa carrière, Alfred Sisley fit la connaissance du pâtissier-restaurateur Murer qui eut quelque renommée dans les dernières années du XIX⁰ siècle, et devait par la suite, à son tour, peindre et écrire, après avoir offert une aide momentanée à Sisley et à quelques autres artistes. La lutte fut longue et pénible pour Sisley. Il ne put pendant longtemps encore, obtenir une moyenne de plus de cent francs pour ses plus belles toiles ! Ce fut tardivement, très tardivement que Sisley vit venir, non pas la gloire si réconfortante, mais un peu de notoriété. Cependant « toute son existence — a écrit Gustave Geffroy « — fut en proie à la lutte, à l'inquiétude. Il a été sans cesse à la peine, il n'a « guère été à l'honneur. La veille de sa mort, il connaissait les mêmes affres « qu'au jour de ses débuts ».

Alfred Sisley après avoir habité Sèvres de 1875 à 1879, séjourna à partir de cette date, d'abord dans les environs de Moret-sur-Loing, puis à Moret même, où il mourut le 29 janvier 1899. Le 1ᵉʳ mai de la même année, une vente publique, tant de ses œuvres que de celles offertes par ses confrères en faveur de ses enfants, et dirigée par Georges Petit, obtint un véritable succès, depuis très largement dépassé en ces dernières années, où le renom de Sisley va sans cesse grandissant.

PREMIÈRE SECTION

EAUX-FORTES

DEUXIÈME SECTION

LITHOGRAPHIES

1. — BORDS DU LOING : LA CHARRETTE

(H. cuivre 146 millim. L. 225)

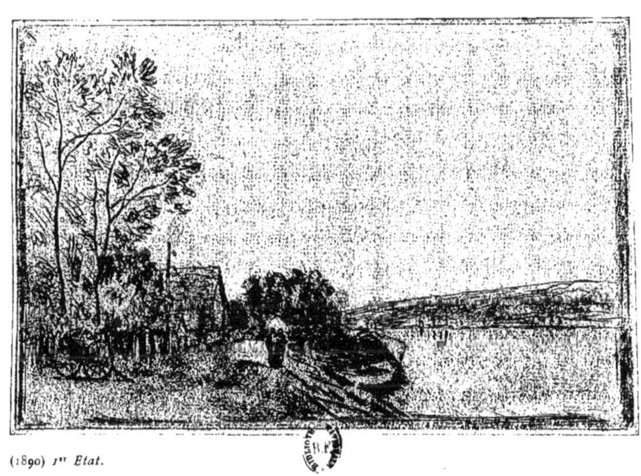

(1890) *1er État.*

Eau-forte.

1er État.   Aux bords sales. Avant la lettre. Très rare. **L'État reproduit.** Bibliothèque de l'Université, Paris.

2e   —   Les bords du cuivre sont nettoyés, mais encore avant la lettre. Rare.

3e   —   Avec la lettre. On lit au B. à G. : *Sisley del et sc*, au M. : *PAYSAGE*, et à D. : *Gazette des Beaux-Arts*. Etat publié dans la Gazette des Beaux-Arts (année 1899).

4e   —   La lettre est effacée. Le cuivre est oxydé sur toute la longueur du bord latéral droit. On lit en marge, en caractères typographiques, à G. : REVUE ENCYCLOPÉDIQUE, 1897, et à D. : EAU-FORTE ORIGINALE DE SISLEY.

———

VENTES : Anonyme (5 avril 1910), avec 3 autres planches, 480 fr. ; Roger Marx (1915), 2e état ? 95 fr. ; Anonyme (18 novembre 1915), avec 3 autres pl., 131 fr. ; Alf. Strölin (1921), essai, 220 fr.

2. — BORDS DU LOING : LES SIX CANOTS AMARRÉS

(L. cuivre 226 millim. H. 148)

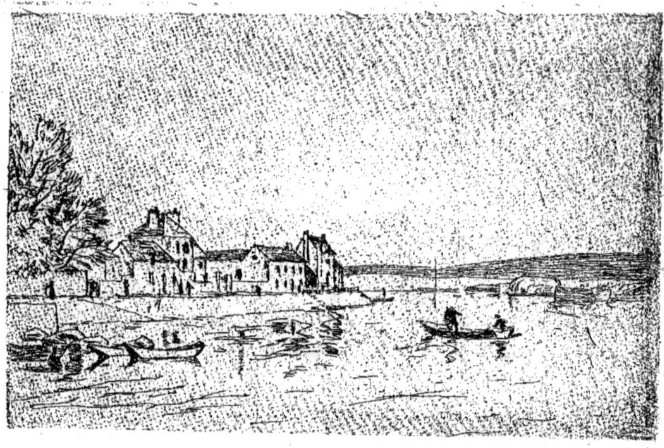

(1890)

Eau-forte.

Les premières épreuves sont aux bords sales.

Bibliothèque de l'Université, Paris, M. Claude Roger-Marx.

———

VENTES : Roger Marx (1914), 95 fr.; Anonyme (18 novembre 1915), avec 3 autres pl., 191 fr.; Anonyme (15 décembre 1917), avec une autre pl., 100 fr.

3. — BORDS DU LOING : LES MAISONS AU BORD DE L'EAU

(L. cuivre 220 millim. H. 147)

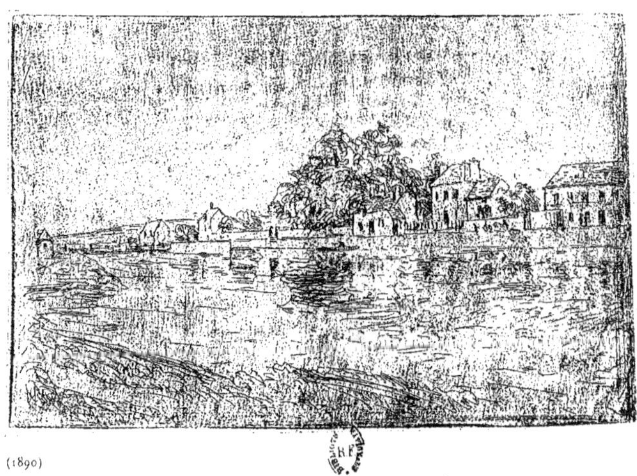

(1890)

Eau-forte.

Bibliothèque de l'Université, Paris.

VENTES : Roger Marx (1914), 95 fr. ; Anonyme (18 novembre 1915), avec 3 autres pl., 191 fr. ; Anonyme (15 décembre 1917), avec une autre pl., 100 fr.

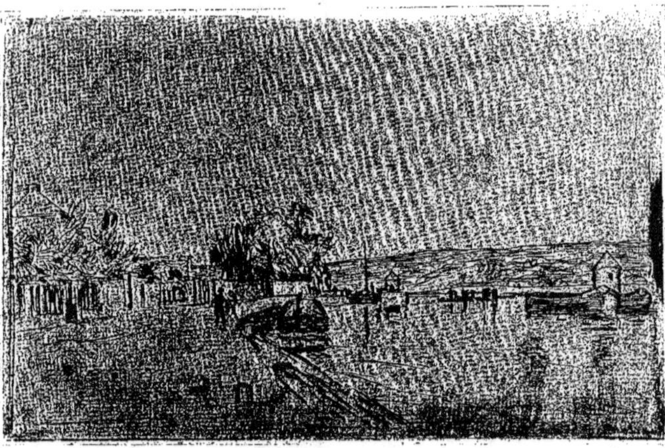

(1890) *1er Etat.*

Eau-forte.

1er Etat.   Avec la marque de l'étau, sur le bord latéral droit. Très rare. Bibliothèque de l'Université, Paris.
L'État reproduit.

2e   —   La marque de l'étau est en grande partie effacée.

VENTES : Roger Marx (1914), 90 fr. ; Anonyme (13 février 1920), 1er état, 280 fr. ; Alf. Beurdeley (1921), 160 fr.

Cette pièce est également connue sous le titre : les Péniches.

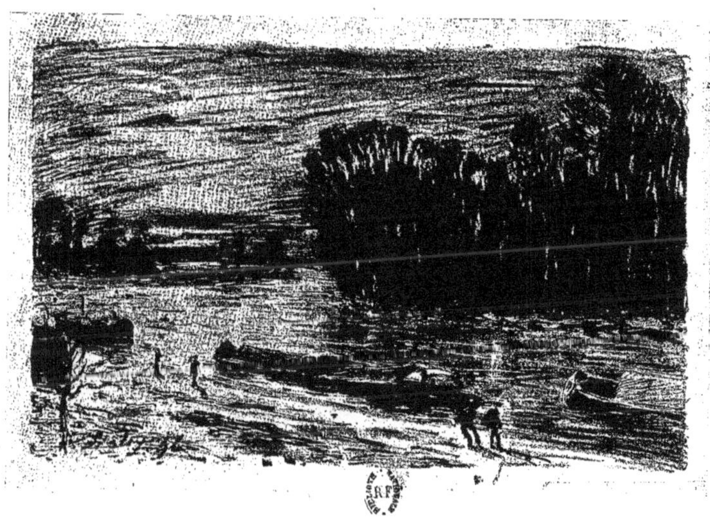

Lithographie.

———

VENTES : Anonyme(27-28 octobre 1899), 17 fr. ; Anonyme (9 novembre 1912), 22 fr. ; Anonyme (5 avril 1910), 130 fr.; Anonyme (13 février 1920), 200 fr.

———

Cette lithographie a été reproduite dans l'**Histoire des Peintres Impressionnistes**, par Th. Duret, 1906.

———

(L. 320 millim. H. 212)

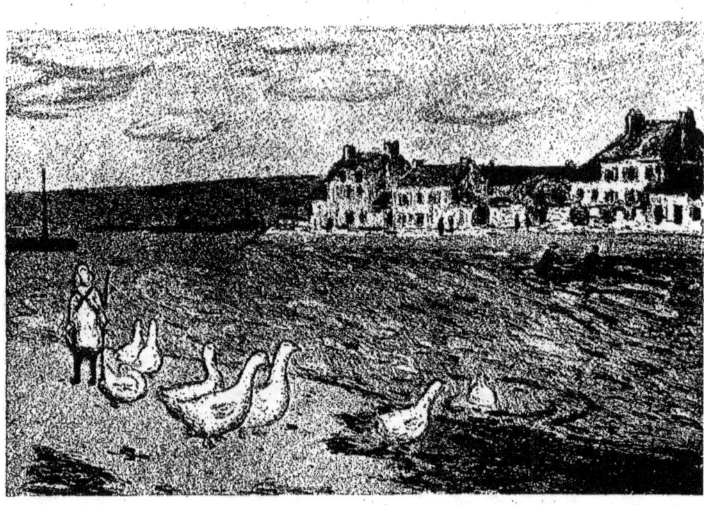

(1897)

Lithographie en couleurs, tirée à 100 épreuves (non compris quelques *essais*) et publiée dans l'Album des Peintres-Graveurs (A. Vollard).

———

VENTES : Anonyme (9 novembre 1912), 20 fr. ; Anonyme (13 février 1920), 80 fr. ; Anonyme (13 mars 1920), 100 fr. ; Anonyme (9 décembre 1920), 115 fr.; Anonyme (21 mars 1921), 155 fr.; A. Beurdeley (1921), 280 fr.

———

Il existe une autre lithographie en couleurs : L'Été de la Saint-Martin ; cette pièce est lithographiée par Jeanne Sisley, d'après une peinture de son père.

AUGUSTE RENOIR

AUGUSTE RENOIR

PAR

ALBERT ANDRÉ

AUGUSTE RENOIR

Le peintre de la joie, de la jeunesse et de la grâce, Pierre-Auguste Renoir, est né à Limoges (H^{te}-Vienne), le 25 février 1841. Venu très jeune à Paris, Renoir s'adonna tout d'abord à la peinture sur porcelaine pour faire face aux exigences de la vie journalière, puis en 1859 entra à l'Ecole des Beaux-Arts, à l'atelier de Gleyre, où il rencontra Claude Monet et Alfred Sisley. La similitude de leurs goûts, une même tendance dans leurs recherches, firent des trois jeunes peintres, les meilleurs amis.

Dès 1864, Renoir envoya une œuvre au Salon, où il fut reçu, ainsi qu'en 1865, puis en 1868, en 1869, en 1870 et en 1872. En 1873 par contre, deux de ses peintures qui présentaient alors un caractère plus nettement défini de son talent, étaient refusées. Leur nouveauté avait choqué les membres du jury. Loin de décourager Renoir, ce double échec l'incita plus que jamais à persévérer dans la voie de recherches neuves avec ses camarades d'atelier. Il prit alors part à la première exposition des *Impressionnistes*, au boulevard des Capucines (1874), puis en 1876 et en 1877, aux côtés de Monet, de Manet, de Pissarro, de Sisley, de Berthe Morisot, etc. Théodore Duret, qu'il faudra toujours consulter lorsqu'il s'agira des origines du mouvement impressionniste, relate que peu après l'exposition de 1874, les exposants tentèrent la chance de la vente publique. Le résultat obtenu par les peintures présentées à l'Hôtel Drouot fut désastreux. Une œuvre de Renoir atteignait 100 francs avec peine. Il n'en fut guère mieux, lors d'une seconde tentative en 1877. Aussi les jeunes maîtres, dont les œuvres devaient par la suite triompher à l'Hôtel Drouot, renoncèrent-ils à affronter encore les enchères.

Renoir connut donc, comme tant d'autres artistes et des meilleurs, de nombreux déboires. Cependant l'agrément de son talent d'une réelle attirance, ne devait pas le laisser indéfiniment dans l'ombre. Un marchand de goût et d'initiative, Durand-Ruel, des amateurs, vinrent à lui. Il faut citer, parmi ceux qui l'apprécièrent les premiers, M. Choquet, l'éditeur Charpentier, la famille Berard, enfin le peintre-amateur Gustave Caillebotte, dont le nom se retrouve à chaque instant dans le milieu impressionniste, et qui en témoignage d'estime et d'admiration pour Renoir institua celui-ci son exécuteur testamentaire. Renoir eut alors pour mission la remise des peintures de Monet, de Degas, de Pissarro, de Manet, les siennes, composant le legs de son protecteur et ami au Musée du Luxembourg. L'on sait que l'acceptation de ce legs d'une importance exceptionnelle, puis l'entrée des œuvres au Musée, donnèrent lieu à de multiples difficultés, voire à des protestations, parfois véhémentes, de la part de certains artistes. M. Th. Duret en consigne les péripéties dans son *Histoire des Peintres Impressionnistes*.

Auguste Renoir qui s'était marié, a laissé trois enfants qui, au cours de leurs premières années, furent pour lui des modèles : Pierre Renoir, l'aîné, « s'est fait une place distinguée parmi les acteurs parisiens », ensuite Claude, dont on retrouve à plusieurs reprises la silhouette dans son œuvre gravé et lithographié, enfin Jean (l'**Enfant au biscuit**).

Vers la fin de sa vie Renoir, devenu presque complètement paralysé de la main droite, vécut de préférence dans le Midi, à Cagnes, où il décéda le 3 décembre 1919.

« Renoir — a écrit Th. Duret [1] — d'humeur sociable, de caractère bien-« veillant et d'habitudes simples, prenait la vie par le bon côté, aussi était-il « d'un commerce facile et agréable. Lorsqu'il parlait de son art, il le faisait, on « peut dire, avec bonhomie. Pour lui, peindre était la mise en exercice d'une « faculté naturelle. Les considérations esthétiques d'ordre abstrait lui sont tou-« jours demeurées étrangères. Il peignait par besoin de peindre, pour se satis-« faire, pour se délecter, tout le reste était secondaire. Sa vision et une partie « de sa force nerveuse conservées lui ont permis de peindre assidûment jusqu'à « la fin. Il a pu ainsi se consoler des infirmités annoncées par la vieillesse et de « la façon de vivre sédentaire qui en avait été la suite ».

Cette appréciation du caractère et des goûts de Renoir se trouve corro-borée par Maurice de Vlaminck [2] : « Renoir goûtait la saveur des choses et pos-« sédait l'amour et la joie de vivre », et par Georges Duthuit [3] : « Il était tendre, « moqueur et gentiment rabelaisien.,. Il adorait la lumière et la femme... Sa « noblesse était naturelle et rieuse. Il n'aimait pas les attitudes. Il abhorrait « l'emphase. Son goût était précis et fin — Sans rechercher comme un Toulouse-« Lautrec, un Seurat, un Degas, à frapper par la singularité du point de vue ou « l'inattendu de l'éclairage, il a voulu ne voir et n'aimer que ce que tout le « monde ou presque, voit et aime : la femme, l'arbre, les fleurs, l'enfance et « l'eau... »

L'œuvre gravé et lithographié d'Auguste Renoir n'est pas très abondant. Nous avons déjà fait remarquer, à propos de Camille Pissarro qui a trouvé tant de satisfaction à graver, combien au contraire les peintres-impressionnistes se montrèrent rebelles à cette forme de l'art Mais si l'œuvre graphique de Renoir ne s'impose pas par le nombre des pièces qu'il a exécutées, il n'en est pas moins caractéristique de ses tendances et de son talent. Il s'en dégage, en tous cas, une impression de grâce innée, de naïveté et de fraîcheur qui n'appartiennent qu'à lui. A quelle époque remontent exactement ses premiers essais ? Qui lui fit con-

---

(1) Les Peintres Impressionnistes, Floury, 1923, pages 109-110.

(2) Vlaminck, Stock, 1923.

(3) Renoir, par O. Duthuit, Stock, 1923.

naître les principes indispensables de l'eau-forte, du vernis-mou et de la pointe sèche par lesquels il débuta? Ses biographes n'y font aucune allusion Nous croyons cependant ne pouvoir faire remonter au delà de 1890 deux vernis-mous d'un groupe de danseurs : la *Danse à la campagne*, considérés comme ses débuts dans la gravure, sans posséder d'ailleurs d'élément irréfutable, consacrant cette date. Avec le frontispice pour *Pages*, de Stéphane Mallarmé, il existe un point de repère : le millésime d'apparition du livre : 1891. De même pour le portrait gravé *ad vivum* de Berthe Morisot (décédée en 1895), on peut lui assigner l'année 1892 ou 1893 au plus tard, années où Renoir se livrait également à la lithographie. Sans André Marty d'ailleurs, sans Théodore Duret, sans Ambroise Vollard, sans V.-J. Roux-Champion, Auguste Renoir eut à peine gravé ou lithographié. Sollicité à diverses reprises, Renoir ne crut pas devoir se soustraire aux sollicitations de ses admirateurs ou de ses amis. Il faut s'en réjouir, puisque de ces demandes, qui pour un livre, qui pour une revue, il en est résulté un ensemble de plus de cinquante pièces parmi lesquelles, outre les planches déjà citées, nous mentionnerons encore le *Chapeau épinglé*, gravé ou lithographié à six reprises, *Mère et enfant*, *Jeune Femme en buste* (M^ile Dieterle), la *Baigneuse debout, en pied*, la grande *Maternité*, les portraits de *Cézanne*, de *Rodin*, de *Vollard*, des études d'après ses enfants, enfin quelques nus savoureux, qui font le plus grand honneur à l'estampe française.

EAUX-FORTES - POINTES SÈCHES

VERNIS MOUS

1. — LA DANSE A LA CAMPAGNE

1re PLANCHE

(H. cuivre 220 millim. L. 140)

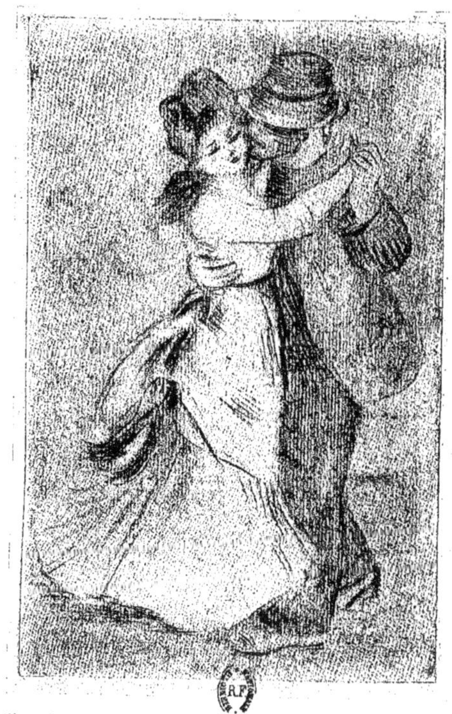

(Vers 1890)

Vernis-mou.

Fort rare.

Cuivre détruit?

2. — LA DANSE A LA CAMPAGNE

2ᵉ PLANCHE

(H. cuivre 220 millim. L. 138)

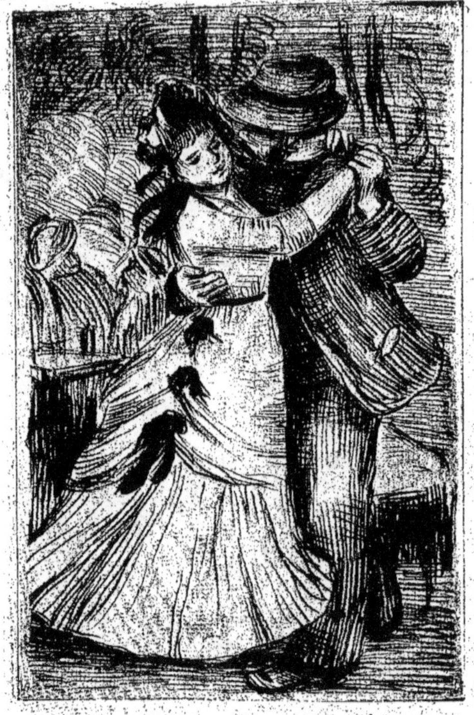

(Vers 1890)

Vernis-mou.

Il existe de la *Danse à la campagne* un autre couple de danseurs : c'est un *dessin au crayon noir*, exécuté en 1883, appartenant à M. Georges Viau, et qui a été reproduit à tort dans le **Renoir et ses Amis** (pages 67-68) de M. Georges Rivière, comme pointe sèche de Renoir.

Le cuivre existe.

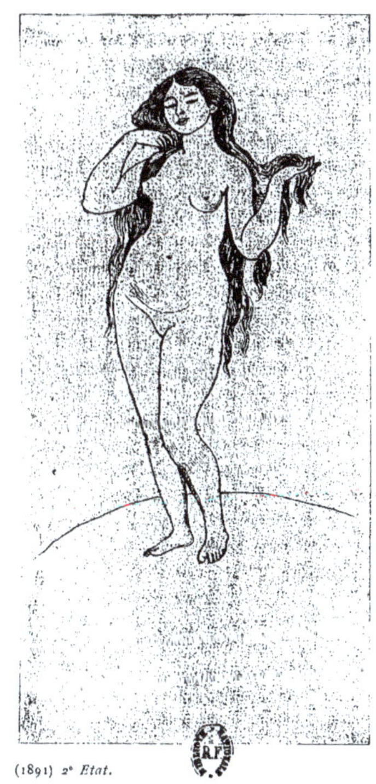

(1891) 2ᵉ *Etat.*

1ᵉʳ Etat.　Avec la signature *P. a. Renoir,* au-dessus du cercle, derrière les jambes de la femme; avec une seconde signature en B. à D., et avec un *masque,* très légèrement tracé à G., en guise de *remarque.* Etat publié dans les exemplaires de luxe de *Pages* (50 exemplaires).

2ᵉ　—　La seconde signature au B. à D. *est effacée,* ainsi que la remarque. L'État reproduit.

Cette planche a été publiée dans : *Pages,* de **Stéphane Mallarmé,** *avec un frontispice à l'eau-forte par Renoir,* Bruxelles, *E. Deman,* 1891. Cet ouvrage a été tiré à 50 exemplaires sur papier du Japon, puis à 325 sur papier de Hollande.

VENTES : O. Mirbeau (1919), 230 fr.; R. Aubert (1920), japon, 350 fr.; Roger Marx (1921), 240 fr. (*N.-B.* — Ces prix s'entendent du livre); Anonyme (25 juin 1923), la planche seule, 1ᵉʳ état, 150 fr.; 2ᵉ état, 125 fr.

4. — BERTHE MORISOT

(H. cuivre 117 millim. L. 96)

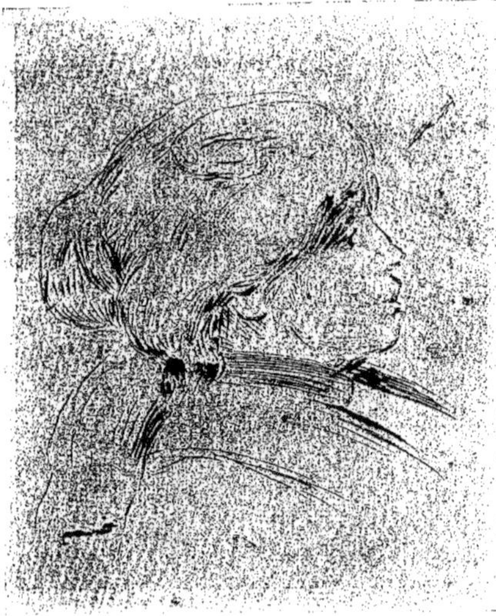

(Vers 1892)

Cabinet des Estampes, Paris, Bibliothèque de l'Université, Paris, MM. Th. Duret, M^{ce} Renou, Ern. Rouart.

VENTE : Anonyme (24 mai 1923), avec une pl. de B. Morisot (les *Canards*), 151 fr.

Cette planche a été publiée dans *Renoir*, par **Théodore Duret**, Paris, Bernheim jeune, 1923.

Berthe Morisot, née à Bourges, e 14 janvier 1841, morte le 2 mars 1895, avait fait partie du premier groupe des *Impressionnistes*, aux côtés de Sisley, de Monet, de Pissarro, de Renoir et de Cézanne. Elle avait épousé, en 1874, Eugène Manet, frère cadet du peintre, qui mourut en 1892. Son talent de peintre, d'une grande délicatesse et d'une réelle distinction, la plaça immédiatement en vedette dans le milieu qu'elle avait choisi. Berthe Morisot a aussi exécuté quelques pointes sèches. L'une d'elles : la *Leçon de dessin*, a paru dans la *Gazette des Beaux-Arts* (1907), une autre : *Jeune fille au chat*, dans la 3ᵉ édition des *Peintres-Impressionnistes*, de Th. Duret (1922).

Le cuivre existe (il appartient à M. Th. Duret).

5. — SUR LA PLAGE, A BERNEVAL

(H. cuivre 140 millim. L. 95)

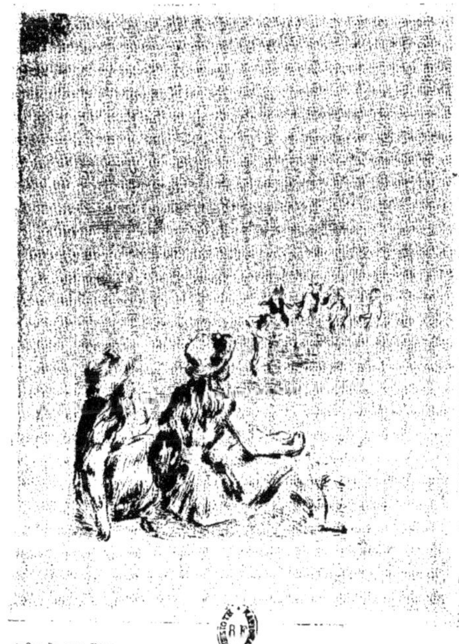

(189o?) 1er État.

1er État. Avant que le cuivre n'ait été réduit. En cet état, il mesure 182 millim. de H. (au lieu de 140 dans l'état suivant) et 140 de L. (au lieu de 95). On aperçoit au second plan, à droite, un peu en dehors de la composition, une baigneuse, effacée dans l'état qui suit. Fort rare. L'État reproduit. Collections de MM. Th. Duret, Loys Delteil.

2e — La baigneuse à droite est supprimée, et le cuivre, réduit, ne mesure plus que 140 millim. de H. sur 95 de L. Le cuivre n'est pas biseauté. Etat publié dans les *Peintres Impressionnistes*, de **Th. Duret**, 2e édition, Paris, Floury, 1919.

3e — Le cuivre est biseauté. Etat publié dans le Tome XVII du *Peintre-Graveur Illustré*.

VENTE : G. Pochet (1912), sous le titre *Aux Bains de mer*, avec trois autres pl., 35 fr.

Le cuivre existe (il appartient à M. Th. Duret à qui nous devons des remerciements pour l'obligeance qu'il a eue de le mettre à notre disposition pour le présent ouvrage).

6. — LE CHAPEAU ÉPINGLÉ

(LA FILLE DE BERTHE MORISOT ET SA COUSINE)

1re PLANCHE

(H. cuivre 116 millim. L. 82)

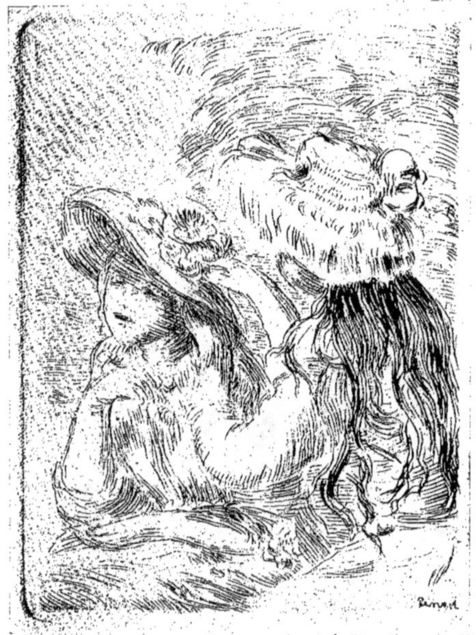

(1894?)

Cabinet des Estampes, Paris, Bibliothèque de l'Université, Paris, M. Th. Duret.

Cette planche a été publiée dans *Manet and the French Impressionnists*, par **Th. Duret**, Londres G. Richards, 1910, puis dans : *Die Impressionisten*, du même auteur, Berlin, Bruno Cassirer, 1914.

Le cuivre existe (il appartient à M. Théodore Duret).

7. -- LE CHAPEAU ÉPINGLÉ

(LA FILLE DE BERTHE MORISOT ET SA COUSINE)

2ᵉ PLANCHE

(H. cuivre 162 millim. L. 130 : Sujet : H. 125 ; L. 88).

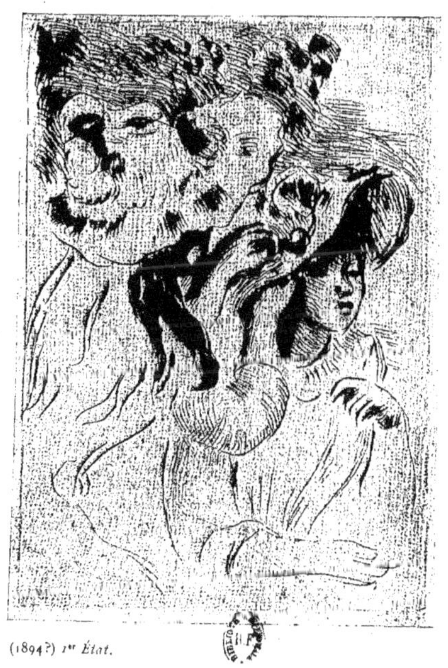

(1894?) 1ᵉʳ État.

1ᵉʳ Etat.   Avant que le cuivre n'ait été réduit. En cet état, il mesure 162 millim. de H. sur 130 du L. Fort
rare. L'État reproduit. Collections de MM. Abel Faivre, Fix-Masseau, F. Luigini.

2ᵉ   —   Le cuivre est réduit et ne mesure plus que 131 mil'im. de H. (au lieu de 162) sur 96 de L. (au
lieu de 130). En cet état, la *plupart des barbes*, très apparentes sur notre reproduction exécutée
d'après une épreuve du 1ᵉʳ état, ont disparu.

———

Cette pièce est également connue sous le titre : *Petite fille aux cerises* (Exposition de : *La Femme —
L'Enfant*, Galeries Brunner, 1922).

———

Le cuivre existe.

LA FILLE DE BERTHE MORISOT ET SA COUSINE

3ᵉ PLANCHE

(H. cuivre   millim. L.

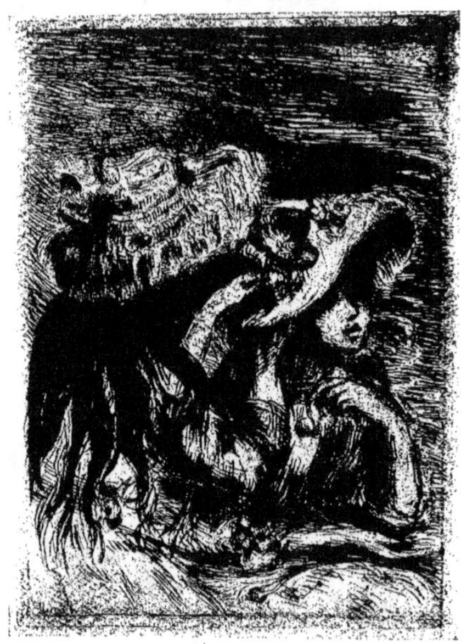

(1894) 1ᵉʳ État.

1ᵉʳ État. Avant quelques travaux. Fort rare. L'État reproduit. Collection de M. Georges Rivière.

2ᵉ — Avec des contre-tailles dans le fond à gauche, puis à droite devant la fillette ; avec quelques travaux ajoutés sur les chapeaux et les fleurs, etc. Etat publié dans : la *Vie artistique*, par *Gustave Geffroy*, 3ᵉ série, Paris, Dentu, 1894 (les exemplaires de luxe renferment 3 épreuves de la pl. : en noir, en bistre et en vert), puis dans : **Renoir et ses Amis**, par *Georges Rivière*, Paris, Floury, 1921.

VENTES : G. Pochet (1902), sous le titre : **Deux Sœurs**, avec 3 autres pl., 35 fr. ; Anonyme (27 février 1912), 20 fr. ; Roger Marx (1914), 2 épreuves, 170 fr. ; Anonyme (15 décembre 1917), 55 fr. ; Anonyme (13 février 1920), sous le titre : **Deux Fillettes**, 105 fr. ; Alf. Beurdeley (1921), 125 fr.

Le cuivre existe.

9. — LES DEUX BAIGNEUSES

(H. cuivre 262 millim. L. 241)

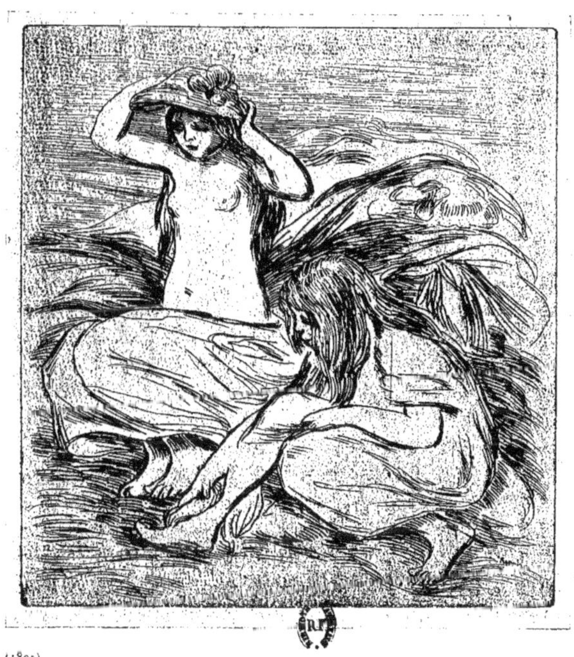

(1895)

VENTES : Viau (G.), 1909, 24 fr.; Anonyme (4 novembre 1910), 30 fr.; Anonyme (11-12 mai 1914), n° 26, 70 fr.; Alf. Beurdeley (1921), 110 fr.; Anonyme (24-25 juin 1921), 130 fr.; Mme Sarah Bernhardt (1923), n° 83, 300 fr.

Kupferstiche Kabinet, Berlin, Cabinet des Estampes, Budapest, MM. le Dr Norero, G. Rivière, G. Teyssier.

Cette eau forte, tirée à 100 épreuves, non compris quelques *essais*, et publiée dans l'Estampe Originale, a été reproduite dans : *Renoir et ses Amis* (p. 228), par G. Rivière, Paris, Floury, 1921.

Cuivre détruit.

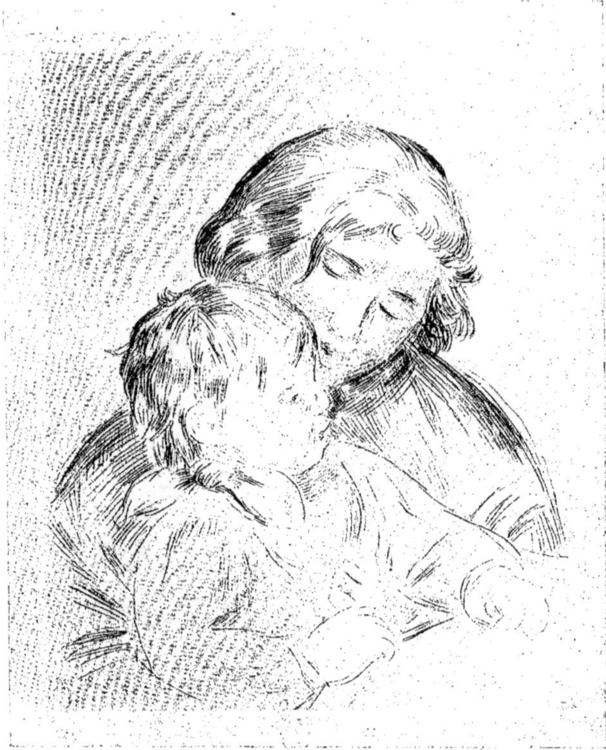

(1896).

Cette pièce, tirée à 100 épreuves *numérotées* (non compris quelques épreuves d'*essai* ou de passe), a été publiée dans l'Album des **Peintres-Graveurs** (1re année, 1896), Paris, A. Vollard.

Kupferstiche Kabinet, Berlin, Kupferstiche Kabinet, Dresde, Kunsthalle de Hambourg, Cabinet des Estampes, Budapest, Dr Norero, A. Ragault.

VENTES : G. Pochet (1902), avec 3 autres pl., 35 fr.; A. Ragault (1907), 31 fr.; G. Viau (1909), 40 fr.; Anonyme (4 juin 1910), 20 fr.; Anonyme (15 décembre 1917), 80 fr.; Oct. Mirbeau (1919), sous le titre : **Maternité**, 320 fr.; Anonyme (9 décembre 1920), 155 fr.

Cuivre détruit.

11. — BAIGNEUSE ASSISE

(H. cuivre 219 millim. L. 139)

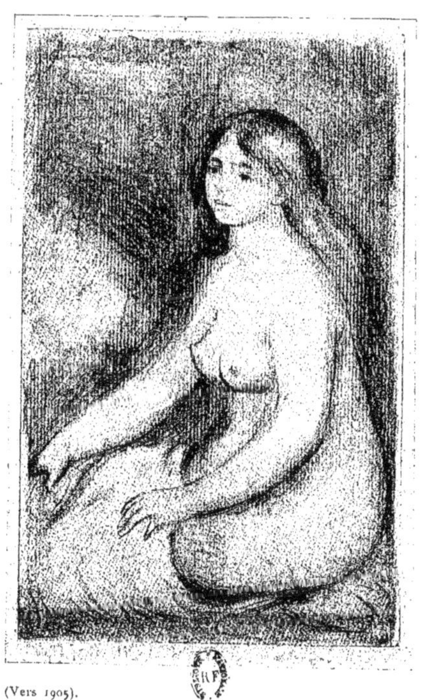

(Vers 1905).

Vernis mou, signé dans le haut, à gauche.

———

Kupferstiche Kabinet, Berlin. MM. G. Conturat, A. Joubin (avec dédicace).

———

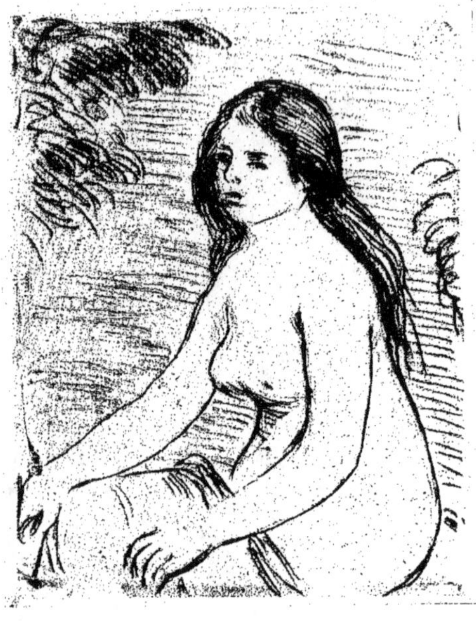

(1906)

Ce vernis mou — indiqué comme *eau-forte* originale — a été publié dans l'**Histoire des Peintres-Impressionnistes**, par *Th. Duret*, Paris, H. Floury, 1906. En dehors des exemplaires sur hollande, il a été tiré un petit nombre d'épreuves en sanguine sur papier du Japon, pour les exemplaires de luxe de cet ouvrage. Cette planche a été également intercalée dans : **Die Impressionisten**, de *Th. Duret*, Berlin, B. Cassirer, 1909.

Le cuivr existe.

1re PLANCHE

(L. cuivre 198 mill. H. 130).

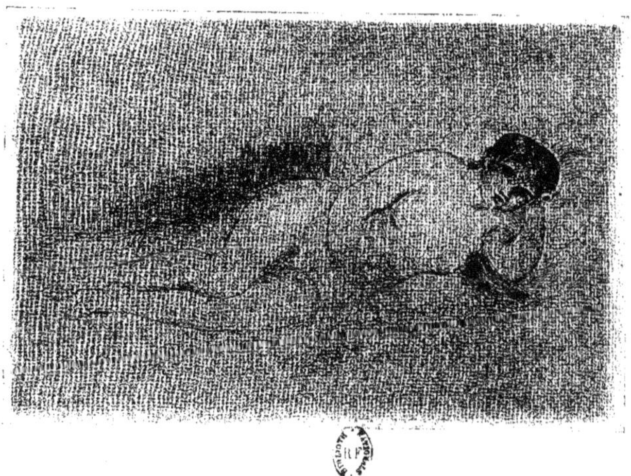

Planche restée inachevée. Première pensée de la pièce suivante.

———

Le cuivre existe.

14. — FEMME NUE COUCHÉE (TOURNÉE A DROITE)
(2ᵉ PLANCHE)

(L. cuivre, 198 millim. H. 139)

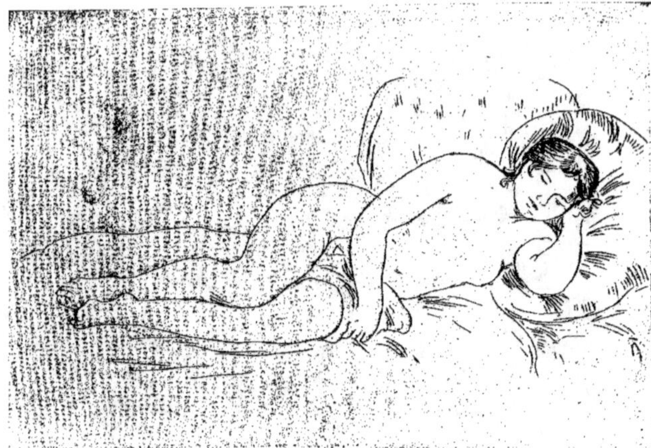

(1906)

Cette eau-forte a été publiée dans l'édition de luxe de l'**Histoire des Peintres Impressionnistes,** de *Th. Duret*, Paris, Floury, 1906 (les épreuves sont tirées en sanguine, sur papier du Japon), puis dans : **Die Impressionnisten,** du même auteur, Berlin, B. Cassirer, 1909, enfin dans les : **Nus de Renoir,** Paris, Bernheim jeune, 1923.

————

Cabinet des Estampes, Paris, Kupferstiche Kabinet, Berlin.

————

Le cuivre existe.

15. — FEMME COUCHEE (TOURNÉE A GAUCHE)

(L. cuivre, 199 millim. H. 139)

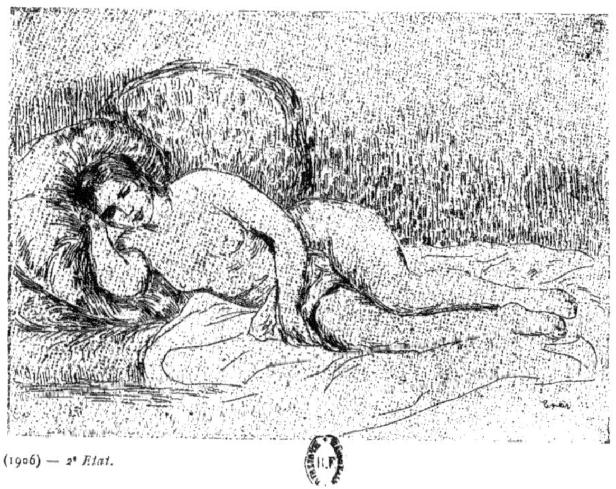

(1906) — 2ᵉ *Etat.*

1ᵉʳ Etat.   Avant la signature gravée, au B. à D. Fort rare

2ᵉ   —   Avec la signature gravée, au B. à D. **L'État** reproduit.

Cette eau-forte a été publiée dans l'**Histoire des Peintres impressionnistes**, par *Théodore Duret*, Paris, Floury, 1906, dans la **Gazette des Beaux-Arts** (année 1907, p. 260), puis dans : *Die Impressionisten*, de Th. Duret, Berlin, B. Cassirer, 1909. En dehors des exemplaires sur vergé, il a été tiré quelques épreuves en sanguine sur papier du *Japon*, pour les exemplaires de luxe, de l'ouvrage de Th. Duret (édition française).

VENTES : Anonyme (29 mai 1908), 30 fr.; Anonyme, 20 avril 1909, 5 fr.; Anonyme (15 décembre 1917), sous le titre : **Le Repos,** 80 fr. ; Anonyme (9 décembre 1920), *bon à tirer*, 160 fr.

Le cuivre existe.

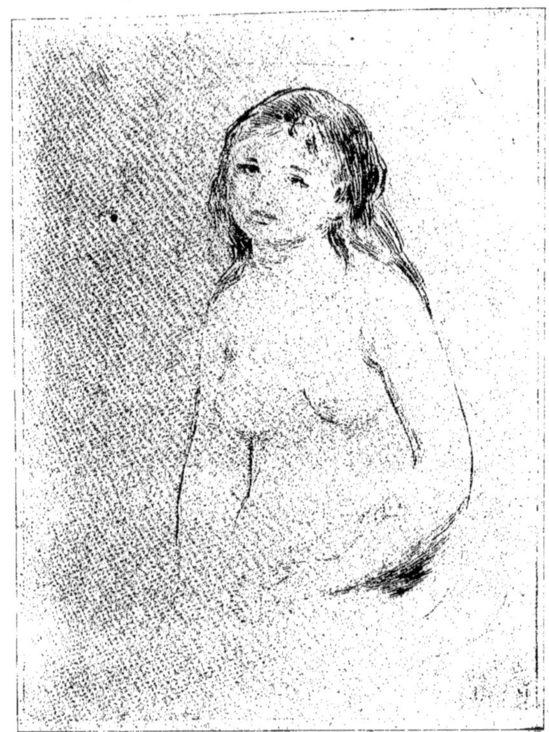

Pointe sèche.

———

La planche existe.

17. — CLAUDE RENOIR, FILS DE L'ARTISTE, DE PROFIL
(H. zinc, 155 millim. L. 91)

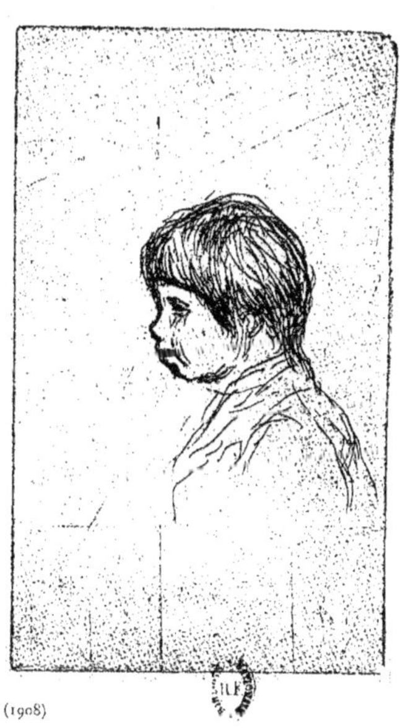

(1908)

Eau-forte.

Collections de MM. Brunel, Louis Vauxcelles, Roux-Champion.

Le zinc existe (Il appartient à M. Roux-Champion).

(H. zinc, 162 millim. L. 130)

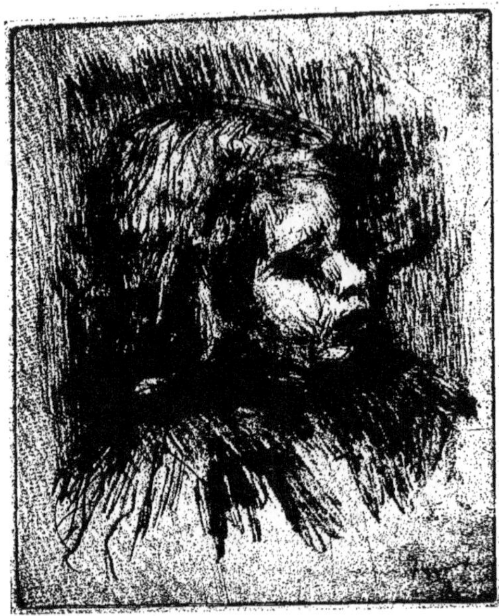

(1908) 2ᵉ *Etat.*

Vernis-mou.

———

1ᵉʳ Eiat. Avant quelques travaux dans la figure, dans les cheveux, ainsi que dans le fond. **Fort rare.** Collection de M. V. J. Roux-Champion.

2ᵉ — Avec l'addition de divers travaux. L'État reproduit.

———

Le dessin ayant servi pour l'exécution de cette planche appartient à M. Roux-Champion.

———

Le zinc existe (il appartient à M. Roux-Champion).

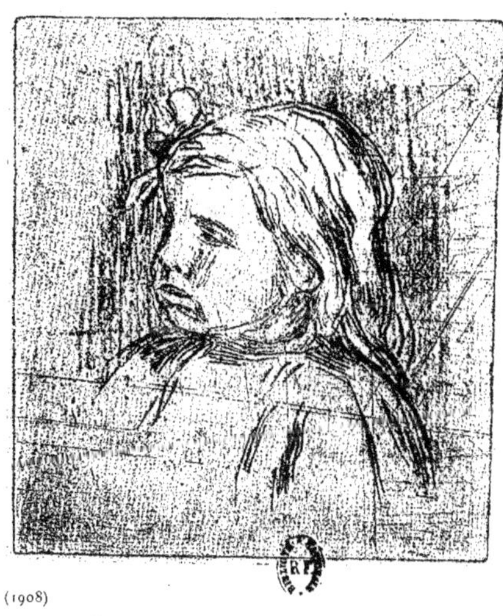

(1908)

Vernis-mou.

Le dessin ayant servi pour l'exécution de cette planche appartient à M. Roux-Champion.

———

Le zinc existe (Il appartient à M. Roux-Champion).

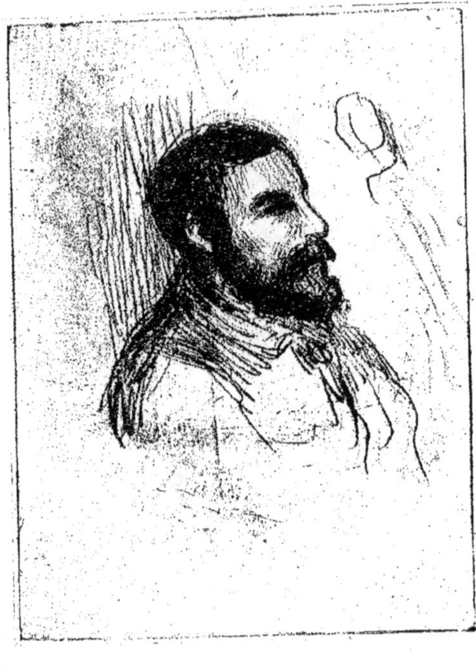

(1908)

Vernis-mou.

———

M. Victor-Joseph Roux-Champion, peintre et graveur, est né à Chaumont (Haute-Marne), le 30 septembre 1871. Elève de Gustave Moreau, Roux-Champion, en dehors de nombreuses aquarelles exécutées en Belgique et dans le Midi de la France (à Cagnes, notamment, où il connut Renoir qui grava à ses côtés les planches énumérées sous les nᵒˢ 17, 18, 19, 20 et 21 de notre catalogue), V.-J. Roux-Champion a exécuté plus de 200 planches. Il a été, en outre, avec J.-F. Raffaëlli, un des promoteurs de la fondation de la *Société de la Gravure originale en couleurs.*

———

Le zinc existe (il appartient à M. Roux-Champion).

21. — LE PETIT PAYSAGE

(L. zinc, 155 millim. H. 79)

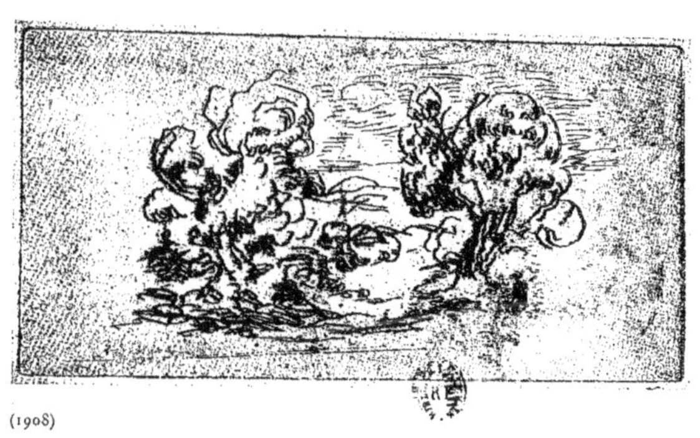

(1908)

Eau-forte sur zinc.

Le zinc existe (il appartient à M. Roux-Champion).

22. — BUSTE D'ENFANT, TOURNÉ A DROITE

(H. cuivre, 150 millim. L. 105)

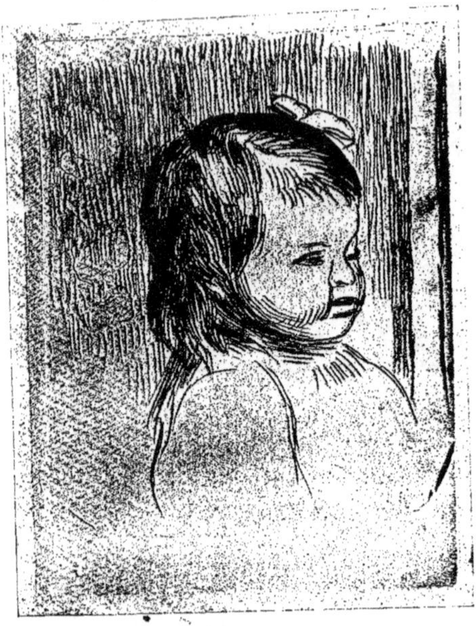

(Vers 1908)

Vernis-mou.

Cabinet des Estampes, Paris, Bibliothèque de l'Université, Paris, M. Th. Duret.

Ce vernis-mou a été publié dans : *Die Impressionisten*, de **Th. Duret**, Berlin, **Bruno Cassirer**, 1914.

Le cuivre existe (il appartient à M. Th. Duret).

23. — BAIGNEUSE DEBOUT, A MI-JAMBES

(H. cuivre, 168 millim. L. 112)

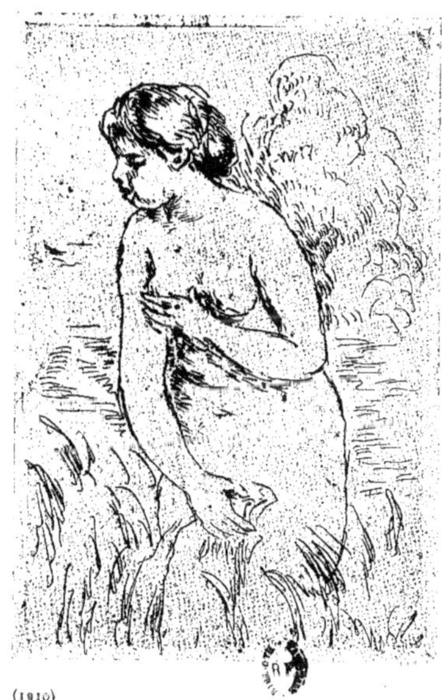

(1910)

Cette eau-forte a été publiée dans : **Manet and the French Impressionnists**, par *Th. Duret*, Londres, G. Richards, 1910, dans les **Peintres Impressionnistes**, du même auteur, 2ᵉ édition, Paris, Floury, 1919, puis dans la 3ᵉ édition, Floury, 1923.

VENTES : Anonyme (28 février 1912), 22 fr. ; Anonyme (10 décembre 1912), 60 fr.

———

Le cuivre existe.

Ire PLANCHE

(H. cuivre 232 millim. L. 188)

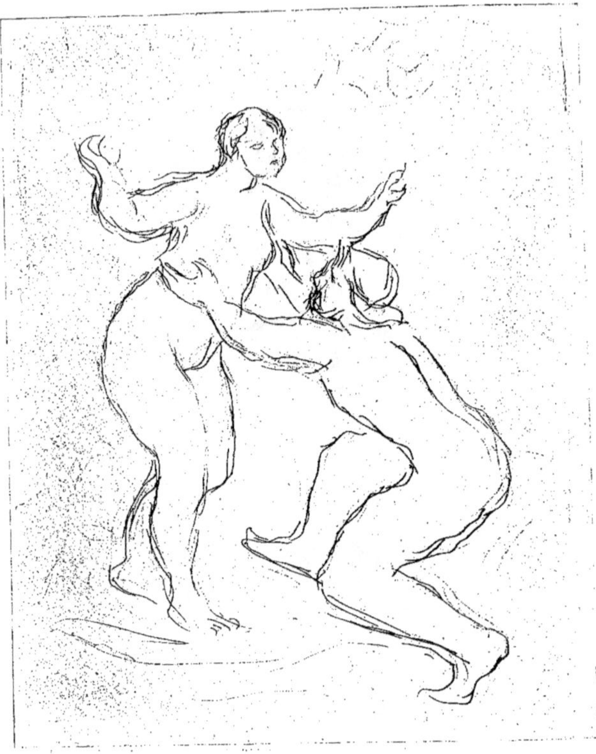

Eau-forte.

———

Le cuivre existe.

2ᵉ PLANCHE

(H. cuivre 252 millim. L. 193)

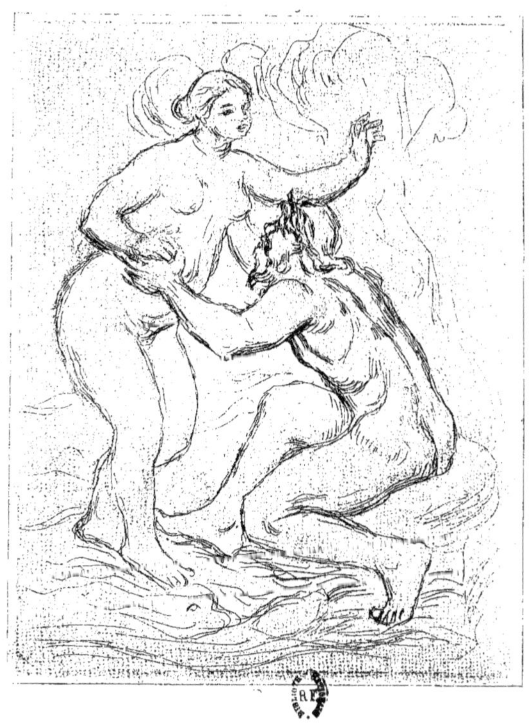

Eau-forte.

Le cuivre existe.

LITHOGRAPHIES

REPORTS SUR PIERRE

26. — JEUNE FEMME EN BUSTE (Mlle DIÉTERLE)

(H. 532 millim. L. 403)

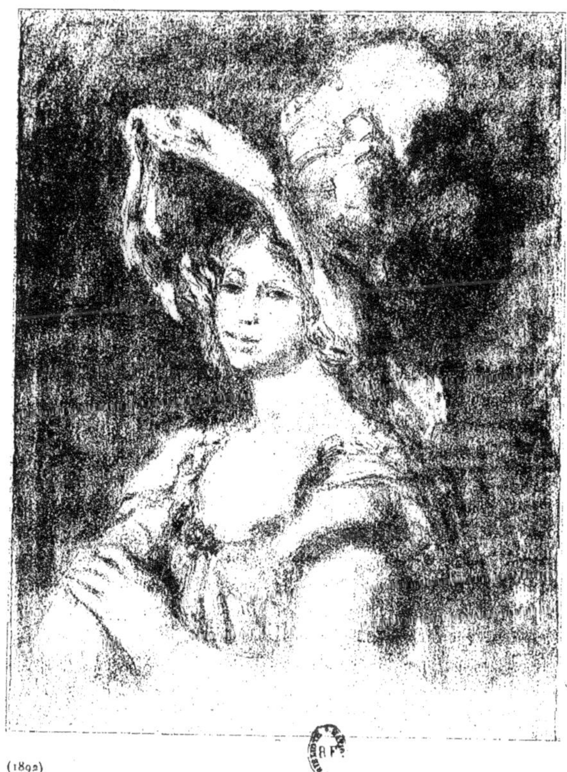

(1892)

VENTES : Anonyme (20 avril 1909), 28 fr.; Anonyme (22 décembre 1909), signée, 49 fr.; Anonyme (8 mai 1914), sous le titre : La Dame au grand chapeau, 131 fr.; Anonyme (13 février 1920), sous le titre : Jeune fille au chapeau à plumes, 260 fr.; Alf. Beurdeley (1921), 300 fr.

Cabinet des Estampes, Paris, Graphischen Sammlung, Munich, MM. G. Aubry, Dr Noreie, G. Rivière, G. Teyssier.

Cette pièce, tirée à 100 épreuves (non compris quelques *essais*), a été reproduite comme planche hors-texte, dans : **Renoir et ses Amis**, par *Georges Rivière*, Floury, 1921, puis dans l'Esame, Milan (n° de février 1923).

Pierre détruite.

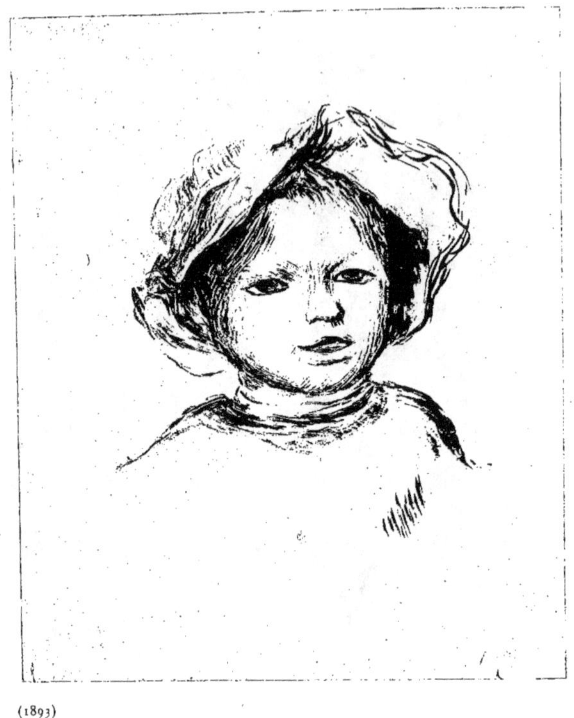

(1893)

Cabinet des Estampes, Paris, Kupferstiche Kabinet, Berlin, MM. G. Rivière, Ern. Rouart.

Cette pièce a été publiée dans l'Estampe originale, et reproduite en hors-texte dans : **Renoir et ses Amis**, par G. *Rivière*, Floury, 1921.

VENTES : Anonyme (28-29 avril 1908), 3 fr.: Alf. Beurdeley (1921), sous le titre : **Tête d'enfant, 125 fr.**

Pierre détruite.

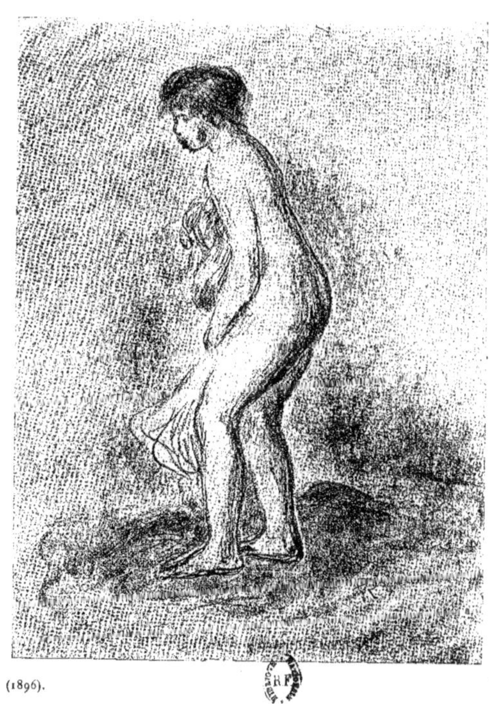

(1896).

Lithographie tirée à 100 épreuves, imprimées en couleurs, non compris quelques essais.

Cabinet des Estampes, Paris, Cabinet des Estampes, Budapest, Kunsthalle de Hambourg, M. Th. Duret.

VENTES : A. C. (A. Clot, 1919), essai, 210 fr.; A. Strölin (1921), 450 fr.; Anonyme (4 février 1922), 780 fr.

Pierres détruites.

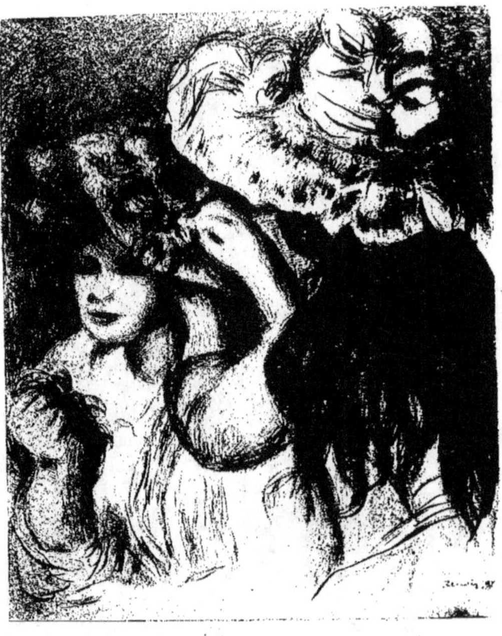

(1897)

Cette lithographie a été tirée à 50 épreuves en sanguine, 50 en bistre et 100 en noir, non compris quelques *essais*.

———

Kupferstiche Kabinet, Berlin (épr. de la planche noire seule et épreuve en couleurs), Kupferstiche Kabinet, Dresde.

———

VENTES : A. C. (A. Clot, 1919), 265 fr.; Anonyme (4 février 1922), 500 fr.

———

Pierre détruite.

30. — LE CHAPEAU ÉPINGLÉ

2ᵉ PLANCHE

(H. 600 millim. L. 488)

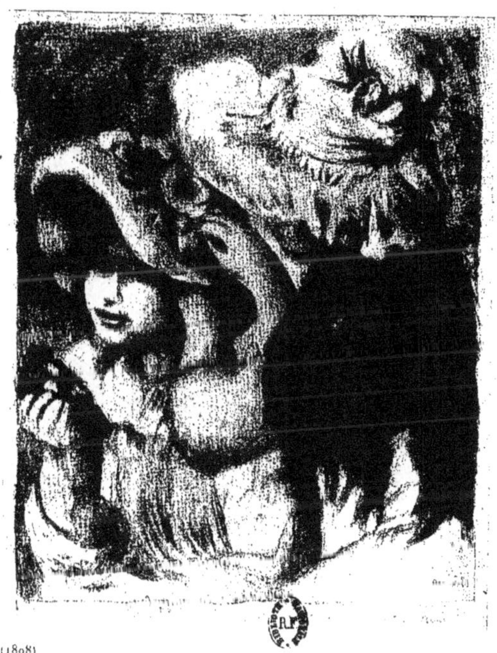

(1898)

Cette lithographie a été tirée à 200 épreuves, *imprimées en couleurs* (non compris quelques *essais*).

Cabinet des Estampes, Paris, MM. A. Clot (épr. de la pl. noire seule), Joseph-Rignault, Dʳ Norero, G. Rivière.

VENTES : A. O. (A. Clot. 1919), épr. signée, 460 fr.; n. signée, 300 fr.; A. Strölin (1921), 520 fr.; Anonyme (4 février 1922), 1.120 fr.

Pierres détruites.

31. — L'ENFANT AU BISCUIT

(Jean Renoir)

(H. 320 millim. L. 270)

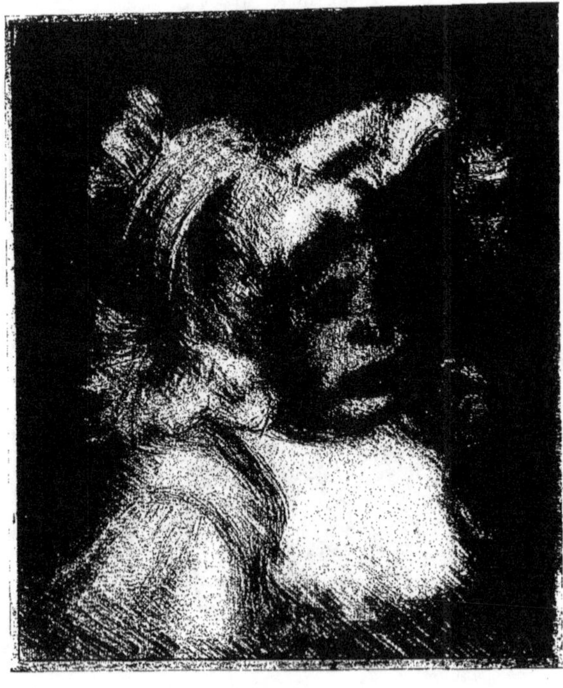

(1899)

Lithographie tirée à 100 épreuves *imprimées en couleurs*, non compris quelques *essais*.

Cabinet des Estampes, Paris, Kupferstiche Kabinet, Berlin, MM. G. Aubry, A. Clot, G. Rivière.

VENTES : Anonyme (27 février 1912), 65 fr. ; A. C. (A. Clot, 1919), n. sign., 100 fr. ; imp. en c., *signée*, 315 fr. ; Alf. Strölin (1921), 480 fr.

Pierres détruites.

32. — ENFANTS JOUANT A LA BALLE

(H. 600 millim. L. 510)

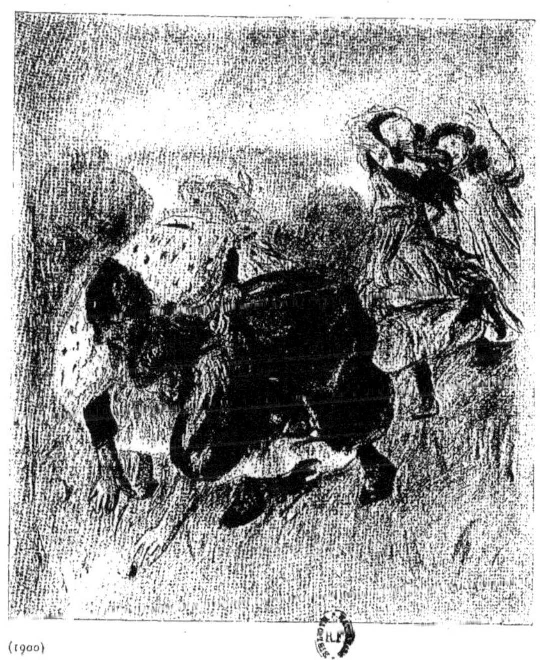

(1900)

Lithographie tirée à 200 épreuves, *imprimées en couleurs* (non compris quelques *essais*).

Cabinet des Estampes, Paris, Kupferstiche Kabinet, Dresde, MM. le Dr Norero, G. Rivière.

VENTES : A. C. (A. Clot), 1919, sous le titre · Jeux d'enfants, 200 fr.; Anonyme (24 juin 1919), 160 fr.;
A. Strölin (1921), 500 fr.

Cette pièce a été reproduite dans les *exemplaires sur japon*, du Renoir et ses Amis, par *G. Rivière*,
Floury, 1921.

Pierres détruites.

33. — RICHARD WAGNER

(H. 435 millim. L. 320)

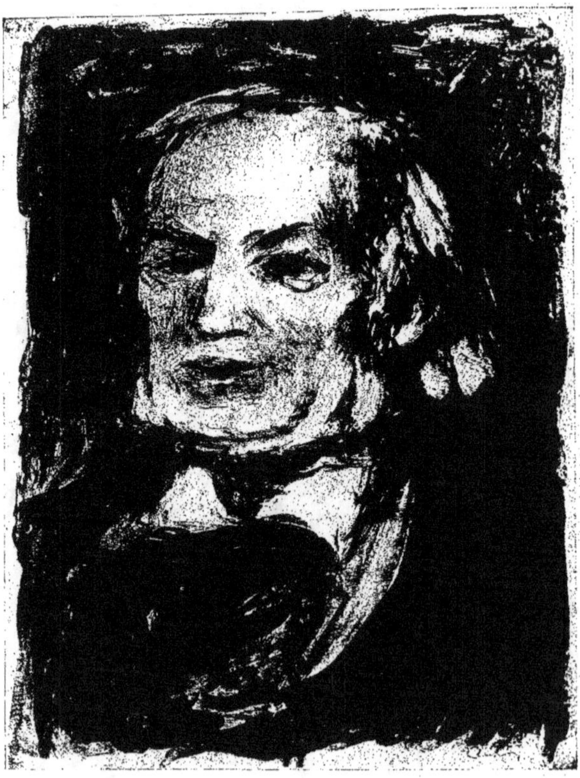

(Vers 1900)

Lithographie tirée à 100 épreuves, non compris quelques *essais*.

———————

Collection de M. Georges Rivière.

———————

Il existe du portrait de Richard Wagner un dessin exécuté par Renoir d'après son tableau, et présentant une grande similitude avec la lithographie; ce dessin a été reproduit dans la 1re édition de l'**Histoire des Peintres Impressionnistes**, par *Th. Duret*, Floury, 1906.

———————

Pierre détruite.

34. — PAUL CÉZANNE

(H. 260 millim. L. 240)

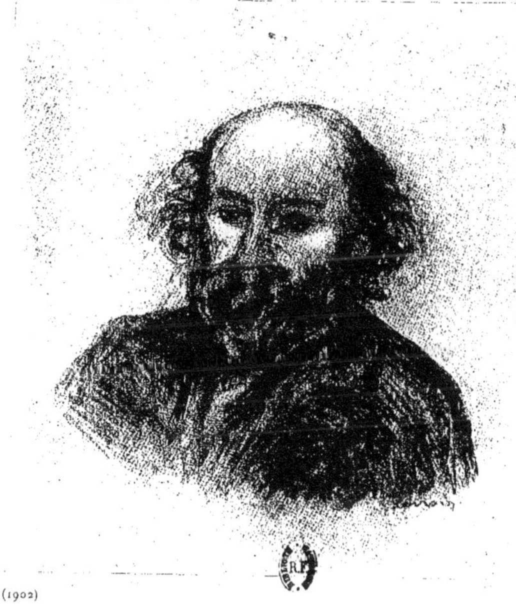

(1902)

On lit vers le bas de cette pièce, tracée au crayon lithographique, l'inscription suivante : **Tête d'homme par Renoir.** Cette pièce a été tirée à 100 épreuves, non compris quelques *essais*.

Kupferstiche Kabinet, Dresde, Kunsthalle de Hambourg, MM. G. Aubry (japon), G. Rivière.

Paul Cézanne, peintre, graveur et lithographe, né à Aix le 19 janvier 1839, mort le 23 octobre 1906, est l'un des artistes qui ont eu le plus d'influence sur l'art de notre temps et il est vénéré par les indépendants à l'égal des plus grands.

Pierre détruite.

35. — ODALISQUE

(L. 123 millim. H. 80)

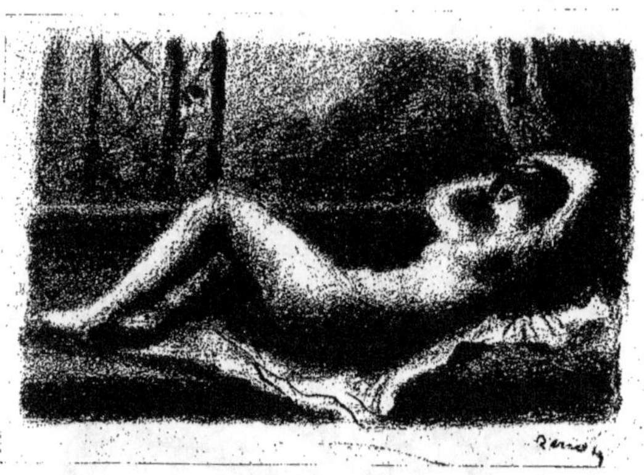

(1904)

Lithographie tirée à quelques épreuves d'*essai*, puis à 75 épreuves en bistre, destinées à une brochure
publiée par Léon Vanier, dont on n'a pu nous préciser le titre, et que nous n'avons pas rencontrée.

———

Collection de M. A. Clot.

———

La pierre existe.

36. — LE CHAPEAU ÉPINGLÉ ET LA BAIGNEUSE

(L. totale 315 millim. H. 265)
(du sujet principal H. 265 L. 208 et du petit sujet H. 128 L. 87)

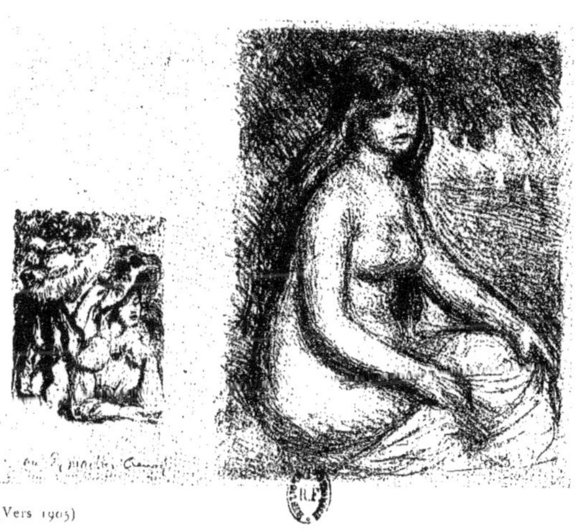

(Vers 1905)

Lithographie tirée à quelques épreuves seulement.

———

Kupferstiche Kabinet, Berlin, M. Marcel Guérin.

———

VENTES : G. Pochet (1902), 19 fr. ; L. Joly (1910), 50 fr. ; Marcel Guérin (1921), 2,000 fr.

———

Pierre détruite ?

(N°s 37 à 48)

TITRE :

DOUZE
LITHOGRAPHIES ORIGINALES
DE
PIERRE-AUGUSTE RENOIR

Aux dépens de
AMBROISE VOLLARD
28, rue de Grammont, 28
PARIS
1919

Cet Album composé de lithographies exécutées par Renoir, plus particulièrement au cours des années 1904-1905, a été tiré à mille exemplaires, ainsi qu'en témoigne l'indication suivante imprimée au verso du titre :

JUSTIFICATION DU TIRAGE

IL A ÉTÉ TIRÉ MILLE-EXEMPLAIRES NUMÉROTÉS :

Cinquante sur japon ancien à la forme. . . . . .   1 à   50
Neuf cent cinquante sur vélin. . . . .   51 à 1000

(Pierres effacées après le tirage)

N°

Copyright by Ambroise Vollard, 1919.

N. B. Les exemplaires sur papier du Japon, sont signés manuscritement.

37. — AMBROISE VOLLARD

(H. 238 millim. L. 170)

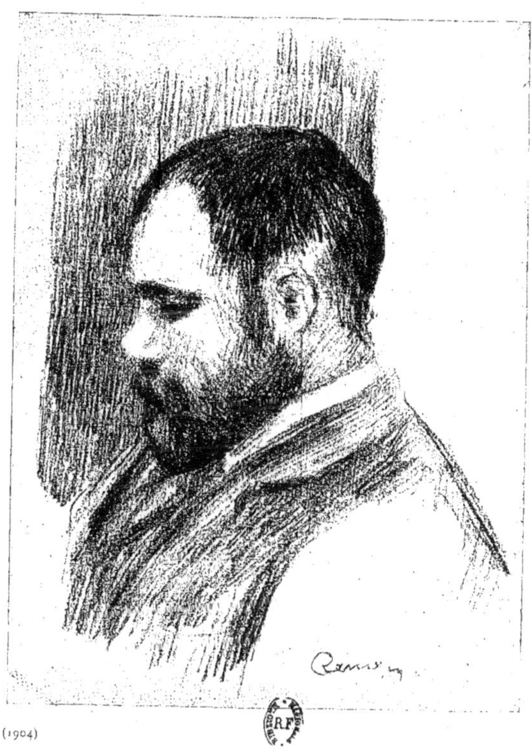

(1904)

Kupferstiche Kabinet, Dresde, MM. Loys Delteil, O. Gerstenberg.

Cette lithographie, publiée dans l'Album des Douze Lithographies originales de Pierre Auguste Renoir (Paris, A. Vollard, 1919), a été reproduite dans le Renoir, par Ambr. Vollard, 1920.

Pierre détruite.

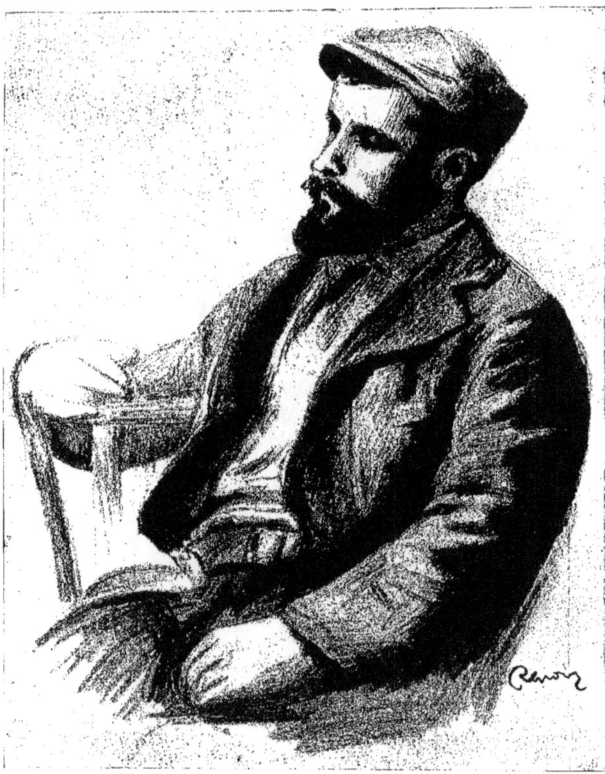

(1904)

Kupferstiche Kabinet, Dresde, M. O. Gerstenberg.

Cette pièce a été publiée dans l'Album des Douze Lithographies originales.

Pierre détruite.

39. — CLAUDE RENOIR, LA TÊTE BAISSÉE
(H. 215 millim. L. 188)

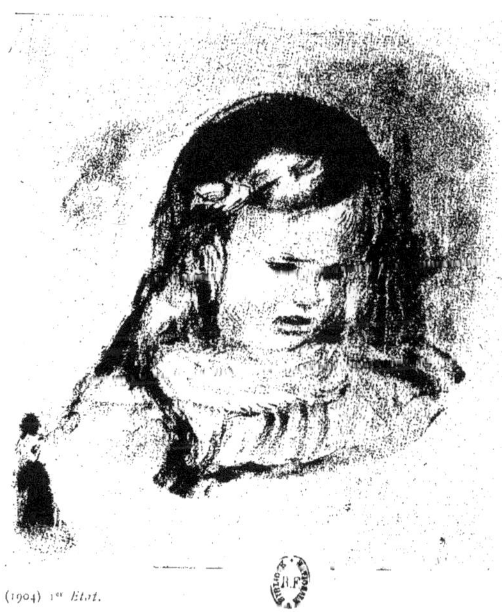

(1904) 1er *État.*

1er Etat. Avant la signature, au B. à D., et avant quelques légères retouches. L'État reproduit. Kupferstiche Kabinet, Berlin.

2e — Avec quelques retouches et la signature : *Renoir*, au B. à D., à environ 60 millim. de la base
du sujet. Etat publié dans l'Album des Douze Lithographies originales. Collection de M. G.
Couturat.

Pierre détruite.

40. CLAUDE RENOIR, TOURNÉ A GAUCHE

(H. 128 millim. L. 118)

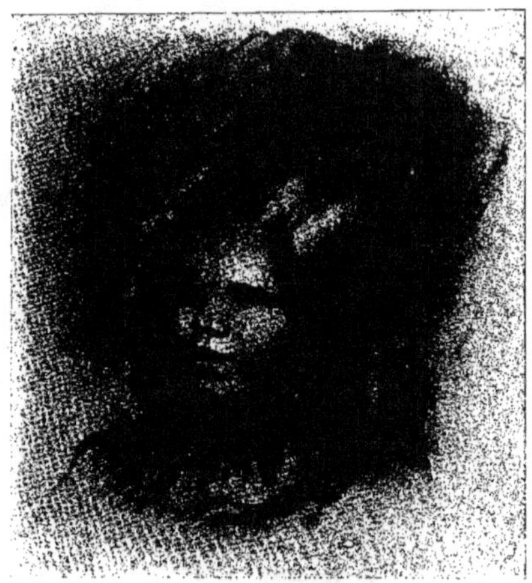

(1904)

Cette pièce qui porte la signature : *Renoir*, au B. à D., à 55 millim. de la base du sujet, a été publiée dans l'Album des Douze Lithographies originales.

Pierre détruite.

41. — LA PIERRE AU TROIS CROQUIS

(L. environ, 290 millim. H. 205)

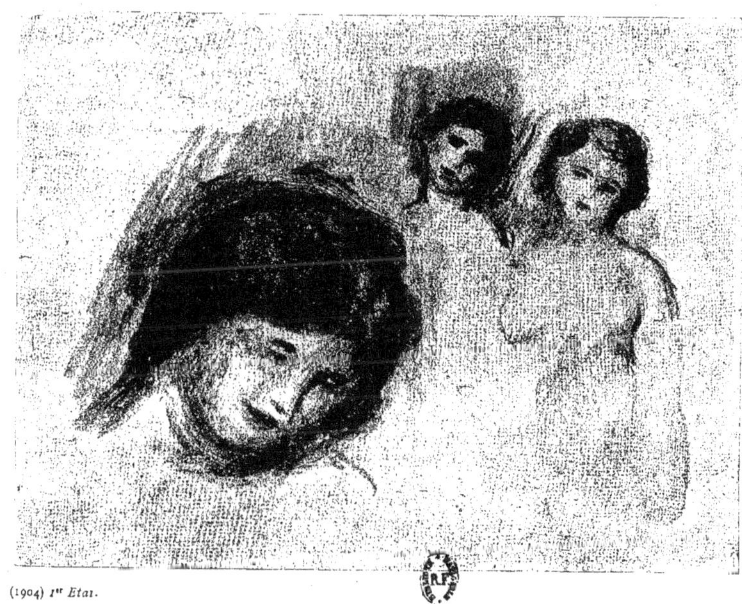

(1904) *1ᵉʳ Etat.*

1ᵉʳ Etat. Avant la signature : *Renoir*, au B. à G. Fort rare. L'État reproduit.

2ᵉ — Avec la signature : *Renoir*, au B. à G. Etat publié dans l'**Album des Douze Lithographies** originales. Kupferstiche Kabinet, Berlin, Kupferstiche Kabinet, Dresde. MM. G. Gouturat, O. Gerstenberg.

Pierre détruite.

(H. 190 millim. L. 163)

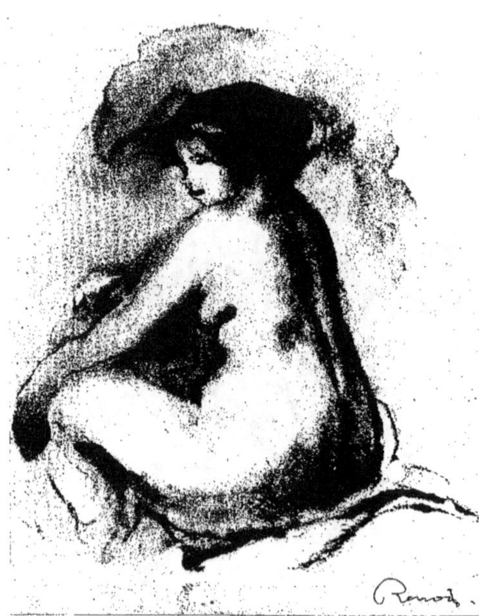

(1904)

Cette planche a été publiée dans l'Album des Douze Lithographies originales.

———

Pierre détruite.

43. — ÉTUDE DE FEMME NUE, ASSISE, VARIANTE

(H. 165 millim. L. 160)

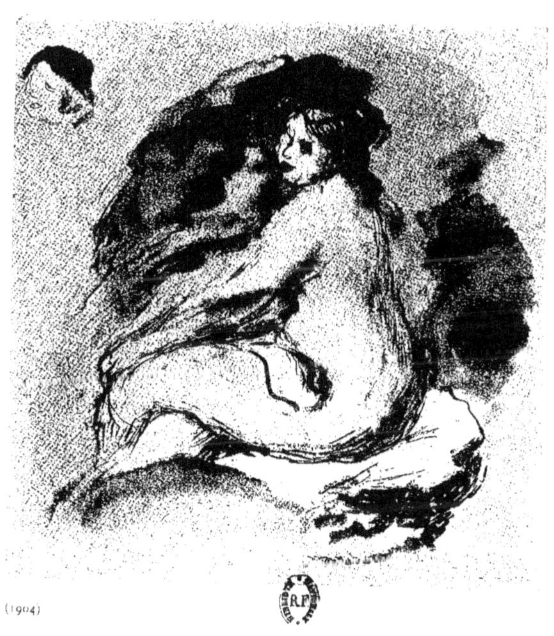

(1904)

1ᵉʳ État   Avant la signature au B. à G. Très rare. Kupferstiche Kabinet, Berlin.

2ᵉ   —   Avec la signature : *Renoir*, au B. à G., à environ 35 millim. de la base du sujet. Etat publié
dans l'**Album des Douze Lithographies originales**.

Pierre détruite.

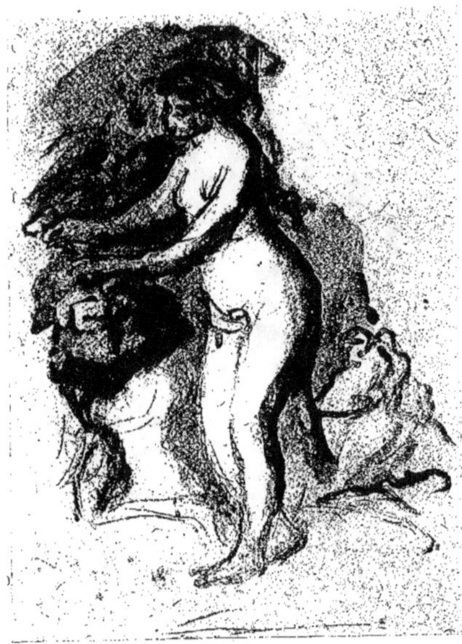

44. — FEMME AU CEP DE VIGNE

(H. 173 millim. L. 125)

(1904)

Cette pièce qui porte la signature : *Renoir*, au B. à G., à environ 45 millim. de la base du sujet, a
été publiée dans l'**Album des Douze Lithographies originales**.

Pierre détruite.

45. — FEMME AU CEP DE VIGNE, VARIANTE
(H. 175 millim. L. 118)

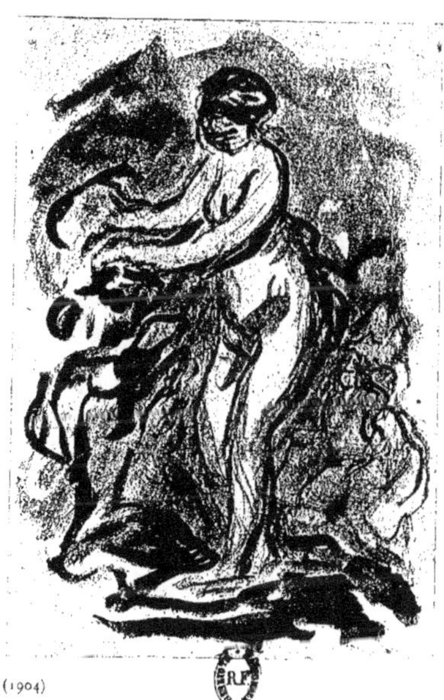

(1904)

Cette pièce qui porte la signature : *Renoir*, au B. à G., à environ 30 millim. de la base du sujet, a
été publiée dans l'Album des Douze Lithographies originales.

Pierre d'Araile.

46. — FEMME AU CEP DE VIGNE, 2ᵉ variante

(H. 115 millim. L. 85)

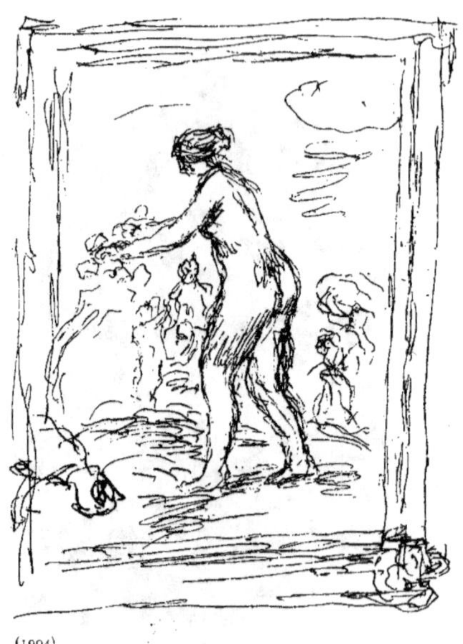

(1904)

Cette lithographie qui porte la signature : *Renoir*, à 55 millim. de la base du sujet, a été publiée dans l'Album des Douze Lithographies originales.

Pierre détruite.

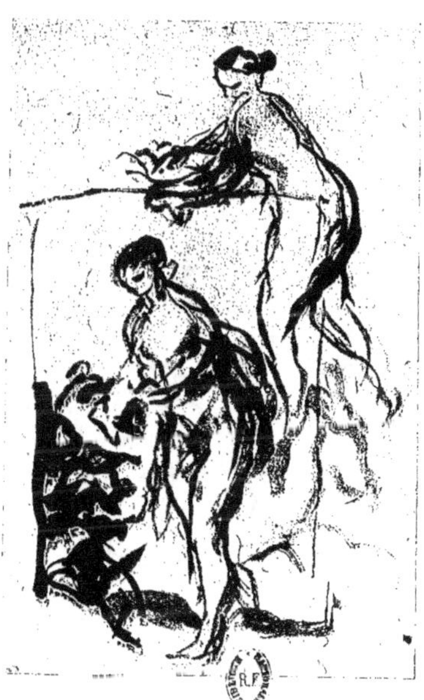

(1904)

Cette pièce qui porte la signature : *Renoir*, à 50 millim. de la base du sujet, a été publiée dans l'Album des Douze Lithographies originales.

Pierre détruite.

(H. 132 millim. L. 99)

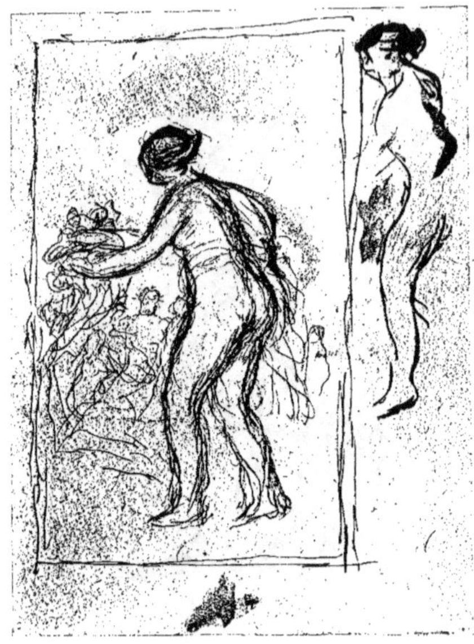

(1904)

Cette pièce qui porte la signature : *Renoir*, à 50 millim. de la base du sujet, est la dernière de celles publiées dans l'Album des *Douze Lithographies originales*.

Pierre détruite.

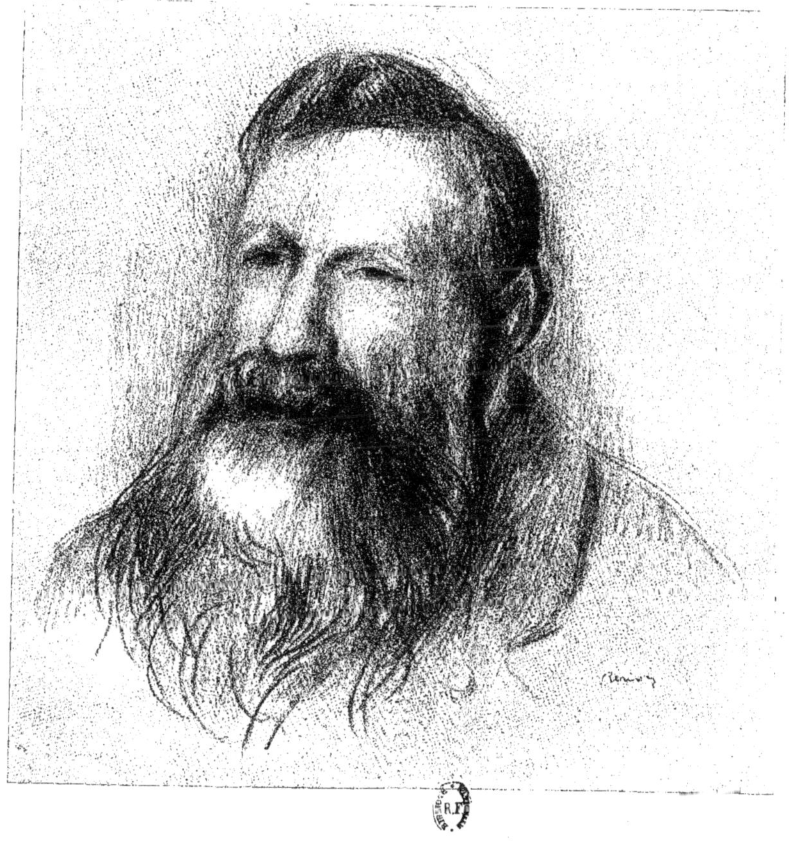

Cette fort intéressante lithographie a été tirée à 200 épreuves (non compris quelques essais).

Pierre détruite.

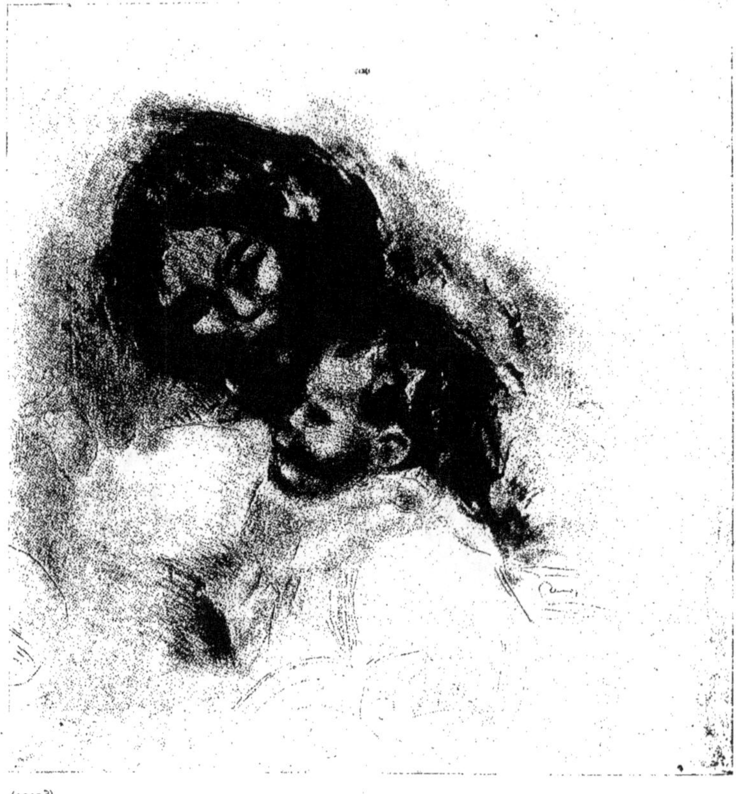

(1912?)

Lithographie tirée à cent épreuves (non compris quelques *essais*).

———

Collection de M. A. Clot.

———

Pierre détruite.

REPORTS SUR PIERRE
DE DESSINS
EXÉCUTÉS PAR RENOIR

POUR SERVIR

DE MISE EN PLACE A DES PLANCHES EN COULEURS

QUE L'ARTISTE

N'A PU EXÉCUTER

51. — LES BAIGNEUSES
(l. 595 millim. H. 365)

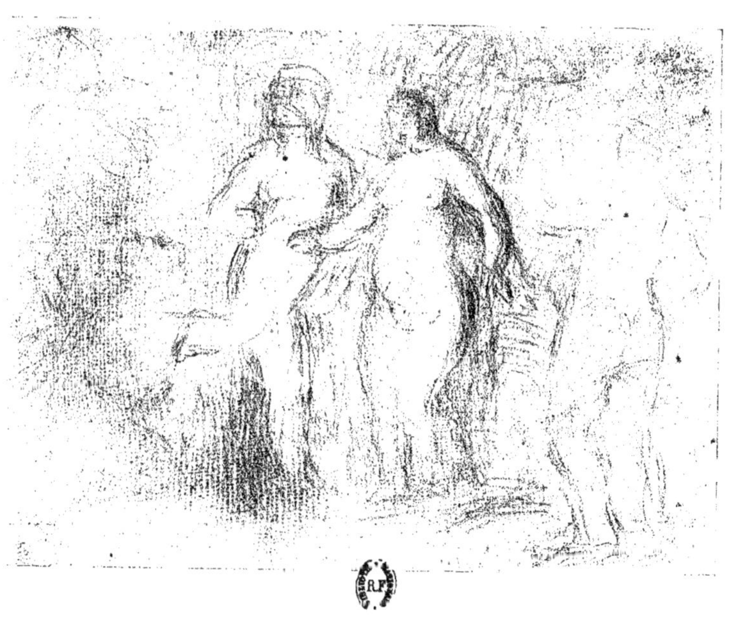

52. — LES LAVEUSES, 1ᵉ pensée
(L. 610 millim. H. 465)

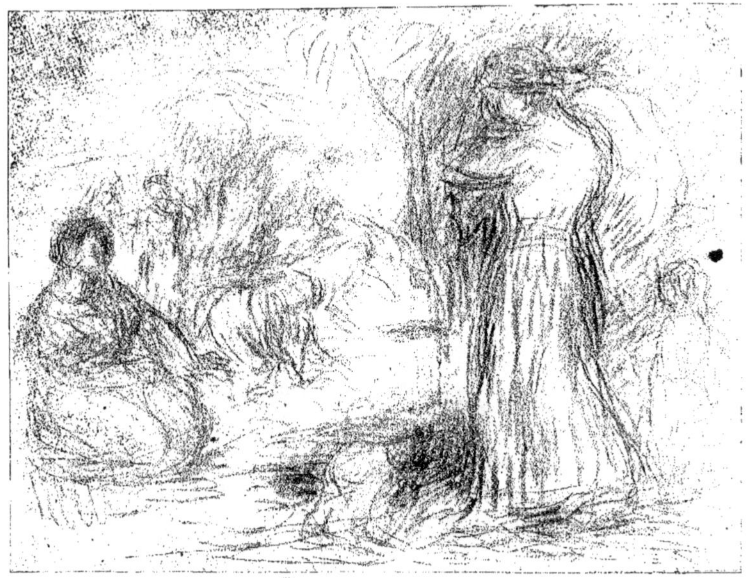

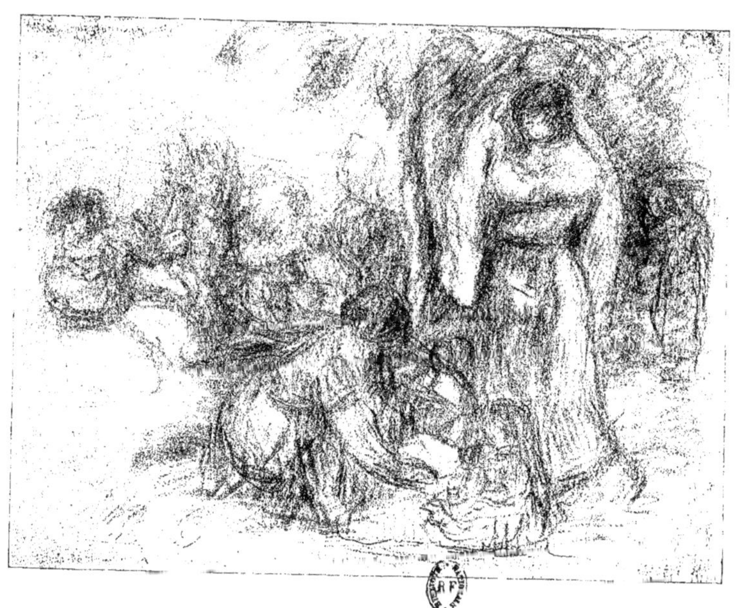

53. — LES LAVEUSES, 2ᵉ pensée

(L. 605 millim. H. 468)

54. — UNE MÈRE ET DEUX ENFANTS
(L. 442 millim. H. 335)

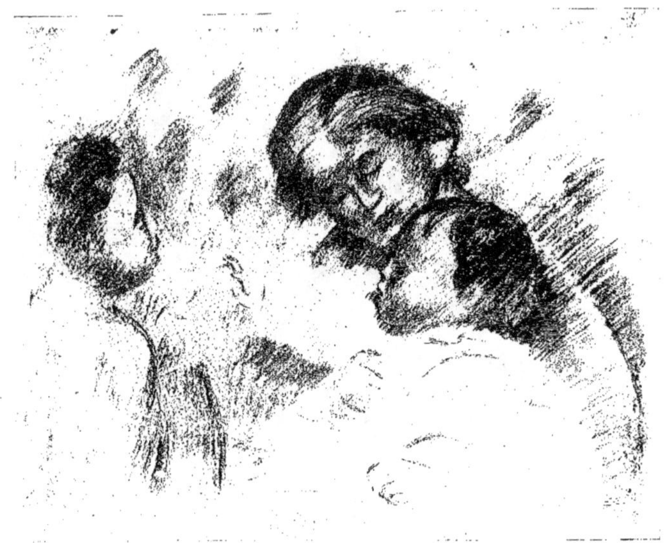

55. — LE PETIT GARÇON AU PORTE-PLUME

(L. 398 millim. H. 298)

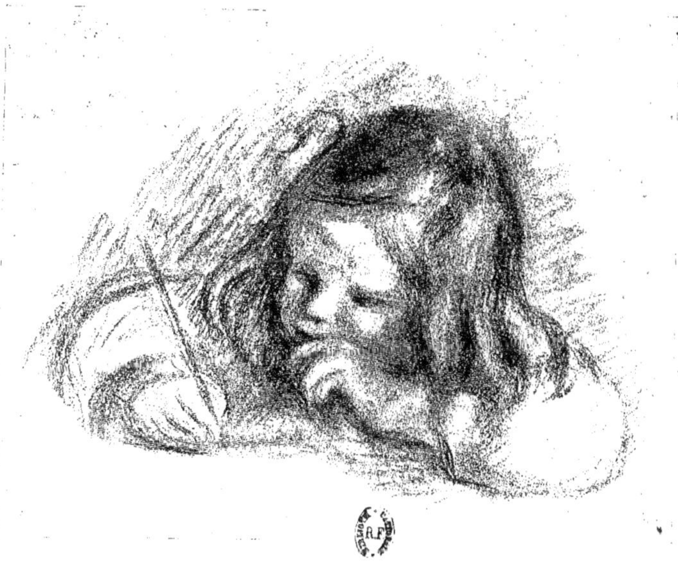

TABLE

N°ˢ du Catalogue

Ambroise Vollard 37
Auguste Rodin. 49
Aux bains de mer (voir *Sur la plage, à Berneval*).
Baigneuse assise. 11
Baigneuse debout, à mi-jambes 23
Baigneuse debout, en pied 28
Baigneuses (les) 51
Berthe Morisot. 4
Buste d'enfant, tourné à droite 22
Chapeau (le) épinglé. 6-7-8-29-30-36
Chapeau (le) épinglé et la Baigneuse. 36
Claude Renoir. 17-18-19-39-40
Dame (la) au grand chapeau (voir *Jeune Femme en buste, Mˡˡᵉ Diéterle*).
Danse (la) à la campagne. 1-2
Deux (les) baigneuses 9
Deux (les) fillettes (voir le *Chapeau épinglé*).
Deux Sœurs (voir le *Chapeau épinglé*).
Diéterle (Mˡˡᵉ) (voir *Jeune Femme en buste*).
Enfant (l') au biscuit 31
Enfants jouant à la balle 32
Étude de femme nue, assise. 42-43
Etude pour une baigneuse 16
Femme au cep de vigne 44-45-46-47 48
Femme nue assise 12
Femme nue couchée (tournée à droite). . . 13-14
Femme nue couchée (tournée à gauche) . . . 15
Fleuve (le) Scamandre 24-25
Frontispice... (voir *Pages*).

N°ˢ du Catalogue

Graveur (le) Roux-Champion. 20
Jeune Femme en buste (Mˡˡᵉ Diéterle) 26
Jeune Fille au chapeau à plumes (voir ci-dessus).
Jeux d'enfants (voir *Enfants jouant à la balle*).
Laveuses (les) 52-53
Louis Valtat. 38
Maternité, grande planche 50
Maternité, petite planche (voir *Mère et enfant*).
Mère et Enfant 10
Morisot (Berthe) (voir *Berthe Morisot*).
Odalisque. 35
Pages (Frontispice pour) 3
Paul Cézanne 34
Petit (le) garçon au porte-plume. 55
Petit (le) paysage. 21
Petite (la) fille aux cerises (voir le *Chapeau épinglé*).
Pierre (la) aux trois croquis 41
Pierre Renoir, de face 27
Repos (le) (voir *Femme nue couchée, tournée à gauche*).
Richard Wagner. 33
Rodin (A.) (voir *Auguste Rodin*).
Roux-Champion (voir le *Graveur Roux-Champion*).
Sur la plage, à Berneval 5
Tête d'enfant (voir *Pierre Renoir, de face*).
Tête d'homme (voir *Paul Cézanne*).
Une Mère et deux enfants 54
Vollard (A.) (voir *Ambroise Vollard*).

FRAZIER-SOYE

Graveur-Imprimeur

168, Boulevard du Montparnasse

PARIS